HISTOIRE
DE LA
RÉVOLUTION DE 1848

PAR

LOUIS BLANC

TOME PREMIER

Cinquième Édition

PARIS

C. MARPON ET E. FLAMMARION

LIBRAIRES-ÉDITEURS

1 à 7, galeries de l'Odéon, et rue Rotrou, 4

A. LACROIX ET Cⁱᵉ, ÉDITEURS

1880

HISTOIRE

DE LA

RÉVOLUTION

DE 1848

PARIS. — IMPRIMERIE Vve P. LAROUSSE ET Cie
19, RUE MONTPARNASSE, 19

HISTOIRE

DE LA

RÉVOLUTION

DE 1848

PAR

LOUIS BLANC

TOME PREMIER

PARIS

C. MARPON ET E. FLAMMARION

LIBRAIRES-ÉDITEURS

1 à 7, galeries de l'Odéon, et rue Rotrou, 4

A. LACROIX ET Cie, ÉDITEURS

1880

Tous droits de traduction et de reproduction réservés.

PRÉFACE

La révolution de Février 1848 étant, peut-être, de ous les événements fameux, celui dont on a le plus défiguré l'histoire, j'épiais depuis longtemps l'occasion de faire connaître la vérité. Cette occasion, lord Normanby me la fournit, il y a quelques années, par la publication de son livre : *A Year of Revolution in Paris*.

Lorsque la révolution de 1848 éclata, lord Normanby était à Paris, où sa mission était d'étudier, au nom du gouvernement anglais, les mouvements de la société française. Elles passèrent sous ses yeux, ces choses prodigieuses qui, un moment, firent tressaillir d'espoir et de joie tous les peuples opprimés. Autour de lui retentirent ces clameurs d'une portée si profonde, et qui, d'un bout de la terre à l'autre, éveillèrent tant d'échos. Il n'était certes pas besoin d'investigations bien minutieuses pour être au fait des événements, alors que les nouvelles avaient l'accent de la foudre et que l'histoire était écrite en plein forum, jour par jour, par le principal acteur :

le Peuple. Cependant, qui le croirait? lord Normanby sembla n'avoir rien vu, rien entendu, rien su. Évidemment, le spectacle s'était trouvé trop grand pour le spectateur.

Les bavardages venimeux et les calomnies de seconde main qu'il avait plu à Sa Seigneurie de servir au public en guise de souvenirs historiques ne valaient assurément pas qu'on les réfutât, en le prenant sur un ton sérieux. Quel homme éclairé aurait pu attacher de l'importance à un livre qui n'est que l'enregistrement de sottes rumeurs transmises par l'esprit de parti à l'esprit de parti ?

Mais ici le malheur était que cet ouvrage de lord Normanby, quelque puéril qu'il fût, risquait d'avoir, aux yeux du public pris en masse, l'autorité qu'il empruntait de la position et du nom de l'auteur. Il était si naturel de supposer qu'un ambassadeur d'Angleterre, un diplomate en position d'être bien renseigné, eût su quelque chose de ce qu'il racontait ! Et, par contre, il était si difficile de comprendre qu'un grand personnage, revêtu de hautes fonctions, se fût hasardé à lancer un livre plein d'erreurs, touchant des faits de notoriété publique ! Là me parut être le danger, et je me décidai à montrer, par des témoignages irréfragables et des documents officiels, ce que pesait lord Normanby, soit comme narrateur, soi comme peintre.

Non que j'entendisse publier un livre polémique : loin de là ! Signaler autrement qu'*en passant* les surprenantes bévues du noble marquis eût été rendre à son œuvre un hommage qu'elle ne méritait pas. Seulement, je pris texte de son livre pour esquisser, dans leur succession historique, les étranges et grandes scènes où il m'avait été donné d'avoir un rôle, laissant aux autres le soin de répondre à lord Normanby en ce qui personnellement les concernait, mais me faisant un devoir de relever tout mensonge dirigé, ou contre la cause que je sers, ou contre l'honneur du peuple.

C'est cet ouvrage qu'on va lire, le moment étant venu de le publier en France, où il n'a pas jusqu'à présent pénétré.

Que le Gouvernement provisoire ait été attaqué par les ennemis de la République, on devait s'y attendre ; mais qu'il ait été dénigré et le soit encore tous les jours par des hommes qui se proclament républicains, ce serait à navrer le cœur, si le fait n'avait son explication dans les nuages qui cachent à la vue d'une génération nouvelle, grandie sous un régime de compression et de silence, des événements déjà bien loin de nous.

C'est comme membre de la minorité que j'ai fait partie du Gouvernement provisoire. Les idées qui ont trouvé le moins de faveur auprès de mes collègues sont celles qui me sont le plus chères. J'ai eu à combattre et j'ai combattu vainement la crainte que causaient à la plupart d'entre eux les aspirations du socialisme moderne. En tant qu'organe de ces aspirations, généralement peu étudiées et, aujourd'hui encore, si mal comprises, j'ai été l'objet de préventions où fut le germe de malentendus funestes. J'ai eu, bien souvent, la douleur de voir repousser des mesures que je croyais utiles et adopter des mesures qui me paraissaient dangereuses, en vertu de décisions dont la responsabilité collective m'enveloppait. Des sentiments hostiles dont se montrèrent animés à mon égard deux de mes anciens collègues, M. de Lamartine et M. Garnier-Pagès, ils ont eux-mêmes consigné la preuve dans le récit qu'ils ont fait de la Révolution de 1848 ; et je ne crois pas avoir eu, dans le cours de mon orageuse carrière, d'adversaires plus prévenus, moins équitables, que M. Marie et M. Armand Marrast. Je puis donc, sans être suspect de partialité, me jeter entre le Gouvernement provisoire et ses détracteurs. Eh bien, je n'hésite pas à dire que ce gouvernement, malgré les erreurs, malgré les injustices, où le fit tomber une fausse appréciation de certaines idées et de certains hommes, peut, si l'on prend l'ensemble de ses actes, soutenir la comparaison avec le meilleur qui ait jamais existé.

Quel autre gouvernement, en effet, déploya jamais, au milieu d'un immense conflit de passions déchaînées, une sérénité plus constante, une confiance plus noble dans l'autorité morale de son principe, un désintéressement plus absolu, et un plus fier courage ? Quel autre gouvernement traita jamais ses ennemis avec plus de magnanimité, fit preuve d'une plus grande horreur pour l'effusion du sang, et s'abstint avec plus de scrupule d'employer la violence ? Quel autre gouvernement réussit jamais d'une manière aussi merveilleuse à se maintenir au sommet d'une société ébranlée jusqu'en ses fondements, sans avoir recours à la force ; sans imposer silence, même à la calomnie ; sans s'abriter derrière des juges, des gens de police, des soldats, et en appelant à son aide un seul pouvoir, un seul : celui de la persuasion? Oui, ainsi que je l'écrivais dans mon *Appel aux honnêtes gens*, on se rappellera, quand l'ivresse des passions contemporaines sera tombée, combien les hommes de Février furent généreux et que pas une arrestation n'attrista leur puissance. On se rappellera qu'ils n'eurent besoin, eux, ni d'accusateurs publics, ni de juridictions exceptionnelles, ni de geôliers, ni de sbires ; qu'ils n'eurent pas, eux, à défendre l'ordre à coups d'épée ; qu'aucune famille ne prit le deuil à la lecture de leurs décrets ; qu'ils employèrent leur *dictature* à abolir la peine de mort, à calmer la place publique, à protéger les vaincus, à rendre inviolable le domicile de chaque citoyen et indépendante la voix de chaque journal ; que, par eux, républicains *rouges*, démocrates au nom sanglant, le peuple fut convié un jour à se réunir au Champ de Mars pour y célébrer la fête philosophique de l'oubli des haines et y brûler l'échafaud ; qu'ils prirent pour devise, ces anarchistes : *l'ordre dans la liberté*, et qu'à la voix de ces apôtres de la spoliation, Paris fut gardé par deux cent mille affamés sous les armes.

Le Gouvernement provisoire ne creusa pas un sillon aussi large, aussi profond, que celui qu'il eût été, selon moi, en son pouvoir de creuser. Mais le droit d'oublier ce qu'il fit de noble et de grand est-il compris dans le droit de lui reprocher ce qu'il n'eut pas l'intrépide sagesse de faire ? A quelle époque et dans quel pays trouvera-t-on un pouvoir qui, en deux mois, — en deux mois ! — ait rendu autant de décrets favorables à la liberté et empreints du respect de la dignité humaine ? En deux mois, abolir la peine de mort, établir le suffrage universel, proclamer le droit au travail, donner une tribune au prolétariat, décréter l'émancipation des esclaves, supprimer les peines corporelles dans le code maritime, préparer un plan d'éducation universelle et gratuite, étendre l'institution du jury, supprimer les serments politiques, couper court à l'emprisonnement pour dettes, poser le principe de la suspension et de la révocation des magistrats, faciliter la naturalisation des étrangers, organiser la représentation immédiate de la classe ouvrière, inaugurer le grand mouvement de l'association, et dénoncer officiellement dans le salariat la dernière forme de l'esclavage, n'était-ce donc rien? Qu'on relise, au *Moniteur*, les décrets qui furent rendus dans le court espace de temps qui sépare le 4 mai 1848 du 24 février de la même année : la défense du Gouvernement provisoire est là!

Une injustice bien étrange, et cependant bien commune, est celle qui consiste à mettre à la charge du Gouvernement provisoire les fautes qui furent commises après qu'il eut cessé d'être, et les désastres politiques que ces fautes enfantèrent. Il est bien vrai que la Commission exécutive se composa de cinq membres qui tous avaient fait partie du Gouvernement provisoire; mais cette Commission, de laquelle on eut soin d'éliminer l'élément socialiste et populaire, dans laquelle on n'admit M. Ledru-Rollin que pour le paralyser, et qui d'ailleurs fut soumise au contrôle d'une assemblée où les royalistes étaient en force, cette Commission n'était pas le Gouvernement provisoire. N'en reproduisant pas la composition, elle n'en représentait pas l'esprit; elle n'en avait pas l'autorité indépendante et souveraine; elle ne pouvait en aucune sorte le continuer.

Veut-on être juste envers le Gouvernement provisoire ? Qu'on n'étende pas sa responsabilité au delà des bornes de son existence, pour des actes qui ne furent pas les siens et qui eussent été impossibles s'il eût vécu plus longtemps.

Par malheur, la succession des événements en 1848 a été si rapide et l'esprit de parti a eu, depuis lors, si beau jeu pour les dénaturer, qu'en Angleterre j'ai souvent entendu imputer au Gouvernement provisoire des faits accomplis sous la dictature militaire du général Cavaignac ! Un Anglais de distinction me disait un jour : « La preuve que le Gouvernement provisoire n'était pas né viable, c'est qu'il est tombé. » Sa surprise fut extrême, lorsque je m'écriai : « Tombé, Monsieur ? Où donc avez-vous vu cela ? Le Gouvernement provisoire est resté maître absolu de la situation aussi longtemps qu'il l'a voulu. Il s'est retiré librement, volontairement, à l'heure que d'avance il avait fixée, et pas une minute plus tôt ; il s'est retiré, après avoir remis le pouvoir qu'il tenait de l'acclamation populaire aux élus du suffrage universel convoqués par lui-même ; il s'est retiré, après un vote solennel proclamant qu'il avait *bien mérité de la patrie*, et au bruit de ce cri qui, sorti de toutes les bouches et répété vingt fois de suite, saluait le succès de son œuvre : *Vive la République !* »

Est-ce à dire que le Gouvernement provisoire n'ait commis aucune faute dont les conséquences ultérieures lui soient justement imputables ? Je serais mal venu à justifier, après l'arrêt porté par les événements, ce que j'avais désapprouvé avant que cet arrêt décidât la question. La faute suprême fut de ne pas prévoir qu'en précipitant les élections, on fournirait aux contre-révolutionnaires le moyen de mettre à profit les vieux préjugés et les terreurs chimériques dont la province, en ce qui concernait la République, subissait encore l'empire. Donner la République à juger, sans lui laisser le temps de se faire bien connaître, là où l'on se formait d'elle une idée si fausse, c'était armer la population ignorante des campagnes contre la population éclairée des villes, la province contre Paris ; c'était créer l'état d'antagonisme qui amena les fatales journées de Mai et de Juin.

A cet égard, le Gouvernement provisoire manqua de clairvoyance et de prévoyance, c'est certain. Mais quelle fut la cause de son erreur? Un respect excessif du suffrage universel, un empressement trop scrupuleux à s'incliner devant la souveraineté de la nation ou ce qui en était l'image.

Et cette erreur, que prouve-t-elle, sinon qu'en 1848 la France, considérée dans ce qui constitue sa force numérique, savoir la population des campagnes, n'était pas préparée, à beaucoup près, même pour une rénovation purement politique abandonnée à l'action du suffrage universel?

Voilà ce dont ne tiennent pas compte les jeunes Aristarques qui s'imaginent que les hommes de Février n'avaient qu'un mot à dire, un geste à faire, pour renouveler de fond en comble la face des choses. Le Gouvernement provisoire fut trop timide sans doute, trop pressé de se débarrasser du poids de la situation; il ne sut pas ce que contient de puissance, dans certaines circonstances données, le parti pris d'oser; et puis, je le répète, la majorité de ses membres, plus portés à voir dans l'établissement de la République un *but* qu'un *moyen*, avaient peur du socialisme. Mais, franchement, cette peur, étaient-ils les seuls qu'elle tourmentât? Et même en se bornant à vouloir la République, ne se plaçaient-ils pas bien avant de ce que la France des campagnes était alors en état de concevoir clairement et de désirer? Or, à qui fut-il jamais donné de faire une société à sa guise?

Ah! si les éléments de la régénération que certains esprits chagrins s'étonnent de ne pas avoir vue sortir de la révolution de 1848 eussent alors existé dans notre pays, est-ce que la France aurait subi, pendant vingt ans, le régime du pouvoir absolu, sans faire signe de résistance ? Que répondraient certains socialistes de la génération nouvelle, qui s'érigent en censeurs inexorables de leurs devanciers, si ceux-ci leur tenaient ce langage :

« Par quels efforts, par quels éclatants sacrifices, par quels actes de virile indépendance, par quels traits de génie, avez-vous acquis le droit d'être si sévères ? Qu'avez-vous fait, depuis vingt ans, que vous puissiez victorieusement mettre en contraste avec la conduite de vos aînés ? Serait-ce d'aventure pour vous laver du reproche de n'avoir pas secoué le joug, que vous leur reprochez si vivement de ne vous en avoir pas d'avance épargné la peine ? Ce trésor que vous les accusez de n'avoir pas su garder, d'où vient que vous n'avez pas su le conquérir ? Quoi ! vous êtes là, et la France n'a encore d'autres libertés que celles dont on consent à lui faire l'aumône ! Vous êtes là, et loin de vous devoir les bienfaits d'une révolution sociale, la France en est encore à soupirer après l'affranchissement politique dont l'Autriche — oui l'Autriche — lui a donné l'exemple ! Ne dites pas que vous avez contre vous la force des baïonnettes, force qu'aussi bien vos devanciers eurent également contre eux : où il y a un véritable esprit public, sa puissance est irrésistible ; elle déconcerte les plus violents dépositaires de l'autorité ; elle se joue des calculs de la stratégie ; elle ouvre et n'a pas besoin d'enfoncer les portes des casernes ; elle fait tomber les armes des mains du soldat. »

La vérité est, et c'est votre excuse, que le long affaissement de l'esprit public a laissé sans appui jusqu'à ce jour toute intention généreuse.

L'esprit public se réveille, cependant : les récentes élections en font foi. Mais ces élections elles-mêmes ne disent-elles pas combien la population des campagnes est, aujourd'hui encore, incapable de tenir pied à celle des grandes villes ?

Je n'ai nulle envie de contester l'importance du succès obtenu. Seulement, il convient d'en voir les limites. Il a suffi, le lendemain du scrutin proclamé, de quelques scènes de polissonnerie jouées par de faux émeutiers, pour arracher, sur le passage de Napoléon III, des cris d'enthousiasme à la bourgeoisie alarmée. Tant il est encore facile de la ramener sous le joug par la peur ! Tant elle est encore sous l'influence de cette erreur, qu'il faut choisir entre le danger de déchaîner le désordre et l'humiliation d'avoir un maître !

Voilà où nous en sommes, vingt ans après l'inauguration de la République en France. Beaucoup de gens s'imaginent gravement que c'est par des kiosques mis en pièces et des carreaux cassés que l'invasion du socialisme s'annonce ; et, pour se protéger contre un tel ennemi, ils ne savent rien de mieux que d'acclamer le maître qui passe !

Du reste, alors même que le pays serait enfin revenu sérieusement à l'idée de s'appartenir, comment concevoir que l'affaissement dont je parlais tout à l'heure eût été aussi prolongé, aussi profond, si dès 1848 la France *tout entière* n'eût pas demandé mieux que de se prêter à une rénovation à la fois politique et sociale ? L'enthousiasme du peuple de Paris et de quelques grandes villes était un puissant levier fourni à un pouvoir démocratique, je le reconnais ; mais les obstacles étaient immenses : les compter pour rien, est-ce équitable ?

Je m'arrête. J'ai cru devoir m'élever contre des récriminations qui, à mon avis, dépassaient la mesure. Mais je ne suis pas homme, qu'il s'agisse d'amis ou d'ennemis, à jeter un voile complaisant sur les torts que j'estime réels. Les lecteurs de ce livre s'en apercevront bien vite.

Toutefois, en retrouvant dans ces rudes sentiers, où mes souvenirs me ramènent, la trace de mes pas, j'ai veillé à ce que mes sentiments ne parlassent pas plus haut que ma raison. S'il m'est échappé quelque parole trop amère, qu'on y voie seulement l'involontaire reflet de mes émotions passées. J'ai appris à espérer avec patience, et ma blessure a saigné trop longtemps pour n'être pas fermée enfin à demi. Aussi vigoureusement que jamais, je hais la violence et l'injustice; mais, écarté durant tant d'années de la scène politique, j'en suis venu à juger mes ennemis avec plus de sérénité, et à discerner plus clairement dans leur conduite la part qui revient aux préjugés, à l'ignorance, à l'impulsion du moment, que dis-je? à des motifs jugés honorables, l'esprit humain ayant une merveilleuse aptitude à se tromper sur la nature de ses mobiles!

LA
RÉVOLUTION DE FÉVRIER 1848

CHAPITRE PREMIER

LOUIS-PHILIPPE ET SON RÈGNE

Apparence de vitalité qu'offrait le gouvernement de Juillet, à la veille de la révolution de février. — Sa chute comparée à celle du gouvernement de la Restauration. — Louis-Philippe. — Ses fortunes diverses. — Influence qu'elles eurent sur ses idées et sur son caractère. — Son amour-propre traditionnel. — Importance qu'il attachait aux choses d'étiquette. — Ses qualités privées. — Louis-Philippe prince. — Son éducation. — Sa carrière militaire. — Sa vie pendant l'émigration. — Son attitude politique après 1815. — Rôle historique de la maison d'Orléans. — Louis-Philippe, roi. — Les fautes de son règne. — La cupidité devenue vertu publique. — Saint-Leu. — Blaye. — Quel rôle aurait pu jouer Louis-Philippe après 1830. — Son intervention active et continue dans le gouvernement. — Incompatibilité du principe électif et du principe héréditaire. — Mouvement des esprits dans les classes populaires sous le gouvernement de Louis-Philippe. — Goritz et Claremont.

Il y a quelques années, Louis-Philippe paraissait un des plus puissants roi du monde. La France industrielle le saluait comme son représentant prédestiné. La bourgeoisie s'aimait en lui. Le prestige, qui avait manqué à son élévation, il le puisait dans dix-sept ans d'un règne menacé quelquefois, mais toujours en vain. Les républicains se trouvaient avoir épuisé dans des révoltes sans fruit le plus pur de leur sang. Le parti légitimiste était dissous. A plusieurs reprises, des mains violentes s'étaient armées contre le héros couronné de 1830, mais je ne sais quelle mystérieuse protection d'en haut semblait l'entourer : rien qui n'eût tourné à son profit, depuis la machine infernale de Fieschi jusqu'au fusil-canne d'Alibaud ; ses périls même entraient dans la somme de ses succès, et la constance de son bonheur était parvenue à lasser le génie des complots, à décourager l'assassinat. Appuyé sur une masse considérable d'intérêts matériels qui lui demandaient et lui promettaient la durée, servi par d'habiles ministres, maître de la majorité dans les deux chambres, chef respecté d'une famille nombreuse et florissante, heureux dans sa race, qu'était venue prolonger de son vivant la naissance d'un petit-fils, que pouvait-il craindre? Tel était l'aspect de sa fortune, que les plus impatients de ses ennemis ajournaient leurs espérances au lendemain de sa mort, comptant sur les embarras d'une régence et sur les prétentions rivales du duc de Nemours et de la duchesse d'Orléans. Mais il n'était pas jusqu'à ce calcul qui ne fut déjoué par la santé de Louis-Philippe et sa verte vieillesse. « Vous verrez, disait-il gaiement à ses familiers, que je franchirai ce pas de la régence. » Et ce n'était pas en France seulement, c'était en Italie, en Allemagne, en Pologne, que la Révolution s'ajournait, à cause de lui. De sorte qu'il se montrait aux rois comme le suprême modérateur de l'esprit nouveau, comme la condition du repos universel, comme l'homme du destin. Situation vraiment imposante et dont ses flatteurs avaient pris texte pour l'appeler le « Napoléon de la paix! »

Mais voilà que tout à coup, ô stupeur! cet édifice de grandeur s'écroule. Un beau matin, l'Europe, réveillée en sursaut, apprend que le roi de France est en fuite, que la famille royale est dispersée, que la France est une république. Des milliers de glaives sont sortis du fourreau sans doute? Sans doute des flots de sang ont été répandus? Non : pour renverser ce trône inexpugnable, il n'a fallu ni combats ni colères : il a suffi d'une heure et d'un cri!

Laissons, laissons les petits esprits et les petites âmes ne voir dans un drame aussi merveilleux que le résultat d'une *surprise;* ne leur envions pas la consolation de déclarer le peuple français, ce grand peuple, mystifié par l'histoire : quiconque juge sérieusement les choses sérieuses sait qu'à de semblables événements il y a toujours des causes profondes.

Louis-Philippe eut des vertus qui méritent qu'on les signale; et, le dirai-je? quand je songe à son règne, c'est à peine si mon cœur se peut défendre d'une émotion secrète.

Je n'aime point les rois, cependant : on le sait assez; mais à ceux-là seuls qui tiennent leurs adorations prêtes pour tous les pouvoirs du lendemain, il peut convenir d'outrager gratuitement les pouvoirs de la veille. L'insolence des mœurs de cour s'explique par leur bassesse; et l'insulte au malheur ne fut jamais d'une âme républicaine. Quand, sur le tombeau d'un prince qui, de son aveu, le traita toujours avec bonté (1), lord Normanby, courtisan, pousse un éclat de rire, il est dans son rôle : un républicain est dans le sien en rendant justice aux qualités d'un prince jeté par terre, après l'avoir combattu debout.

Je m'étudierai donc à ne rien taire de ce qui, selon moi, parle en faveur de Louis-Philippe, et cela par respect pour la vérité, pour mon parti et pour moi-même.

Mais je me garderai aussi de toute molle indulgence; car, lorsqu'un homme a étendu au loin et fait sentir de haut l'influence de ses vertus ou de ses vices; lorsque sa vie est un enseignement que sa mort complète; lorsque du jugement porté sur lui doit résulter beaucoup de bien ou beaucoup de mal, c'est surtout à l'égard de cet homme qu'il sied à la vérité de se montrer austère.

Charles X était tombé, parce que son trône reposait sur un principe faux : Louis-Philippe est tombé parce que son trône ne reposait sur aucun principe.

Aussi, quelle différence entre l'une et l'autre chute !

Charles X, en 1830, n'est point délaissé, il est vaincu. Il ne livre pas sa couronne, on la lui prend. Il ne s'enfuit point, il s'en va; il s'en va solennellement, à petites journées, par des routes connues, environné de sa fa-

---

(1) *A Year of Revolution in Paris,* t. I, p. 183.

mille, à travers des populations accourues pour voir passer le convoi d'une vieille monarchie. C'est peu : des commissaires, choisis par les victorieux, l'accompagnent pour lui faire honneur. A Cherbourg, ses gardes, qui l'ont suivi, se rangent en bataille sur la jetée et lui adressent, vivement émus, les adieux de la fidélité militaire. Enfin, lorsqu'il va monter sur le vaisseau qui l'emportera vers un exil sans fin, de pieux serviteurs sont là qui embrassent ses genoux, lui demandant avec larmes la faveur d'entrer en partage de ses souffrances futures.

Louis-Philippe, au contraire, en 1848, n'est pas plus tôt menacé, qu'il est perdu. Il se sent mourir du vide qui se fait soudain autour de lui. S'il succombe, ce n'est pas à force d'avoir des ennemis, c'est faute d'avoir des amis. On ne le renverse pas, on l'abandonne! Ainsi averti de son impuissance, il se hâte à son tour vers l'exil; mais comment? A la manière d'un coupable obscur, par des chemins détournés, sous un nom d'emprunt, à la faveur d'un déguisement. Et, pour comble d'humiliation, il se trouve que ces précautions étaient inutiles; ce roi en fuite, nul ne songeait à le poursuivre.

Où chercher le secret de ce phénomène? Voyons ce que fut Louis-Philippe comme homme, comme prince, comme roi.

La nature n'avait rien donné à Louis-Philippe de ce qui constitue la grandeur. Son cœur fut de bonne heure fermé aux poétiques désirs; son esprit l'était aux vastes pensées. Il ne connut ni les entraînements de la passion, ni les joies sublimes du dévouement. Ce qu'il y eut de remarquable en lui, ce fut un assemblage et une pondération rare de qualités secondaires. Mais ces qualités mêmes, l'âge en fit des défauts, la royauté en fit des vices. C'est ainsi que l'on vit le bon sens de Louis-Philippe se rapetisser sur le trône, au lieu de s'agrandir. Sa prudence native dégénéra en ruse. Son économie devint excessive. La connaissance des hommes, acquise par lui dans une longue pratique de la vie et une longue lutte contre le malheur, le conduisit, envers l'espèce humaine, à un sentiment qui ressemblait trop au dédain. Son habileté fut moins d'un roi que d'un marchand versé dans le maniement des affaires. Il y avait eu de cela chez Louis XI, mais avec un mélange de génie original et de profondeur qu'on ne trouve point chez Louis-Philippe.

Son instruction était aussi étendue que variée, son élocution abondante et facile, sa mémoire prodigieuse, sa conversation pleine de faits. Il avait eu des fortunes si diverses, et elles avaient fait passer devant lui tant de personnages, tant d'événements! N'avait-il pas été presque contemporain de Voltaire, témoin de la Révolution naissante, hôte suspecté des anciennes Tuileries, membre du club des Jacobins, soldat de Kellermann, compagnon d'armes de Dumouriez, maître d'école en Suisse, candidat en pensée au trône de Grèce et au trône de Mexico, pauvre à être en peine de son pain, et riche à millions? Quelle existence fut jamais plus remplie de vicissitudes dans une époque plus remplie de changements? Mais les influences de cette destinée romanesque ne purent rien pour exalter une nature qui se refusait invinciblement à l'exaltation. Louis-Philippe se trouvait avoir appris tout, excepté ce qui féconde la science. Il parlait bien, et il ne rencontra jamais un éclair d'éloquence; il causait bien, et il ne rencontra jamais un de ces mots qui restent; il n'était pas sans aimer les arts, particulièrement l'architecture, mais le goût du grandiose lui manqua.

Ajoutez à cela que l'homme physique répondait de tout point à l'homme moral. Nulle majesté dans son port, nulle fierté dans son regard, nul rayonnement sur son visage. Ses manières, sans être dépourvues d'une certaine dignité, n'étaient pas imposantes; sa physionomie exprimait la bonté mêlée de finesse. Il se définissait lui-même en se montrant.

Et, toutefois, chose étrange! dans ce monarque bourgeois, dans ce roi constitutionnel, dans cet homme aux allures quelquefois communes, il y avait un fond d'amour-propre traditionnel, d'une susceptibilité extraordinaire. C'était avec complaisance que, dans l'intérieur de son palais, il rappelait ses *prédécesseurs* et parlait de sa *race*. Il n'y avait qu'une flatterie capable de le toucher et de le tromper: celle qui consistait à le comparer à Louis XIV.

Mais jusqu'en ce travers apparaissait le côté dominant de sa nature ; car, dans son cœur, l'orgueil du sang descendait à n'en être que la vanité. Quand Charles X, renversé en 1830, dut prendre la route de Cherbourg, on remarqua que, portant avec courage l'ensemble de son infortune, il n'en pouvait tolérer les détails. Le plus léger manquement à l'étiquette le révoltait, lui qui se montrait résigné à tout le reste ; si bien que, dans la petite ville de l'Aigle, il avait fallu, comme je l'ai raconté, faire fabriquer une table carrée, selon les usages de la cour, pour le diner de ce monarque qui perdait un empire. Eh bien, tel était aussi Louis-Philippe. Son attachement aux misères fastueuses de la royauté était extrême, incroyable presque. Il ne pardonna jamais à la révolution de 1830, qui lui avait donné une couronne, d'avoir fait disparaître de ses écussons l'antique *fleur de lis*, et la lettre suivante, écrite par lui au prince de Condé, le 1ᵉʳ octobre 1820, témoigne de l'importance qu'il attachait aux choses d'étiquette :

« Neuilly, 1ᵉʳ octobre 1820.

« Comme je sais, monsieur, que vous désirez savoir d'avance ce que j'apprends sur les cérémonies auxquelles nous sommes invités, je m'empresse de vous informer de ce que M. de Brezé est venu me dire hier au soir, relativement au *Te Deum* qui doit être chanté mardi à Notre-Dame, en actions de grâces de la naissance du duc de Bordeaux. Il m'a dit que le roi n'y serait pas, mais que Sa Majesté serait censée y être ; que, par conséquent, son fauteuil serait placé au centre de nos pliants, qui seraient tous sur la même ligne, avec un carreau devant chaque ; qu'il avait ordonné que les neuf pliants fussent pareils, ainsi que les carreaux, et de la même étoffe ; que Monsieur mènerait dans sa voiture M. le duc d'Angoulême, vous et moi, et que nos voitures précéderaient immédiatement les leurs dans le cortége. *D'après cela*, j'ai dit à M de Brézé que j'irais à la cérémonie, et je serai mardi matin, à dix heures, chez Monsieur pour l'y accompagner. Je serai en grand uniforme, en bottes, avec le cordon bleu sur l'habit, et M. de Brézé doit nous faire savoir si les voitures du cortège seront à huit chevaux ou à deux, afin que nos attelages *soient pareils à ceux de nos aînés*. S'il ne me faisait rien dire, je mettrais la *mienne à huit chevaux*. Madame la duchesse d'Angoulême mènera de même toutes les princesses, qui seront, par conséquent, cinq dans la voiture.

« Je profite avec plaisir, monsieur, etc.

« L.-PH. D'ORLÉANS. »

Avec tout cela, Louis-Philippe eut des vertus qui, autre part que sur le trône, eussent brillé d'un vif éclat.

Le courage, d'abord.

Il est des hommes qui trouvent très-noble, de la part d'un prince dont on menace le pouvoir, cette abominable force de caractère qui consiste à mettre entre soi et le peuple toute une armée, et à ne céder, quand il faut céder, qu'après avoir fait couler des flots de sang. Ils appellent cela tomber en roi. Ils ont raison, si c'est être un vrai roi que d'avoir la férocité du tigre moins son intrépidité. Quant à moi, j'abhorre et je méprise un tel excès d'égoïsme servi par un tel excès de barbarie. Acte de pusillanimité, a-t-on dit en parlant de l'abdication de Louis-Philippe, signée par lui, sans coup férir. Acte d'humanité, dirai-je à mon tour. Car ce n'était pas une âme pusillanime que celle de Louis-Philippe. Il y avait cela de remarquable en lui qu'à une profonde horreur du sang versé, il joignait un grand courage, non pas ce courage aveugle, avide de hasards, qui fait des malheureux et des héros, mais ce courage systématique, passif et froid, qui n'est que l'énergie de la réflexion, que la fermeté du bon sens. En 1830, lors de la menaçante visite que lui firent, au Palais-Royal, les républicains; le lendemain, à l'hôtel de ville; plus tard, dans les diverses occasions où l'assassinat mit ses jours en danger, il se montra supérieur à la crainte. Et ceci mérite d'autant mieux d'être noté, qu'il n'avait ni cet enthousiasme de la gloire, ni ces croyances religieuses, ni ses passions violentes, qui défient le pouvoir de la mort. S'il est vrai qu'en 1848 il laissa volontairement échapper de sa main son sceptre, parce que la défection de la garde nationale lui fit croire que la bourgeoisie elle-même était contre lui, et que, dès lors, il ne représentait plus rien sur le trône ; s'il est vrai que, sous l'empire de cette pensée, il ne se jugea pas le droit de donner le signal des égorgements et ne voulut pas régner par l'assassinat, sa chute, expliquée ainsi, doit être considérée comme le seul acte de sa vie qui soit marqué au coin de la grandeur, et elle restera l'éternel honneur de sa mémoire. Il ne tomba pas en roi? Non : il sut tomber en homme.

Humain, il le fut plus qu'aucun prince de son temps, par respect théorique pour l'inviolabilité de la vie humaine, par bienveillance naturelle, et par philosophie. Élevé à l'école du dix-huitième siècle, admirateur de Voltaire et rationaliste, il aimait la tolérance, un peu en esprit fort, un peu en bel esprit. Si ses ministres l'eussent laissé faire, il aurait abattu l'échafaud, comme Voltaire avait flétri la torture.

Que si on le considère dans le cercle de ses affections les plus intimes, on ne peut nier que Louis-Philippe n'ait été le modèle des pères de famille. Ses mœurs furent d'une chasteté qui résista aux tentations du rang suprême et dont sa maison avait fourni jusque-là d'assez rares exemples. Parfaitement libre, quant à lui, du joug des scrupules religieux, il eut pour la dévotion de sa femme une condescendance touchante et qui ne se démentit jamais. Sans autre appui intérieur que les conseils de sa sœur Adélaïde, princesse douée d'une sagesse toute virile, il gouverna les siens avec douceur à la fois et autorité, habile à prévenir entre eux les divisions, plus habile encore à les tenir groupés sous l'égide de sa prudence. Il y réussit au point que, même mariés, ses enfants continuèrent de vivre dans le palais paternel, et n'eurent, pour ainsi dire, qu'un foyer. Malheureusement, c'est le vice des monarchies, qu'elles rendent les qualités du père de famille incompatibles avec celles du souverain. Bon père de famille, mauvais roi! Voilà ce que la logique enseigne, et Louis-Philippe ne le prouva que trop, en donnant pour but à son règne le maintien et l'agrandissement de sa maison.

Nous laisserions le portrait de Louis-Philippe inachevé, si nous n'ajoutions pas à la liste de ses bonnes qualités la patience et le calme. Il appelait le temps son premier ministre, et, suivant le témoignage d'un écrivain distingué, qui, après l'avoir servi fidèlement, défend aujourd'hui sa mémoire avec émotion, il disait volontiers : « J'en ai vu bien d'autres ! » Mot de l'expérience arrivée à un état habituel de sérénité ! Mais, des déclarations du même écrivain, M. Cuvillier-Fleury, il résulte que Louis-Philippe mettait beaucoup de soin à veiller sur son repos, s'abstenant de lire les feuilles publiques, se complaisant dans une volontaire ignorance des attaques dirigées contre lui, prompt enfin à écarter les images importunes. Or, la sérénité des cœurs fiers se maintient à moins de frais et n'a nul besoin de ces timides précautions. Quand on se sent au-dessus des attaques, on ne s'ingénie pas à les ignorer, on se donne le plaisir de les connaître, on ne veut pas perdre la jouissance du mépris. A celui que les gens de bien et les hommes intelligents estiment ce qu'il vaut, qu'importent les accès de rage de l'envie, les fureurs de la médiocrité, le sifflement des vipères dans la boue ? Il y a de certains ennemis qu'il est bon d'avoir.

Louis-Philippe, duc d'Orléans, naquit à Paris, le 6 octobre 1773, d'un père alors philosophe, depuis jacobin et régicide. A l'âge de cinq ans, il reçut pour précepteur le chevalier de Bonnard, poëte érotique ; mais ce fut principalement à madame de Genlis qu'échut le soin de son éducation. L'*Emile* de Jean-Jacques Rousseau était, en ce temps-là, dans toutes les mains : madame de Genlis fit apprendre au jeune prince, indépendamment de ce qui constitue une éducation libérale, le métier de menuisier et l'art de la chirurgie. C'était l'armer d'avance contre les caprices de la fortune. Ils n'étaient pas difficiles à prévoir. Tout annonçait un bouleversement prochain de l'Europe, et, depuis que Rousseau l'avait prédit, les signes précurseurs s'étaient bien multipliés... Dans ses Mémoires, madame de Genlis ne dissimule pas ses sympathies pour la

Révolution, telle du moins qu'elle lui apparaissait à cette époque. La *gouvernante* cite, parmi les révolutionnaires de ses amis, Talleyrand, Barère, Voidel, Pétion. Aussi trouve-t-on dans le Journal de Louis-Philippe, lorsqu'il n'était encore que duc de Chartres, la trace des idées que ces noms rappellent et qui expliquent ses rapports avec le club des Jacobins. « J'ai dîné à Mousseaux. Le lendemain, mon père ayant approuvé le vif désir que j'ai d'être reçu aux Jacobins, M. de Sillery m'a présenté... On m'a fort applaudi. » (*Journal du duc de Chartres.*) On sait, d'ailleurs, que par suite de son admission, il eut à remplir, pendant un mois, auprès de ce club fameux, les fonctions d'huissier, ou d'*appariteur*.

En 1791, colonel propriétaire du 14ᵉ régiment de dragons, il alla en prendre le commandement et se rendit à Vendôme. Heureux furent ses débuts. Il arracha un prêtre aux emportements populaires ; il sauva un homme qui se noyait, et il put écrire dans son Journal : « Quelle journée! Je me couche bien content. »

On a beaucoup et diversement parlé de la carrière militaire de Louis-Philippe. Valmy et Jemmapes ont fourni une marge égale à la flatterie et au sarcasme.

Si l'on ouvre la *Biographie des Contemporains*, livre fort suspect d'orléanisme, on y lira que, « le 20 septembre 1791, le duc de Chartres se couvrit de gloire à Valmy, en défendant, avec une rare intrépidité, une position difficile sur laquelle l'ennemi dirigea constamment ses coups les plus meurtriers; » que, « le 6 septembre, à l'immortelle bataille de Jemmapes, il changea tout à coup une déroute honteuse en triomphe complet, en ramenant au combat de nombreux régiments qui fuyaient en désordre et en renouvelant les prodiges du bataillon sacré des Thébains. »

Si l'on consulte, au contraire, la biographie de Louis-Philippe, par Michaud, on y lira que « Valmy, dont on a voulu faire une grande bataille, ne fut qu'une canonnade; » que « le fils de Philippe-Égalité y resta parfaitement immobile avec la division qu'il commandait sous les ordres de Kellermann, dans la position du moulin à vent, où il n'essuya pas une attaque sérieuse et d'où l'ennemi ne s'approcha pas plus près qu'à la portée du boulet, etc., etc. »

Exagérations contradictoires de l'esprit de parti! Ce qui est vrai, c'est que, sans avoir été jeté en naissant dans le moule des héros, et bien qu'il ait dit, après le 10 août : « Je préfère à un siége de législateur la selle de mon cheval, » Louis-Philippe déploya comme soldat les qualités qui, plus tard, le firent remarquer comme prince : la fermeté, le sang-froid, l'esprit d'observation, une aptitude peu commune à s'accommoder aux circonstances, l'habitude du calme, le courage qui ne s'emporte pas, mais qui attend.

Or, quand on se reporte à l'époque, on s'assure que c'étaient là des qualités singulièrement précieuses. Le bouillonnement populaire dans les camps ; la discipline en lutte avec cette passion de l'indépendance que la Révolution surexcitait ; les généraux toujours soupçonnés de trahison et menacés de mort par les soldats démocrates sortis des faubourgs de Paris ; du côté de l'ennemi, les vieilles bandes de Frédéric, conduites au combat par un capitaine formé à la grande école ; de notre côté, une puissante cohue, armée et peuple tout à la fois, armée qu'il fallait manier avec empire, peuple qu'on avait à ménager et à craindre...; voilà sous quel aspect s'offrent à l'histoire les campagnes de 1792 et 1793. Pendant que le canon tonnait à Valmy, Paris proclamait la République ; si bien que les courriers, porteurs des deux nouvelles, se croisèrent en route. On avait la guerre devant soi, et derrière soi, autour de soi, la Révolution mugissante !

Pour un officier que son titre de prince désignait aux défiances d'une démocratie en uniforme, la position était assurément difficile. Louis-Philippe la surmonta néanmoins, et c'est de cela plutôt qu'il convient de le louer ; car, quant à ses exploits militaires, y compris le souvenir de la bataille de Neerwinden, dont il concourut à diminuer les désastres, il est vraiment impossible de leur accorder une place éminente dans un siècle guerrier par excellence, dans le siècle de Napoléon ; et des courtisans seuls ont pu transformer en brevet de grand capitaine le rapport où

Dumouriez parle de la *présence du duc de Chartres pendant la canonnade.*

Cependant, la Révolution poursuivait son cours. Un décret de bannissement fut lancé contre les Bourbons ; le procès de Louis XVI s'ouvrit ; sa condamnation fut prononcée, et, comme chacun sait, le nom d'*Orléans* tomba, uni à celui de Robespierre, au fond de l'urne sanglante. Dans l'intervalle, le duc de Chartres avait quitté son camp, il était venu à Paris. Il prévit bien que cette hache, qui se levait sur Louis XVI, se lèverait sur d'autres têtes, moins hautes que celle-là mais trop hautes encore. Il pressa son père d'échapper par l'exil aux menaces de l'échafaud. Ses avis furent dédaignés : Philippe-Égalité opposa son indifférence ordinaire aux appréhensions d'un fils dont la jeunesse était plus prudente que son âge mûr. Louis-Philippe alors retourna à son poste. Mais la mer montait, montait toujours...; la voyant arriver jusqu'à lui, il ne songea plus qu'à la fuir, et Dumouriez l'emporta enveloppé dans le crime de sa désertion.

A partir de ce moment jusqu'en 1814, la vie de Louis-Philippe ne présente qu'un mélange extraordinaire de graves infortunes et d'aventures romanesques. Réfugié en Suisse, il ne s'y dérobe à la haine des jacobins que pour s'y heurter aux vengeances de l'émigration. Vagabond royal, mendiant de bonne maison, il faut qu'il cache sa race, il faut qu'il s'évertue à gagner son pain. Un jour, il est secrétaire supposé du général Montesquiou et il s'appelle Corby ; un autre jour, il est professeur au collége de Reichenau et il remplace Chabaud-Latour. Du sein de sa misère ignorée, et sans qu'il puisse faire autre chose qu'écouter, il entend le bruit des coups que la Révolution frappe dans toute l'Europe. On la combat partout, cette Révolution grande et terrible, mais nulle part au nom du duc d'Orléans ni à son profit. On l'oublierait si on ne le haïssait pas. Charette reçoit par hasard une lettre où on intercède en sa faveur, et Charette répond grossièrement : « Mon cher Dumouriez, dites au fils du citoyen Égalité qu'il aille se faire f..... » Enfin, lorsque, après la chute de Robespierre, le prince proscrit croit pouvoir respirer, il est découvert, réduit à aller demander un asile aux contrées septentrionales de l'Europe, poursuivi jusque-là par le gouvernement ombrageux du Directoire, et forcé de s'embarquer pour l'Amérique. Son retour en Europe, son arrivée à Falmouth en 1800, son séjour à Twickenham, son passage à Malte entre la mort d'un de ses deux frères et la mort de l'autre, sa visite en Sicile au roi Ferdinand, dont il devient le gendre ; son offre, heureusement pour lui rejetée, d'aller combattre en Espagne Napoléon, quand Napoléon, après tout, y tenait l'épée de la France ; un trône convoité pendant quinze ans, gagné en trois jours, et dix-sept ans de règne, tels sont les traits principaux d'une odyssée à laquelle les vicissitudes contemporaines ne fournissent rien de comparable, si on la complète par ce simple mot : *Claremont.*

Un trône, ai-je dit, convoité pendant quinze ans : cette convoitise fut-elle active? alla-t-elle jusqu'à la conspiration? Rien n'autorise à le supposer. Réintégré dans la possession de ses riches domaines, rendu à toutes les splendeurs de son rang, décoré du titre d'*altesse royale*, traité avec égards par Louis XVIII, et par Charles X avec respect, quel intérêt si pressant pouvait-il avoir à travailler au triomphe d'une révolution qui ne lui montrait de loin une couronne qu'entre un décret de proscription et un arrêt de mort? Le gain de la partie en valait-il l'enjeu? Il est clair qu'ici l'ingratitude n'aurait pas même eu à ses yeux l'excuse de l'habileté : elle se trouvait d'avance condamnée par son bon sens. Son courage, d'ailleurs, consistait à tenir tête à la circonstance, non à courir après le danger. Eût-il aimé l'imprévu autant qu'il l'aimait peu, il avait eu certes assez d'aventures pour en avoir épuisé les émotions, et il n'était pas, à beaucoup près, de ces fortes âmes à qui l'infortune est bonne, pourvu qu'elle soit illustre. Il songea donc moins, d'abord, à hâter la chute des Bourbons aînés qu'à s'en préserver. Il leur donna même d'utiles conseils. Insensiblement, il s'éloigna d'eux, c'est-à-dire de leurs folies, et il se tint en réserve jusqu'au moment où, convaincu qu'ils se perdaient, il commença à se ménager des chances pour le lendemain. C'est alors qu'on le vit ouvrir ses salons aux distributeurs d'encens populaire, courtiser la Fayette, s'appuyer sur Benjamin Constant, sourire à Jacques Laffitte, apprivoiser Manuel, et enrégimenter, par manière de causerie, comme futurs conservateurs d'un régime nouveau, les agitateurs du jour. Mais il se donna bien de garde d'aller au delà. Jamais il ne s'engagea moins que lorsqu'il laissa croire le contraire, se faisant ainsi porter par le mouvement, sans se mouvoir lui-même.

Tel, au reste, et plus effacé encore, avait été le rôle de son père ; car Philippe-Égalité ne connut point cette ambition frénétique que lui ont prêtée tant d'historiens à qui la haine a tenu lieu de documents. Usé de bonne heure, lassé de tout et de la vie, Philippe-Égalité eut le désintéressement de l'indifférence, capable d'être ambitieux peut-être si l'ambition n'eût été qu'un amusement ; mais c'est une fatigue ! Aussi, que d'efforts ne tentèrent pas pour lui donner une couronne à désirer, les Mirabeau, les Laclos, les Sillery, en un mot les orléanistes ! Lui, il crut que c'était faire bien que de laisser faire, et on put lui reprocher avec raison de *n'être pas de son parti*.

Pour ce qui est du régent, nul n'ignore de quelle sollicitude ce prince, si peu scrupuleux d'ailleurs, et si digne élève de Dubois, entoura l'enfance de Louis XV, et qu'il mit son honneur à restituer le dépôt de la couronne.

Mais cette guerre continue entre les deux branches, cette guerre implacable, elle n'aurait donc jamais existé ? ce serait donc une chimère fameuse, un mauvais rêve de l'histoire ?... Un instant ! Non-seulement, la rivalité des deux branches a été un fait très-réel, mais ce fait a eu des racines profondes, plus profondes que ne le soupçonnent ceux qui l'attribuent à des ambitions purement personnelles.

La lutte fut entre deux situations, elle fut entre les deux ordres d'intérêts sociaux auxquels ces situations correspondaient.

C'est ce qu'il faut établir historiquement.

La maison d'Orléans et la bourgeoisie ont grandi parallèlement et côte à côte dans notre histoire, s'appuyant l'une sur l'autre, frappées par les mêmes revers et profitant des mêmes circonstances.

Au commencement du XVIIe siècle, un homme de génie paraît, qui veut fortifier le principe monarchique. Mais, jouet d'une force invisible qu'il sert par les efforts mêmes qu'il fait pour la combattre, cet homme ne cherche qu'à rendre la couronne pesante, sans songer que c'est par un fil qu'il la suspend sur la tête des rois. En croyant délivrer la royauté de ses ennemis, il lui ôte un à un tous ses soutiens. Il abat la féodalité militaire ; il épuise la bourse du clergé ; il met sous le pied d'un capucin cette forte noblesse que Louis XI reléguait dans l'antichambre de son barbier ; en un mot, il fait place nette pour la bourgeoisie.

Eh bien, c'est ce même homme, c'est un des fondateurs de la puissance politique des bourgeois, c'est Richelieu, qui pose les premières assises du Palais-Royal, future demeure de la maison d'Orléans.

Mazarin succède à Richelieu : la Fronde commence. De quoi s'agit-il ? Deux conseillers du parlement ont été arrêtés ; le parlement a pris feu contre la cour ; jaloux de la faveur du cardinal ministre, les princes du sang ont tiré l'épée contre elle ; l'ardent coadjuteur de Retz a parcouru tous les quartiers de Paris, soufflant l'agitation : de là une fermentation générale, des émeutes, des *barricades ;* la cour fuyant de Paris et y rentrant pour en fuir et y rentrer encore ; une guerre civile enfin, jugée peu importante parce qu'on s'y bat principalement à coups de chansons et de bons mots. Mais quoi ! derrière ce parlement tracassier, et cette noblesse si visiblement ameutée, et ce duc de Beaufort, proclamé *roi des halles, à cause de ses cheveux longs et blonds*, n'apercevez-vous rien de sérieux ? Ne voyez-vous pas apparaître en armes, sur la place publique, une puissance redoutable et nouvelle, la bourgeoisie ? Qu'importe le triomphe de la cour ? Il s'est réduit à ramener dans Paris le petit Louis XIV. Les vaincus, ce sont ceux que Mazarin fait descendre par ce sombre escalier du Palais-Royal ; c'est un prince de Condé, c'est un prince de Conti, c'est le duc de Longueville : des nobles. Pour ce qui est de la bourgeoisie, à travers tous ces troubles, elle a fort bien appris ce qu'elle pouvait ; deux mille pamphlets ont pour jamais fait justice du mystérieux prestige de la royauté, et, suivant l'expression du coadjuteur de Retz, on a enfin *levé le voile !*

La Fronde, ainsi considérée, n'est pas seulement une escarmouche, c'est le commencement de la grande bataille que la bourgeoisie va livrer à la vieille royauté. Il faut donc un chef à cette bourgeoisie : elle va le trouver dans la maison d'Orléans.

La rivalité des deux branches de la famille royale avait commencé au berceau même de Louis XIV. Anne d'Autriche l'avait si bien pressentie, cette rivalité, qu'elle aimait à faire paraître, devant les courtisans, Philippe, habillé en femme, à côté de Louis, vêtu en roi. Et, de son côté, Mazarin ne manquait pas de dire au précepteur de Philippe : « De quoi vous avisez-vous de faire un habile homme du frère du roi ? » Or, après la Fronde, la séparation devient parfaitement tranchée. Le palais bâti par Richelieu passe à la maison d'Orléans. La lutte ne tardera pas à s'engager. D'un côté, Louis XIV ; de l'autre, Philippe, chef de la maison d'Orléans ; d'un côté, la noblesse, qui s'affaisse sur elle-même autour d'un vieux trône ; de l'autre, la bourgeoisie, qui se fortifie et s'élève autour d'une jeune dynastie ; d'un côté, les Tuileries ; de l'autre, le Palais-Royal.

Un jour, on apprend qu'une grande victoire vient d'être remportée à Cassel ; « Vive Monsieur, qui a gagné la bataille ! » crie de toutes parts la bourgeoisie parisienne. Louis XIV ne peut se consoler de ce triomphe ; et son frère, pour avoir prouvé qu'il savait gagner des batailles, perd le droit de commander des armées.

Du duc d'Orléans, l'envie s'étend à son fils. La prise de Lérida par ce jeune homme jette la consternation à la cour. C'est peu : dans l'espace d'une année, le Dauphin meurt, le duc de Bourgogne meurt, la duchesse de Bourgogne meurt, son fils aîné meurt : la mort vient faire autour de la vieillesse de Louis XIV une solitude immense et désolée. Quel est cet effroyable mystère ? Où trouver le meurtrier ? Le duc d'Orléans n'était pas coupable : on l'accuse cependant ; car, de même qu'au sein de la société il y avait deux forces en présence, la noblesse et la bourgeoisie ; de même, au haut de la société, il y avait deux trônes en présence, celui de la branche aînée et celui de la branche cadette.

En effet, Louis XIV expire : il laisse des enfants, on les repousse ; un testament, on le déchire. Qui? Le duc d'Orléans. Au moyen de qui? Au moyen du parlement. Avec l'appui de qui? Avec l'appui de la bourgeoisie.

Nous sommes en pleine régence. Un étranger, un Écossais, vient trouver le régent et lui dit : « Le crédit individuel, c'est-à-dire le crédit des banquiers et autres marchands d'argent, est mortel pour l'industrie, parce que ces avides prêteurs exercent un véritable despotisme sur tous les travailleurs qui ont besoin de capitaux, et qu'ils n'ont d'autre but que de les pressurer par toutes les usures possibles. Il faut substituer à la commandite du crédit individuel la commandite du crédit de l'État. C'est au souverain à donner le crédit, non à le recevoir. »

De telles paroles ne pouvaient sortir que de la bouche d'un grand homme, d'un grand ami du peuple. Mais, si le plan de Law avait été suivi, si le travail du peuple avait trouvé à s'appuyer sur la commandite du crédit de l'État, que serait devenue l'omnipotence des possesseurs de capitaux, de la bourgeoisie? Le régent ne regarde la proposition de Law que comme une sorte de procédé magique pour faire de l'or avec du papier. Il use, il brise la machine financière de Law, à force de la faire jouer au profit de ses courtisans, de ses *roués*, de ses valets de débauche, de ses maîtresses tirées du fumier de la cour, et de ses maîtresses tirées du fumier de l'Opéra : tant pour Nocé, tant pour l'abbé Dubois, tant pour madame de Sabran, tant pour le pourvoyeur des petits et grands soupers. Maintenant, que la banque de Law s'écroule, écrasant sous ses débris des milliers de familles, et que Law s'en aille mourir dans l'exil, pauvre, méconnu, maudit, calomnié, qu'importe ! Le régent trouvera, soyez-en sûrs, assez d'historiens pour l'absoudre, et, au nombre de ses panégyristes, il comptera Voltaire !

Du reste, voyez quel pas immense fait la bourgeoisie

pendant cette régence d'un duc d'Orléans ! C'est **un duc d'Orléans** qui fait aboutir à la cour ce terrible levier de la banque avec lequel la bourgeoisie soulèvera la société ; c'est sous un duc d'Orléans que la bourgeoisie commence à comprendre la puissance de ces capitaux et de ce crédit que seule elle possède ; et c'est sous un duc d'Orléans que la noblesse avilie court agioter, dans la rue Quincampoix, entre des filles de joie et des laquais.

J'arrive à Philippe-Égalité. Ici, la lutte entre la branche aînée et la branche cadette emprunte des circonstances un caractère terrible. Lisez jusqu'au bout la liste des votes qui ont fait mourir Louis XVI sur un échafaud !

Pour mieux marquer son alliance avec cette bourgeoisie, alors si entreprenante et si inquiète, le duc d'Orléans transforme son château en bazar ; il jette sur la boutique les fondements de son trône futur ; il permet d'élever, entre le jardin du Palais-Royal et la cour d'honneur, ces hangars en planches qui formèrent ce qu'on appela d'abord le *camp des Tartares*, puis les *galeries de bois*. C'est dans ce monument bizarre, moitié *marchand*, moitié *royal*, que sera proclamée plus tard la *royauté bourgeoise !*

C'est là qu'on venait parler politique ; là qu'on se réunissait pour protester contre la triple tyrannie de la royauté, de la noblesse et du clergé ; c'est de là, enfin, que la foule partit un beau jour pour promener dans Paris le buste de Necker, le premier ministre que la bourgeoisie ait eu en France.

Le 10 août fut le signal d'une immense réaction. La révolution faite au nom du peuple devait essayer de supplanter la révolution faite au nom de la bourgeoisie. Aussi un mandat d'arrêt fut-il lancé contre le duc d'Orléans par le Comité de sûreté générale. Ce prince perdit la vie, et son palais fut confisqué, dans le même temps où le peuple prenait possession pour son propre compte de la place publique.

En 1814, l'Empire, qui avait étouffé la réaction populaire, succombait lui-même sous les efforts de la bourgeoisie, et le Palais-Royal s'ouvrait à l'héritier des ducs d'Orléans. On sait d'où partit, sous les Bourbons aînés, l'impulsion donnée aux résistances contre lesquelles leur vieux trône se brisa! Les ordonnances avaient à peine paru, que la bourgeoisie s'élançait en armes du fond du Palais-Royal, traînant après elle le peuple séduit, comme à l'époque où Camille Desmoulins se mit à crier: « A la Bastille! à la Bastille! » Quel était, à cette époque, l'un des bustes qu'on portait en triomphe dans les rues? Le buste du père. Cette fois, la Révolution sortie du Palais-Royal posa une couronne sur la tête du fils.

Comment le Palais-Royal a-t-il cessé d'être la demeure du duc d'Orléans, devenu roi? Il est inutile de l'examiner. Qu'il nous suffise d'avoir montré que la maison d'Orléans et la bourgeoisie ont grandi ensemble, ont vu ensemble leur puissance se développer, et ont été portées par le flot des mêmes circonstances historiques.

Louis-Philippe, pendant les règnes de Louis XVIII et de Charles X, n'avait donc pas eu besoin de conspirer: l'histoire conspirait pour lui.

Le règne de Louis-Philippe a tenu pendant longtemps l'Europe attentive et préoccupée; il a eu sur l'esprit d'une des premières nations du monde une influence qui dure encore; il a marqué un changement profond, soit dans l'essor de la prospérité matérielle de la France, soit dans les conditions de sa vie morale. Aussi, qu'on le blâme ou qu'on le loue, qu'on le glorifie ou qu'on le maudisse, son importance est au-dessus du débat et sa place se trouve irrévocablement acquise dans la mémoire des hommes.

Les événements de ce règne ont été trop éclatants pour qu'on les ignore, ils sont trop récents pour qu'on les ait oubliés. Le récit en a été fait d'ailleurs: c'est de leur appréciation seulement qu'il sera question ici.

On peut reprocher à Louis-Philippe:

D'avoir tout remplacé par la religion grossière des intérêts matériels;

De n'avoir pas été assez scrupuleux dans le choix de ses moyens de gouvernement;

D'avoir trop donné à ses affections de famille;

D'avoir violé le pacte de son avénement et méconnu la nature de son pouvoir.

Voyons ce que ces divers reproches ont de fondé.

Et d'abord, que Louis-Philippe ait rendu à l'argent un culte avoué, il est impossible de le nier. A peine assuré d'une couronne, quelle fut sa première pensée? De séparer en lui l'homme riche d'avec le roi. Quel fut son premier désir? De faire passer sur la tête de ses enfants des biens qui, selon l'usage immémorial de la monarchie en France, auraient dû être réunis au domaine de la couronne. De tous les souverains de l'Europe, il fut, on le sait, le plus opulent. 86.000 hectares correspondant à un revenu brut de près de 4,000,000, de magnifiques châteaux comme celui de Neuilly, de beaux parcs comme celui de Monceaux, 325,000 francs de rente en actions de canaux et tontines, plus de 100,000 francs de rente sur l'État et une énorme quantité de valeurs mobilières : telle est la fortune que, suivant les évaluations les plus strictes, Louis-Philippe a laissée en mourant. Il aurait donc pu, ce me semble, apporter quelque retenue dans son ardeur d'amasser. Mais non : amasser était à ses yeux vertu de roi. Qu'on parcoure ses comptes particuliers, tirés des archives secrètes du dernier gouvernement, et l'on verra qu'il consacrait à l'achat de rentes sur l'État presque toutes les sommes mises à sa disposition pour ses dépenses personnelles par l'intendant de la liste civile, employant son argent à acquérir des coupons, dans le même temps où il empruntait, et où il ajournait ses créanciers.

Cette passion du gain lui paraissait, d'ailleurs, si avouable; elle était si conforme à son principe de gouvernement, qu'il ne s'inquiéta jamais de la cacher. Qui ne se souvient de ses demandes d'argent, tant de fois repoussées par la Chambre et toujours reproduites par lui avec une obstination de mendicité royale qui fit scandale? Après le rejet de la dotation du duc de Nemours, en février 1840, quel homme, prince ou non, ne se serait tenu pour averti, à la place de Louis-Philippe? quel monarque n'aurait vivement ressenti une pareille injure, et redouté, à l'égal de la mort, l'humiliation d'un second refus? Lui, cependant, redoubla de convoitise, et rien ne fut capable de le retenir: ni l'explosion des répugnances populaires, ni les représentations de ses conseillers intimes, ni l'opposition de ses ministres, ni l'empressement de M. Guizot lui-même à éloigner le retour d'une épreuve si dangereuse pour la dignité du trône.

Il est juste d'ajouter que l'amour de l'argent chez Louis-Philippe n'alla point jusqu'à lui interdire le goût des dépenses politiquement utiles. En aucune occasion importante, les étrangers n'eurent à se plaindre de son hospitalité ; il savait, au besoin, donner des fêtes monarchiques, et c'est lui qui a créé le musée de Versailles. Mais il y a loin de ces efforts d'une munificence calculée à cette générosité facile, journalière, toute d'instinct, que Charles X mêlait à tant de grâce. Le faste à des moments donnés n'exclut pas l'avidité de chaque jour.

Aussibien, Louis-Philippe adorait l'argent, non en monomane d'avarice, mais en froid calculateur, en homme expérimenté à qui la pratique des choses avait appris quel est le pouvoir des richesses et quelle ressource elles fournissent pour le maniement des hommes ; car le commerce avec l'infortune n'agrandit que les grandes âmes. Or, Louis-Philippe, je l'ai dit, n'avait gardé de son éducation par le malheur qu'un mépris systématique pour l'espèce humaine. Il fit donc servir de règle à son gouvernement ce qui servait de règle à sa conduite. Il supposa aisément aux autres la passion par laquelle il était lui-même dominé ; il la flatta, il l'encouragea, il s'en servit. Ce fut là le piége qu'il tendit aux consciences. La morale de l'intérêt fut prêchée hautement, d'une manière en quelque sorte officielle, et l'industrialisme se montra assis sur un trône.

Voici ce qui se vit alors.

Étrangement surexcité, le désir du bien-être fit merveilles. De toutes parts, on se mit à construire des machines, à percer des routes, à ouvrir des magasins, à travailler le fer, à creuser la terre. L'impatience de faire fortune enfanta d'utiles découvertes, révéla des ressources ignorées. L'industrie se développa. Le commerce s'étendit.

Mais quel désastre moral !

La France cessa bien véritablement d'être elle-même. Cette nation si élégante et si fière, si généreuse et si vive, qui avait élevé tout ce qu'elle avait touché, qui, noble jusque dans ses fautes et héroïque jusque dans ses excès, avait su anoblir les écarts de la superstition par la chevalerie et le régime de la terreur par le dévouement, cette nation passa sous le joug de je ne sais quelle race carthaginoise. Tout devint matière à trafic, et la réputation, et la gloire, et l'honneur, et la vertu. Ces six mots : *chacun pour soi, chacun chez soi*, exprimèrent et continrent toute sagesse, toute science. *Faire ses affaires* fut l'unique préoccupation du jour. La religion ? une affaire ; la politique ? une affaire ; la philosophie, la littérature, l'art ? des affaires. Que d'écrivains se firent administrateurs de leurs pensées et tinrent boutique de vérités ! On escompta le génie des meilleurs, on aurait escompté leur âme. Ce fut alors que le mariage mérita la place qui lui avait été gardée, dans le livre de nos lois, à côté du contrat de louage, et l'on supputa si c'était un intérêt de 4 ou de 5 pour cent que rapportait l'amour. Il y eut un moment — qui pourrait en avoir perdu le souvenir ? — où l'on ne parla plus en France que d'acheter des actions sans les payer, de courir après des dividendes, de recevoir des primes, de voler régulièrement des millions. La rue Quincampoix fut retrouvée. Enrégimenter des actionnaires pour l'exploitation d'une mine imaginaire, faire des dupes avec une invention fausse, cela s'appela *avoir des idées*. Vous ne rencontriez que charlatans, brocanteurs et spéculateurs en chimères. On avait mis sur la scène, comme la plus sanglante des ironies sans doute, *Robert Macaire*, personnification hideuse de l'esprit dominant : tout le Paris des salons courut à une pièce où l'on tournait en ridicule la tendresse paternelle, la piété filiale, l'amitié, le dévouement, l'amour; et tout ce Paris-là s'en revint charmé. Des électeurs à vendre s'offraient en foule : un procès fameux prouva qu'il ne manquait pas d'éligibles pour les acheter. On se fit nommer député sans autre but que d'obtenir une concession ou une place. Que dire encore ? Chaque talent de fonctionnaire eut son tarif, chaque idole fut faite d'or et de boue. Puis, vers la fin du règne, afin de mieux le définir et le résumer, il arriva qu'un homme de la cour fut obligé de fuir pour vol; qu'un prince eut à subir les flétrissures judiciaires, pour délit de faux; qu'un ministre fut condamné pour concussion; qu'un pair de France le fut pour assassinat.

Je suis assurément très-loin de prétendre que tout cela ait été l'œuvre exclusive de Louis-Philippe. Il ne fut jamais donné à un individu de posséder cette puissance dans le mal. Non, non : l'universel ébranlement imprimé au monde moral par les hardiesses du libre examen; la chute des anciennes croyances que ne remplaçaient pas encore des croyances nouvelles; la poussière soulevée autour de toute chose par un demi-siècle de révolutions et de combats; la confusion des mensonges contraires de tant de partis tour à tour victorieux; les déceptions; le besoin d'action dans le calme; enfin, la naturelle réaction du corps après les efforts exclusifs de l'âme, voilà les causes générales de l'état de la France sous le dernier règne : Louis-Philippe ne créa point tout cela, mais il en représenta le résultat final.

On a coutume de comparer l'expérience à un flambeau : en cela, on se trompe. L'expérience n'éclaire pas toujours, et, comme ses effets ne sauraient être nuls, quand elle n'apporte pas la clarté, elle augmente les ténèbres. Louis-Philippe avait, pour ainsi dire, vécu plusieurs vies dans une seule, et qu'avait-il vu? Maint parjure heureux, mainte infamie triomphante, le saint amour de la justice aboutissant à des catastrophes, la fidélité aux principes récompensée par la souffrance, par la défaite, l'anathème et la mort. Comment de tels spectacles n'auraient-ils pas agi sur un esprit naturellement sceptique? Des agitations de son siècle et de leurs résultats, Louis-Philippe apprit à regarder les convictions sincères et fortes comme des obstacles, à se défier de la roideur des principes, à gouverner au jour le jour, à vivre d'expédients, à ne prendre pour mesure de la légitimité des moyens que la probabilité du succès.

Je n'entends pas soulever de nouveau le voile qui couvre la mort du dernier des Condé; je n'ouvrirai pas une seconde fois le dossier de madame de Feuchères. Mais, en acceptant pour un de ses fils un héritage entaché de captation et sur lequel planaient des soupçons tragiques; en protégeant une femme jugée capable de tout ; en la recevant à la cour ; en la récompensant de son zèle à servir la cause du duc d'Aumale, alors que le cri public accusait ce zèle d'avoir été poussé jusqu'au crime, Louis-Philippe ne donnait-il aucune prise sur lui? Et quand il souffrait qu'on laissât dans l'ombre un drame dont, plus que personne, il aurait dû chercher à éclaircir le mystère, n'immolait-il pas hautement à un intérêt matériel son intérêt moral? A ceux qui se plaisent aux rapprochements historiques, nous recommandons celui-ci : le prince de Condé est mort le 26 août 1830; Louis-Philippe est mort le 26 août 1850, vingt ans après, jour pour jour. Coïncidence qu'il serait puéril de trouver significative, mais qu'il est permis de trouver curieuse !

Quant à la conduite de l'ex-roi à l'égard de la duchesse de Berri, la justifie qui l'ose ! Retenir captive, sans autre dessein que de livrer au monde le secret et la preuve de ses amours, une femme, une nièce; entourer sa grossesse d'espions; donner à surprendre à des gens de police, dans le moment précis de son accouchement, la date de son déshonneur, et, chose à peine croyable, chose à jamais odieuse, ordonner que, de ce déshonneur, on dresse procès-verbal!... « Les témoins entreront dans la chambre à coucher. Assisteront à la naissance de l'enfant : le sous-préfet de Blaye, le maire, un de ses adjoints, le président du tribunal, le procureur du roi, le juge de paix, le commandant de la garde nationale, MM. Dubois et Menière. Ces témoins entreront dans la chambre à coucher au début du travai de l'enfantement; ils constateront l'identité de la prin cesse. Ils lui demanderont si elle est grosse, si elle se sen près d'accoucher. On fera mention de ses réponses et d son silence. Les témoins visiteront ensuite la chambre, le cabinets, les armoires, les secrétaires, les tiroirs des com modes et jusqu'au lit de la princesse, pour voir s'il n'y pas d'enfant nouveau-né dans l'appartement. Il sera fai mention des vagissements de l'enfant au moment de s naissance... » Je n'ai pas le courage de pousser plus loin Quelles instructions, juste ciel ! et dire qu'elles durent êtr suivies de point en point, littéralement, avec une froide e grave impudeur! Maintenant, qu'on se rejette tant qu'on voudra sur la raison d'État : le mal ne cesse pas d'être le mal, pour être pratiqué sur une grande échelle; et, quand on la met en opposition avec la justice, la raison d'État est tout simplement crime d'État. D'ailleurs, est-ce que, à ce hideux scandale, la politique trouvait mieux son compte que l'honnêteté? Quoi! Louis-Philippe ne se douta pas qu'en cherchant à flétrir sa nièce, c'était le principe même sur lequel reposent les monarchies qu'il jetait en proie au mépris! Il lui échappa qu'avilir princes ou princesses, c'est forcer les peuples à désapprendre le respect, et que le profit qui lui pouvait momentanément revenir de la déconsidération du parti légitimiste ne rachèterait jamais l'atteinte durable portée au prestige des trônes par la dégradation d'une maison de rois !

Et cependant, Louis-Philippe fut bon père de famille. Il le fut même au point d'oublier quelquefois son pays pour ses enfants. Quelle situation que la sienne en 1830! et quel rôle admirable il avait à jouer, ne fût-ce que comme modérateur! Au dedans, la bourgeoisie venait de lui confier une puissance dont le peuple semblait consacrer le dépôt. Au dehors, il apparaissait entouré de l'éclat d'un triomphe qui avait fait tressaillir les peuples et semé l'épouvante parmi leurs oppresseurs. Calmer la Révolution, il le pouvait. La répandre sur l'Europe, il le pouvait plus aisément encore. La tempête lui appartenait donc, et il lui eût été facile de tout obtenir de l'Europe monarchique, en parlant au nom de la tempête. Qu'avait-il besoin de mendier la paix, quand c'était de lui que les cabinets, frappés de terreur, en attendaient l'aumône? Mais non : la petite prudence en lui l'emporta sur la grande. Tout entier au désir de faire adopter sa dynastie par les rois, il se présenta devant eux, portant sa couronne à la main, au lieu de la porter sur la tête. Eux, sûrs désormais d'être ses maîtres, ils ne songèrent plus qu'à tirer parti de son humilité, et la grandeur de son pays fut le prix dont il paya leur tolérance.

Les suites, quel Français les ignore? Les traités de 1815 acceptés hautement; les révolutionnaires espagnols excités la veille et abandonnés le lendemain ; la Belgique **livrée**, dans la conférence de Londres, à des influences hostiles ; la Sainte-Alliance à Cracovie ; les Autrichiens à Ferrare ; le nom de la France associé, en Suisse, à des prouesses d'espion ; les insultes de Rosas subies ; les misères de l'affaire Pritchard ; Méhémet-Ali, enfin, tombant du haut de sa fortune pour avoir compté sur la puissance de notre amitié, et lâchant les rênes de l'Orient, ouvert aux Anglais. Voilà notre histoire pendant dix-sept ans, voilà ce que nous a coûté une diplomatie de famille substituée à la politique nationale.

Sous le régime des monarchies absolues, il peut arriver que dans la grandeur de son pays le prince poursuive sa propre grandeur. L'homme qui ose regarder une nation comme son patrimoine, est intéressé, par cela même, à ne point souffrir qu'on l'avilisse ou qu'on l'entame, et il ne le souffrira pas, pour peu qu'il ait la logique et l'orgueil de son insolence. En défendant le territoire de son royaume et l'honneur de ses sujets, c'est son bien qu'il croira défendre. Sait-on rien de comparable aux susceptibilités jalouses de Louis XIV, toutes les fois qu'on manquait de respect à la France ? Mais là où nul n'est admis à dire : *L'État, c'est moi !* sans que néanmoins la souveraineté du peuple existe ; là où le pouvoir royal a devant lui un pouvoir rival qui lui tient tête, le combat, le menace ; dans les monarchies constitutionnelles, c'est-à-dire anarchiques, il ne faut pas s'étonner si le prince, lorsqu'il est trop discuté à l'intérieur, cherche à s'appuyer sur l'étranger. En Angleterre, qu'imagina Charles II pour se passer des subsides de la chambre des communes ? Il se fit pensionner par Louis XIV !

Vainement les apologistes de Louis-Philippe citeraient-ils en preuve de son désintéressement le refus de la couronne de Belgique offerte au duc de Nemours, un de ses enfants. On ne doit pas oublier qu'à cette époque Louis-Philippe avait à s'établir, non à s'agrandir ; qu'il tremblait de tout perdre s'il voulait trop gagner ; que son refus n'eut rien de libre, d'ailleurs ; que la ligue hostile de l'Autriche, de la Prusse et de la Russie lui en faisait une loi ; qu'il lui fut conseillé par M. de Talleyrand ; qu'il lui fut imposé par

l'Angleterre, et qu'en fin de compte, le mariage d'une de
ses filles avec Léopold ne fut pas sans lui assurer un très-
convenable dédommagement. Plus tard, du reste, et dès
qu'il se crut mieux affermi, son ambition dynastique se
montra moins accommodante. Qu'on demande aux Anglais
ce qu'ils pensent de la fameuse histoire des mariages espagnols! Louis-Philippe ignorait-il que pousser le duc de
Montpensier sur les marches du trône d'Espagne, c'était
sacrifier cette amitié de l'Angleterre dont il avait fait payer
si cher à la France les faveurs et qu'il avait toujours déclarée nécessaire à la paix du monde? D'où vient qu'une
telle considération ne l'arrêta point? La France lui com-
mandait-elle, en vue d'un accroissement de territoire ou
d'influence, une dérogation aussi éclatante, aussi imprévue, au système de l'alliance anglaise à tout risque et de
de la paix à tout prix? Mais le temps est passé où une princesse étrangère, se mariant à un prince français, lui apportait en dot tant de têtes de bétail et tant de têtes d'hommes! Depuis que l'ère des chartes a commencé, les alliances
entre rois ne servent même plus comme garantie de l'alliance entre nations. Il importe de se rappeler que, quand
Louis XIV croyait rendre l'Espagne française en mettant
son petit fils sur le trône d'Espagne, on était à une époque
où une famille tenait la place d'un peuple. Encore est-il vrai
que l'événement trompa les prévisions de la cour de Versailles, les Bourbons envoyés par delà les Pyrénées étant
devenus Espagnols, comme, plus tard, Louis Bonaparte
devint Hollandais, et comme, de nos jours, Léopold est
devenu Belge. La France n'avait donc rien à gagner aux
habiles manœuvres de M. Bresson, à ses succès de boudoir,
à sa diplomatie de chambre à coucher; et si l'Angleterre
a eu raison d'y voir un sujet d'offense, elle aurait eu tort,
bien certainement, d'y trouver un sujet d'alarmes. Il n'y
avait là qu'un intérêt de famille pour Louis-Philippe, qui
laissa échapper le secret de sa passion dominante, par l'é-
nergie de volonté, la hardiesse, la décision avec lesquelles
il le fit prévaloir, cet intérêt de famille, lui si prompt aux
concessions et si timide lorsque c'était de la France qu'il
s'agissait.

On a fait un grand crime à Louis-Philippe d'avoir, par son intervention active et continue dans l'administration du royaume dépassé les limites constitutionnelles de son pouvoir et violé le contrat de son avénement. En ceci, je ne saurais me ranger du parti de ses accusateurs.

Je conviens qu'en 1830, la bourgeoisie était éprise de la célèbre maxime : *Le roi règne et ne gouverne pas* ; je reconnais qu'elle voulait un roi sans initiative, sans pensée, sans mouvement, sans vie. Mais la royauté était-elle possible à de semblables conditions, dans un pays tel que la France ? La France, ce pays des génies moqueurs, aurait-elle respecté longtemps une majesté fainéante ? Non, et la bourgeoisie elle-même n'aurait pas tardé à trouver ridiculement onéreuse l'obligation de nourrir, suivant le mot de Bonaparte, un *porc à l'engrais*.

Qu'il soit bon de ne jamais laisser vide la première place de l'État, point de mire naturel de toutes les intrigues et but éclatant de toutes les ambitions, c'est ce qui est fort contestable. Mais parvînt-on à le prouver, le problème ne serait pas encore résolu ; car, qu'il y ait, oui ou non, avantage à mettre théoriquement une statue sur le trône, considéré comme une niche qui doit être occupée sans interruption, la question est toujours de savoir si la statue consentira à s'y tenir immobile, lorsque cette statue est un homme. Or, il est déraisonnable de compter là-dessus, alors même que le hasard, pour servir à point la théorie, ne couronnerait que des imbéciles. Un roi intelligent agit, un roi idiot ne manque jamais de gens qui le font agir ou agissent en son nom. Dans ses ministres, Napoléon avait des serviteurs ; dans les siens, Charles X avait des tuteurs. Qu'est-il arrivé ? Que les révolutions — elles ne s'arrêtent guère aux subtilités — ont châtié Charles X qui laissait tout faire, ni plus ni moins que Napoléon, qui faisait tout.

Il est vrai que, lorsque, en 1830, on imagina de donner à la France un roi vraiment constitutionnel, l'exemple de l'Angleterre était là. Mais on ne prenait pas garde que, si en Angleterre la royauté peut, à la rigueur, exister comme symbole, c'est parce qu'en elle se résume une aris-

-tocratie puissante et souveraine; parce qu'elle représente le principe de substitution et de primogéniture, c'est-à-dire le principe qui sert de base à tout l'édifice de la société anglaise; parce qu'enfin elle s'appuie sur le sentiment de la hiérarchie, plus respectueux, plus aveugle et plus opiniâtre en Angleterre que dans aucun autre pays du monde.

En France, quoi de pareil? Est-ce que la noblesse n'y est pas morte? Est-ce que le principe de la division indéfinie du sol n'y est pas venu enlever à l'hérédité politique son seul appui logique et solide? Est-ce que le peuple, loin d'y avoir le respect des traditions et le fanatisme de la hiérarchie, n'y est pas possédé, tourmenté presque par la passion de l'égalité? Quelle serait donc, je le demande, pour une royauté inactive en France, la *raison d'être?* Comment lui donner à représenter ce qui n'existe pas ou ce qui n'existe plus? La croit-on possible comme symbole du néant, comme personnification de la mort?

En 1830, Louis-Philippe aurait pu, sans doute, et il aurait dû refuser une couronne qu'on ne lui offrait qu'à des conditions absurdes. Mais, une fois proclamé roi, il était certes fort excusable de ne pas vouloir ressembler, sur le trône, à l'automate de Vaucanson.

Malheureusement, la bourgeoisie ne l'entendait pas ainsi. Ce qu'elle voulait, je le répète, sauf à se lasser bien vite de ce que cette mauvaise plaisanterie aurait coûté, c'était un roi pour rire. Et la raison? Je l'écrivais avant 1848 : la raison, c'est qu'à son propre insu et par essence, la bourgeoisie était républicaine. Elle n'adoptait la monarchie que par égoïsme, espérant s'en servir contre le peuple et ne la regardant que comme un de ces bâtons vêtus qu'on plante dans les champs pour empêcher les oiseaux de s'y abattre.

Aussi notre histoire, depuis 1830, n'a-t-elle été qu'un long malentendu, et c'est à une besogne républicaine que les diverses assemblées du règne de Louis-Philippe ont travaillé, sans le vouloir, sans s'en douter, au cri de *Vive le roi!*

Recueillez vos souvenirs.

I.   2.

Cette royauté qu'on frappait de paralysie, il était. aturel, au moins, qu'on l'environnât d'éclat ; il fallait qu'on laissât à côté d'elle une force amie. Cette force existait dans une chambre des pairs héréditaire. Que fait-on ? On supprime l'hérédité aristocratique. Puis, comme si ce n'était pas assez pour achever la pairie, on lui met entre les mains la baguette de Brid'oison, et on lui dit : « Juge! » Voilà donc la pairie morte de son vivant, et la Chambre d'applaudir.

La royauté, ne voyant plus d'aristocratie autour d'elle, veut s'environner d'une cour. La fameuse question des costumes est soulevée. La Chambre s'alarme. Comment! on irait aux Tuileries en habit de marquis? *Caveant consules!* Il faut que la royauté cède, et on décide, ou à peu près, que chacun en France, si ce n'est le roi des Français, sera libre de régler l'étiquette de sa maison.

Une vive discussion s'engage sur la conversion des rentes. La Chambre, qui ne comprend pas la question, se trouble, hésite. Mais M. Barthe, ministre, déclare imprudemment qu'adopter la mesure, ce serait frapper la royauté. « Aux voix! aux voix! » s'écrie-t-on de toutes parts, et la Chambre vote d'enthousiasme une mesure dont la royauté ne veut pas.

La royauté avait, de par la Charte, le droit de choisir ses ministres. La Chambre réclame l'exercice de ce droit pour elle-même. « A la couronne », dit-elle, « le droit de *nommer* les ministres; à nous celui de les *choisir*. » La royauté trouve mauvais qu'on la veuille réduire à n'être plus qu'une griffe. Elle résiste. La Chambre s'entête. Une coalition se forme. L'émeute est au palais Bourbon ; et, pour la faire cesser, il ne faut pas moins qu'une émeute dans la rue. Enfin, la royauté demande une dotation de cinq cent mille francs pour un prince du sang. La Chambre lit les écrits de M. de Cormenin, refuse sans discussion, et bat des mains au spectacle de la monarchie terrassée par un pamphlet.

Que dis-je! la veille même du jour où on enlevait à la royauté la faculté de se faire des créatures avec de l'argent, corruption coûteuse, on lui avait enlevé celle de s'en fait, avec des bouts de ruban rouge, corruption economique.

Fort bien! on avait voulu ôter à la couronne toute autorité, voici qu'on la dépouille de tout prestige. On l'avait désarmée, on l'humilie. Que faut-il de plus?

C'est qu'en effet la monarchie n'a vécu, pendant dix-sept années en France, que par son nom. Et pouvait-il en être différemment? De toutes les conditions que Montesquieu et tous les publicistes de son école déclarent indispensables au maintien d'une monarchie, pas une n'existe aujourd'hui. En déclarant la propriété indéfiniment divisible, les Caïus Gracchus du code civil ont proclamé la loi agraire; le droit d'aînesse a péri; les substitutions ont été abolies; l'envahissement de la société par le commerce a remplacé l'amour des traditions par la turbulence des désirs et l'audace des projets de fortune; la hiérarchie sociale a commencé à la banque et n'a plus fini nulle part; l'esprit de cour est perdu; la puissance de l'étiquette est tombée dans le domaine du ridicule; les habits brodés n'ont plus servi qu'aux mascarades des roturiers en goguette; le laquais est arrivé à ne plus se distinguer de son maître et a pu un instant, la loi à la main, se donner un titre de comte que son maître n'avait pas; les véritables comtes, ceux d'autrefois, ont en de certaines occasions mené leurs femmes danser dans des bals publics où allaient les filles de leurs concierges, et nous avons vu ce qui était la noblesse il y a quarante ans jouer la comédie devant un parterre payant, sifflant et trouvant tout simple que les grandes dames s'occupassent de ses plaisirs, comme elles s'occupaient de ceux du roi, au temps où il y avait un roi qui n'était pas le peuple. Voilà ce qu'ont produit les révolutions. Elles ont éparpillé le pouvoir et confondu les rangs; elles ont divisé le sol pour créer l'égalité matérielle, et rapproché les conditions pour créer l'égalité morale. La philosophie du dix-huitième siècle a fait de nous un peuple raisonneur, ce qui rend toutes les fictions impossibles, et nous avons vu mourir trop de puissances immortelles pour croire aux grandeurs encore debout. Un seul jour a fait passer sous nos fenêtres tant de têtes couronnées qui semblaient réunies là pour nous blaser sur les grandeurs monarchiques, que chacun de nous a pu dire, en haussant les épaules, comme la bonne femme dont parle Victor Hugo :

Des rois? J'en ai tant vu, de rois !

Oui, en dépit d'elle-même, la bourgeoisie en France est républicaine, républicaine avec une énorme défiance de tout ce qui est démocratie ; et elle montra bien clairement jusqu'à quel point le sens monarchique lui manquait le jour où elle refusa, d'une manière si injurieuse aux désirs du roi, la dotation du duc de Nemours.

Il me semble entendre encore les discours par où éclatèrent, à cette époque, les répugnances des docteurs du constitutionalisme. Louis-Philippe, à leur gré, était trop avide et ne comprenait rien à la théorie de la royauté bourgeoise, laquelle doit être bonne personne et vivre de peu. Après tout, Louis-Philippe n'avait-il pas une liste civile de douze millions, et était-il bien venu à se plaindre qu'on l'eût mis au pain sec?

Ils oubliaient, ces grands logiciens, la définition que Beaumarchais donne de l'existence des monarchies : *Prendre, recevoir et demander*. Une royauté ne faisant rien, ne pouvant rien, ne payant pas même de mine, prenant tout à la fois sa charge et sa dignité au rabais, une royauté réduite à n'être qu'une somme de douze millions mangée par un homme qu'on appelle le roi, cela peut sembler fort beau ; mais, si cela est possible quelque part, ce ne peut être que dans ces îles de sucre candi décrites par l'optimisme du bon Fénelon.

Ah ! on se serait accommodé d'une royauté à la Sancho Pança? C'était trop de bonté, vraiment! Mais Sancho Pança lui-même ne voulut pas de sa souveraineté, le jour où le docteur Roch des Augures lui vint dire, au moment du dîner : « Vous ne mangerez pas de ce plat, ni de celui-ci, ni de celui-là. »

Eh quoi ! vous prenez un homme et vous lui dites qu'il est au-dessus de tout un peuple ; que nul n'a plus que lui droit au respect de tous ; qu'il ne peut *mal faire* ; qu'il a ce privilége glorieux et unique de s'éterniser à la même place par ses enfants; que le salut de la société repose sur sa tête auguste; qu'il n'a qu'à vivre pour tenir les révolutions en échec; qu'il est immuable comme le destin, inviolable comme Dieu. Et vous croyez que cet homme ne s'avisera jamais de vouloir une cour, des flatteurs, des chambellans, des pages, des gardes; et qu'il ne lui faudra pas de vastes domaines, des châteaux splendides; et qu'il ne demandera pas qu'on entasse pour ses fils dotations sur apanages; et qu'il n'aura pas à dépenser de l'argent, beaucoup d'argent, pour les princes, les princesses, les courtisans et les danseuses! Mais, en vérité, c'est la plus étonnante des utopies, et l'histoire en dit plus sur ce point que tous les raisonnements du monde. Nous en sommes à notre cinquième essai de monarchie, et voyez par où toutes ces monarchies se sont ressemblé!

Louis XVI était un prince simple dans ses habitudes, modeste dans ses goûts, austère dans sa conduite. A-t-il pu se plier, ou, ce qui revient au même, ceux qui le faisaient mouvoir ont-ils pu se plier au régime des chartes flanquées de comptes bien apurés?

Napoléon était entouré d'un prestige qu'il ne tenait que de lui-même. Si jamais roi put se passer aisément de toute grandeur empruntée, ce fut celui-là. Quel sceptre valut jamais cette resplendissante épée? Et combien de marquis aurait-il fallu pour faire un caporal décoré par l'empereur sur le champ de bataille d'Austerlitz? Eh bien, ce que les rois veulent, Napoléon n'a pu s'empêcher de le vouloir, tout Napoléon qu'il était, et il est descendu à ne pouvoir se passer de pages.

Charles X savait bien, j'imagine, pourquoi Louis XVI était mort sur un échafaud. En a-t-il moins tenté de rétablir, et avec une ardeur poussée jusqu'au délire, ce qui fait qu'aujourd'hui une place est vide dans les caveaux de Saint Denis?

Comme Louis XVI, comme Napoléon, comme Charles X, Louis-Philippe a subi la fatale influence du principe monarchique. De là les habits de cour exigés, les titres de baron et de marquis remis en honneur; de là le parti pris de faire, aux frais du public, apanager les princes et doter les princesses, parti pris si digne de remarque chez un prince qui, à l'instar de Guillaume III d'Angleterre, semblait devoir se faire nommer *premier maître de la communauté des épiciers*.

Mais les situations ont leur logique, et ce n'est pas la faute de Louis-Philippe si le métier de roi est devenu tellement difficile, que Louis XIV lui-même aurait fort à faire aujourd'hui pour s'en acquitter à souhait.

Comme il savait bien, celui-là, faire tourner au profit du trône toute cette misérable et énorme puissance de la bêtise humaine! Comme il savait bien piquer au jeu les petits intérêts, les petites vanités, les petites superstitions des hommes! Non, il ne serait jamais arrivé à ce prodigieux ascendant qu'il exerça autour de lui, s'il s'était borné à remporter des victoires par Turenne et Villars, à bâtir des places fortes par Vauban ou des palais par Mansard, à administrer par Colbert, à immortaliser son siècle par tant d'hommes éloquents et d'illustres poëtes. Louis XIV fut un grand *roi*, parce qu'il fut admirablement ménager de la force que renferme le *prestige*. Il fut un grand roi, et ceci n'est ni une plaisanterie ni un paradoxe, parce qu'il ne montra jamais, pas même en se couchant, sa tête royale sans perruque. L'art de régner, c'est l'art de rendre certaines puérilités importantes. Eh bien, cet art-là est aujourd'hui impossible. Sous Louis-Philippe, les indiscrets voulurent voir quelque chose de bien plus naturellement mystérieux, ma foi! que la tête dépouillée de Louis XIV: ils voulurent voir la jarretière de la duchesse d'Orléans, et on la leur montra!

Heureux Louis XIV! Il n'avait pas à dépendre, lui, en matière d'argent, d'une assemblée avare, morose et grondeuse. Quand ses coffres étaient absolument vides, il invitait un Rothschild de ce temps-là, Samuel Bernard, par exemple, à venir visiter Marly. Là, il faisait au bonhomme, avec une grâce aujourd'hui perdue, les honneurs de ce somptueux séjour, devenant, sans cesser d'être Louis XIV le cicérone de M. Samuel Bernard. La promenade finie, l riche banquier, sans qu'il eût été le moins du monde ques tion d'argent, courait en toute hâte à Paris chez Desmarets et lui disait : « Quel charmant homme que le roi ! Combien vous faut-il ? Voici la clef de mon coffre : prenez. »

Il n'en va plus de même aujourd'hui, que vous en semble ? D'une part, la royauté a une puissance de séduction beaucoup moins grande ; de l'autre, le cœur des Samuel Bernard de notre époque est bien moins facile à toucher.

Parlons sérieusement. Le jour où l'on a mis face à face le principe électif et le principe héréditaire ; le jour où il a été irrévocablement décidé que les rois partageraient avec les assemblées le périlleux honneur de diriger les sociétés humaines, ce jour-là, une lutte ardente et fatale a commencé, lutte où la royauté devait perdre successivement son prestige, son éclat, sa force, tous ses appuis. En Angleterre même, où une aristocratie formidable était là pour couvrir le trône de son corps, cette lutte, on ne l'ignore pas, a présenté de terribles péripéties. La tête de Charles Ier, placée sur le billot d'où il avait laissé tomber celle de Strafford, le règne orageux de Charles II, la chute honteuse du dernier Stuart : tout cela ne proclame-t-il pas bien haut que là où l'unité n'est pas dans le pouvoir, les révolutions sont toujours aux portes de la société ? En France, que d'agitations, que de secousses mortelles, que de tempêtes, depuis l'inauguration de ce singulier dualisme ! Louis XVI espère pouvoir vivre en bonne intelligence avec l'assemblée législative. Vain espoir ! Le duel commence par des difficultés de préséance, et il finit au roulement des tambours. Napoléon, pour faire cesser les clameurs de la chambre des Cent-Jours, signe en frémissant l'acte additionnel : concession vaine ! La chambre des Cent-Jours craint un 18 brumaire, et donne raison à Waterloo. Charles X, en montant sur le trône, proteste de son respect pour le principe électif ; mais la force des choses le pousse à détruire ce principe rival, et le vieux roi tombe au bruit de la fusillade de 1830. De quoi a-t-il été question pendant les dix-sept ans du règne de Louis-Philippe ? De la *lutte des deux prérogatives*. Et qui ne sait comment cette lutte, renouvelée sous la République ou ce qui en fut l'ombre, s'est dénouée le 2 décembre 1851 ? On s'était avisé de donner deux têtes au corps social : est-il bien surprenant que la vie de ce corps ait été si incertaine et si tourmentée ? Ce qu'on appellerait un monstre en histoire naturelle, de quel nom l'appeler en politique ?

Encore si tout cela n'était que bizarre ! mais nous savons trop ce que cette bizarrerie nous coûte. Comment l'anarchie n'aurait-elle pas été dans la société lorsqu'elle était dans le pouvoir ? Comment l'industrie, le travail, auraient-ils pu se développer librement, exposés qu'ils étaient au contre-coup éternel des ministères qui tombent, des dotations qu'on refuse, des coalitions qui se forment dans les couloirs d'une chambre, ou des coups d'État qui se préparent dans les salons d'un château ? Osons donc enfin nous l'avouer : le gouvernement constitutionnel, avec ses pugilats étranges et ses perpétuels tiraillements, n'est bon qu'à conduire un peuple aux révolutions par une série de frivoles désordres. C'est un régime qui met continuellement un pays à la veille des coups de fusil, et qui, en attendant, le tue à coups d'épingle.

C'est ce que le règne de Louis-Philippe a bien prouvé !

Que si maintenant on recherche quelle fut, sous ce règne, la vie de la société, en la contemplant, non plus à la surface des choses, mais dans leurs plus intimes profondeurs, on trouvera des désirs vagues et puissants, d'actives aspirations vers l'inconnu, la poursuite de l'égalité sous tous ses aspects, une prodigieuse fermentation d'idées ayant pour but l'amélioration, soit morale, soit physique, du sort du peuple. C'était un nouveau dix-huitième siècle qu'avait produit en France le développement de l'esprit humain. Mais, ici, la guerre aux prêtres était remplacée par la guerre au despotisme de l'argent ; c'était de l'affranchissement des prolétaires qu'il s'agissait cette fois, non plus de l'émancipation de la classe bourgeoise, et l'économie sociale venait occuper le poste laissé vacant par la philosophie. Or, qui le croirait ? Cet immense mouvement qui, en 1848, fit explosion sous le nom de SOCIALISME et qui assigne au dix-neuvième siècle dans l'histoire une place si caractéristique et si haute, Louis-Philippe ne le soupçonna même pas. Jamais prince ne fut plus complétement étranger aux préoccupations brûlantes dont la suppression de la misère est l'objet. « Il a été constaté, dit Daniel Stern dans son *Histoire de la Révolution de février*, que, de 1830 à 1848, tout l'effort du gouvernement pour résoudre les questions d'amélioration sociale s'est borné à trois circulaires relatives au paupérisme, adressées par le ministre de l'intérieur aux préfets et restées dans les cartons de l'administration. »

La vérité est que ni Louis-Philippe, ni ses ministres, ni ses familiers, ni les meneurs des chambres ne s'aperçurent qu'au dessous de leur monde à eux, monde égoïste et vain que troublaient de stériles batailles, il s'en formait un autre dont des symptômes, heureux et sombres tour à tour, annonçaient l'enfantement. De ces deux sociétés, trop distinctes, hélas! celle-là bruyante, emportée vers la spéculation, dévorée de la passion du gain, ne rêvant qu'affaires et s'appuyant sur des usuriers et des gendarmes ; celle-ci douée d'une force souterraine, tout entière à l'audace, encore silencieuse, de ses pensées, se recrutant dans les ateliers par des livres, préparant son avénement par des méditations profondes : de ces deux sociétés superposées l'une à l'autre, Louis-Philippe ne servit que la première : la seconde... il ne la connut pas!

C'est parce qu'il représenta la première quand elle était à l'apogée de son pouvoir, que son règne a duré dix-sept ans ; c'est parce qu'il ignora la seconde, quand déjà était venu le moment de compter avec elle, qu'il est tombé.

J'ai écrit, en parlant de Charles X :

« Dans la matinée du 4 novembre 1836, jour de la Saint-Charles, il avait éprouvé durant la messe un saisissement de froid : il ne put assister au dîner, suivant ce qu'a raconté un des compagnons de son exil, M. de Montbel ; et, lorsque, le soir, il entra dans le salon où se trouvaient, avec quelques courtisans de leur infortune, les membres de sa famille, son aspect leur fut un sujet d'épouvante. Ses traits étaient contractés d'une manière étrange, sa voix avait une lugubre sonorité ; en quelques heures, il avait vieilli de plusieurs années, et l'on ne pouvait déjà plus douter que la mort ne fût avec lui. Dans la nuit, la crise se déclara. Les docteurs Bougon et Marcolini furent appelés, et le cardinal de Latil vint donner l'extrême-onction au roi mourant. La messe fut ensuite célébrée près de son lit. Accablé par le choléra, Charles X priait encore. L'évêque d'Hermopolis étant venu le consoler et l'encourager dans ses heures d'angoisse, il se montra calme, résigné au départ, et s'entretint sans trouble des choses de l'éternité. Quelques instants après, on lui amena, pour qu'il les bénît, le duc de Bordeaux et sa sœur. Alors, étendant sur leurs têtes ses mains tremblantes : « Que Dieu vous protége, mes en- « fants! » dit-il. « Marchez dans les voies de la justice.... « Ne m'oubliez pas... Priez quelquefois pour moi. » Dans la nuit du 5 novembre, il tomba dans un anéantissement profond. Il n'appartenait plus au monde extérieur que par un léger mouvement des lèvres. On commença de réciter autour de lui les prières des agonisants. Enfin, le 6 novembre 1836, à une heure et quart du matin, sur un signe du docteur Bougon, chacun se mit à genoux, des gémissements étouffés se firent entendre, et le Dauphin s'avança pour fermer les yeux de son père. Le 11, les portes du Grafenberg s'ouvraient pour les funérailles. Le char, entouré de serviteurs tenant des torches, était précédé par le prince-archevêque de Goritz. Les ducs d'Angoulême et de Bordeaux suivaient, vêtus de manteaux noirs, l'un sous le titre de comte de Marnes, l'autre sous celui de comte de Chambord ; et, parmi beaucoup d'étrangers, quelques Français. Des pauvres marchaient en avant avec des flambeaux. Le corps fut porté au couvent des Franciscains, situé sur une hauteur à peu de distance de la ville. Ce fut là, dans un sépulcre vulgaire, à la lueur d'une lampe près de s'éteindre, que les amis du monarque furent admis à contempler pour la dernière fois sa figure, blanche et grave sous le suaire. Le corps avait été d'abord déposé dans une bière provisoire : il en fut retiré pour être couché dans un cercueil de plomb, qui reçut l'inscription suivante :

CI-GIT

TRÈS-HAUT, TRÈS-PUISSANT ET TRÈS-EXCELLENT PRINCE CHARLES X^e DU NOM

PAR LA GRACE DE DIEU ROI DE FRANCE ET DE NAVARRE

MORT A GORITZ, LE 6 NOVEMBRE 1836

AGÉ DE 79 ANS ET 28 JOURS

« Toutes les maisons régnantes de l'Europe prirent le deuil d'étiquette, une seule exceptée : la maison d'Orléans.

« Telle fut la fin de Charles X, de ce prince si diversement éprouvé. En songeant de quelle source étaient venues ses fautes et à quelle expiation Dieu l'avait condamné, les âmes généreuses s'abstinrent de rappeler combien funeste avait été son royal passage à travers la France. Dans l'humiliation de ses cheveux blancs, dans les misères de sa vieillesse en peine d'un abri tranquille, dans ce qu'avaient eu de morne et de poignant ses adieux à la terre, quelques-uns ne virent que les suites naturelles de la victoire remportée par la Révolution sur les rois ; et ceux-là mêmes furent touchés d'une si grande infortune.

« Pourtant, qu'est-ce que cela en comparaison de la longue agonie des peuples, perpétuée de siècle en siècle ? Et quels autres trésors de compassion l'histoire ne devrait-elle pas amasser pour ce qu'il faut de pleurs aux querelles où l'on se dispute un trône, et pour tant de nations broyées sous les roues des rois qui viennent ou des rois qui s'en vont, et pour tant de races incessamment sacrifiées à un petit nombre d'hommes, à leurs débats personnels, à leurs caprices, à leurs cruels plaisirs, à leur orgueil qui ne connaît point la pitié ! Après tout, l'émotion passée, il faut que la leçon reste. Et c'est une puissante, une mélancolique démonstration du déclin des monarchies, que la série des tragiques vicissitudes qui ont rempli soixante ans : la prison du Temple et Louis XVI sur un échafaud : la mort de Louis XVII, étrange, inexpliquée ; tous ces fils, frères ou neveux de rois, courant effarés sur les chemins de l'Europe et allant mendier à la porte des républiques ; les Cosaques venant renverser l'Empire sur des chevaux marqués aux flancs de l'N impériale ; l'île d'Elbe, Sainte-Hélène ; le fils de la duchesse de Berri élevé dans l'exil ; le fils de Napoléon enseveli par des mains autrichiennes ; Louis-Bonaparte voguant vers l'Amérique sous le poids d'une défaite ; et, au fond d'une contrée lointaine, dans je ne sais quelle église sans nom, le *Requiem* chanté autour du cercueil de Charles X par des moines étrangers. »

Or, ces lignes, j'ai eu occasion de les retracer, depuis, au bruit des cloches qui sonnaient les funérailles de Louis-Philippe, ses funérailles dans l'exil !

CHAPITRE DEUXIÈME

LE PEUPLE AUX TUILERIES

Symptômes précurseurs de la révolution de février. Les banquets de Dijon et de Lille. — Discours qui y furent prononcés. — La *corruption*, mot du moment. — Le banquet du 12e arrondissement. — Absence des convives. — MM. Odilon Barrot et Thiers, d'Aragon et d'Alton-Shee. — La fille de Labbey de Pompières. — Confiance de Louis-Philippe. — Soulèvement populaire. — Fuite du roi et de la famille royale. — Prise de possession des Tuileries par le Peuple. — Aspects divers du drame révolutionnaire. — Générosité des combattants. — Lord et lady Normanby aux Tuileries; hommage rendu au peuple, alors; oublié, depuis. — Dès le 24 février, les Tuileries gardées par des hommes en haillons. — Une anecdote apocryphe. — Justice sommaire. — Idée touchante. — Les trésors des Tuileries sont remis intacts au garde-meuble. — Erreur volontaire de lord Normanby au sujet de la fuite de Louis-Philippe.

Du chapitre qui précède il résulte que Louis-Philippe fut un prince doué de qualités estimables; que ses vertus domestiques étaient de nature à commander le respect; qu'il avait un esprit éclairé; qu'il fut humain; que, sous son règne, la liberté ne reçut, après tout, aucune atteinte mortelle; que, dans une heure difficile, il réussit à détourner, soit au dedans, soit au dehors, d'imminents périls, et que les classes commerçantes lui durent, pendant près de dix-huit ans, ce repos qui leur est si cher.

Mais il en résulte aussi qu'il ne comprit pas ce qu'il y a de généreux et d'élevé dans le génie de la France; qu'il s'adressa seulement aux mobiles inférieurs de la nature humaine; qu'il fît son principal moyen de gouvernement, de l'égoïsme de la bourgeoisie et de ses peurs ; que sa politique encouragea outre mesure le culte grossier de l'or, et se montra indifférente aux aspirations élevées. Même ce que cette politique produisit de désirable, accusa l'emploi de petits moyens. Quel Français digne de ce nom aurait pu ne pas trouver qu'acheter la paix au prix de la dignité nationale, c'était la payer trop cher?

Aussi, qu'arriva-t-il? Quand sonna l'heure fatale, nulle voix ne s'éleva avec énergie en faveur de Louis-Philippe; c'est à peine si une main amie lui fut tendue; les courtisans s'enfuirent; les financiers se tinrent à l'écart; les soldats, ou refusèrent de se battre, ou se battirent à contre-cœur; la garde nationale pencha ouvertement du côté de l'insurrection, et, réconcilié cette fois avec le bruit du tambour, le marchand sembla dire : « Laissez passer la justice du peuple! » Alors, le vieux roi regarda autour de lui, se sentit affreusement seul, se résigna, et un pouvoir, longtemps réputé inexpugnable, fut renversé d'un souffle. Louis-Philippe avait pris si peu de soin d'entretenir autour de lui le feu sacré du dévouement, qu'au moment décisif, cette suprême ressource lui manqua. Son isolement fut en partie son œuvre.

Sa chute avait été annoncée, du reste, par de clairs symptômes; au banquet de Dijon, surtout, dont la nouvelle courut toute la France avec la rapidité de l'éclair et le bruit du tonnerre. Là, dans une vaste salle décorée de devises symboliques et de drapeaux; là, en présence de treize cents convives — ouvriers, fabricants, commerçants, magistrats — des paroles retentirent, que M. de Lamartine appela le « tocsin de l'opinion ».

A Lille, peu de temps auparavant, M. Ledru-Rollin avait dit :

« Parfois aussi, les flaques d'eau du Nil desséché, les détritus en dissolution sur ses rives, apportent la corruption de l'épidémie; mais que l'inondation arrive, le fleuve, dans son cours impétueux, balayera puissamment toutes ces impuretés, et sur ses bords resteront déposés des germes de fécondité et de vie nouvelle (1). »

Au banquet de Dijon, ces allusions audacieuses furent répétées par MM. Ledru-Rollin et Flocon, sans exciter la moindre surprise, tant l'idée d'une révolution prochaine était vivante! Et, par la même raison, personne ne s'étonna de ce passage de mon discours — prophétie et menace :

« Le pouvoir, qui semblait naguère si vigoureux, s'affaisse sur lui-même, sans qu'on l'attaque. Une invisible volonté va semant dans les hautes régions d'humiliantes catastrophes. Des actes inattendus de démence, de honteuses chutes, des crimes à faire dresser les cheveux sur la tête, des suicides inexpliqués, viennent frapper coup sur coup l'opinion publique de stupeur. Alors, cette société, si prospère en apparence, s'agite ; elle s'interroge avec inquiétude sur je ne sais quel venin caché qu'elle sent courir dans ses veines. *Corruption*, voilà le mot du moment, et chacun de s'écrier : « Impossible que ces choses durent; que nous apportera la journée de demain? » Messieurs, quand les fruits sont pourris, ils n'attendent que le passage du vent pour se détacher de l'arbre (2) ! »

Ceci vers la fin de décembre ; et, à la fin de février, à peine deux mois après, l'ouragan qui emporta la monarchie.

Les circonstances qui marquèrent cet événement décisif sont connues : qui ne sait que le signal de l'explosion fut le défi jeté par M. Odilon Barrot et ses amis les députés de l'opposition dynastique au ministère Guizot, déclarant, à la façon du ministère Polignac, que le banquet du 12ᵉ arrondissement n'aurait pas lieu ? « Le gouvernement ne cédera pas, » avait dit M. Duchâtel. Il ne céda pas en effet, mais il tomba. Quel frémissement dans tout Paris, le matin du

---

(1) Compte rendu du banquet de Lille.
(2) Compte rendu du banquet de Dijon.

22 février ! Il me semble voir encore le peuple descendre le long du boulevard, en colonnes mugissantes. Au lieu désigné pour le banquet, on comptait trouver M. Odilon Barrot et ses amis, on se préparait à les défendre. O surprise ! A l'agitation il ne manquait plus que les agitateurs. Le peuple était là : où étaient les convives ?

La veille, ils s'étaient réunis pour discuter ce qui ne se discute pas : la parole donnée. Fallait-il persister à se rendre au banquet, lorsque le gouvernement tirait l'épée ? fallait-il affronter une collision qui allait exposer le droit aux outrages de la force ? Elle fut lamentable, cette discussion ; et je tiens de la bouche d'un de ceux qui y prirent part le récit des faits. Que M. Odilon Barrot, esprit assez faible sous des apparences de décision, eût succombé à une défaillance soudaine, on l'eût compris ; mais ce qui frappa, ce fut l'attitude de M. Thiers, caractère énergique, et que la révolution de 1830 avait trouvé si résolu. Macbeth, à l'aspect du spectre de Banquo, ne fût pas plus effrayé que M. Thiers ne parut l'être à la seule idée du peuple présent au festin convenu. M. d'Aragon se montra, au contraire, admirable de fermeté, et il en fut de même de M. d'Alton-Shée, pair de France alors, socialiste depuis. L'un et l'autre déclarèrent qu'ils considéraient leur présence au rendez-vous indiqué comme un engagement d'honneur dont le vote que MM. Barrot et Thiers sollicitaient ne les pouvait délier ; si leurs collègues s'abstenaient, eh bien, ils iraient seuls. *Etiamsi omnes, ego non.* M. Thiers insista ; et il avait la parole, lorsqu'on vit entrer tout à coup une femme dont le regard, le visage, tous les mouvements trahissaient une émotion violente. C'était la fille intrépide de l'intrépide Labbey de Pompières, c'était madame Odilon Barrot. Elle accourait, par un noble effort, arracher son mari aux conseils de la prudence égarée ; elle venait disputer l'honneur du nom qu'elle portait aux avocats d'une retraite pusillanime. Apostrophant M. Thiers en paroles ardentes, elle lui reprocha d'entraîner son mari... Mais non : le sort en était jeté.

Comment peindre l'indignation du peuple ? Quoi ! ils avaient soulevé Paris, et Paris, soulevé, les cherchait en vain des yeux! Pour qui donc ce sang qui allait couler? Mais le peuple pouvait se passer et se passa d'eux. Un feu de peloton, exécuté le soir du 23 sur les boulevards et donnant mainte victime à venger, des ouvriers chargèrent les morts sur leurs épaules, coururent les promener dans les faubourgs à la lueur des torches, et tout fut dit.

Peu d'instants avant la meurtrière fusillade qui provoqua cette procession à jamais tragique, j'étais occupé à rédiger, dans une réunion politique siégeant à quelques pas de là, le manifeste suivant, que les journaux démocratiques publièrent le lendemain :

« Le ministère est renversé : c'est bien.

« Mais les derniers événements qui ont agité la capitale appellent, sur des mesures devenues désormais indispensables, l'attention de tous les bons citoyens.

« Une manifestation légale, depuis longtemps annoncée, est tombée tout à coup devant une menace liberticide, lancée par un ministre du haut de la tribune. On a déployé un immense appareil de guerre, comme si Paris eût eu l'étranger, non pas à ses portes, mais dans son sein. Le peuple, généreusement ému, et sans armes, a vu ses rangs divisés par les soldats. Un sang héroïque a coulé.

« Dans ces circonstances, nous, membres du Comité électoral démocratique des arrondissements de la Seine, nous nous faisons un devoir de rappeler hautement que c'est sur le patriotisme de tous les citoyens, organisés en garde nationale, que reposent, aux termes mêmes de la Charte, les garanties de la liberté.

« Nous avons vu, sur plusieurs points, les soldats s'arrêter avec une noble tristesse, avec une émotion fraternelle, devant le peuple désarmé. Et en effet, combien n'est pas douloureuse, pour des hommes d'honneur, cette alternative de manquer aux lois de la discipline, ou de tuer des concitoyens! La ville de la science, des arts, de l'industrie, de la civilisation, Paris, enfin, ne saurait être le champ de bataille rêvé par le courage des soldats français. Leur attitude l'a prouvé. Elle condamne le rôle qu'on leur impose.

« D'un autre côté, la garde nationale s'est énergiquement prononcée, comme elle le devait, en faveur du mouvement réformiste, et il est certain que le résultat obtenu aurait été atteint sans effusion de sang s'il n'y eût pas eu, de la part du ministère, provocation directe, résultant d'un brutal étalage de troupes.

« Donc, les membres du Comité électoral démocratique proposent à la signature de tous les citoyens la pétition suivante :

« Considérant,

« Que l'application de l'armée à la compression des trou-
« bles civils est attentatoire à la dignité d'un peuple libre
« et à la moralité de l'armée elle-même ;

« Qu'il y a là renversement de l'ordre véritable, et né-
« gation permanente de la liberté ;

« Que le recours à la force seule est un crime contre le
« droit ;

« Qu'il est injuste et barbare de forcer des hommes
« de cœur à choisir entre les devoirs du militaire et ceux
« du citoyen ;

« Que la garde nationale a été instituée précisément pour
« garantir le repos de la cité et sauvegarder les libertés de
« la nation ;

« Qu'à elle seule il appartient de distinguer une révo-
« lution d'une émeute ;

« Les citoyens soussignés demandent que le peuple tout
« entier soit incorporé dans la garde nationale ;

« Ils demandent que la garde municipale soit dissoute ;

« Ils demandent qu'il soit décidé législativement qu'à
« l'avenir l'armée ne pourra plus être employée à la com-
« pression des troubles civils. »

Je sortais, avec M. Guinard et quelques autres de mes amis, de la réunion au sein et au nom de laquelle venait d'être rédigé ce manifeste, lorsque, à la porte d'un marchand de vin, nous aperçûmes un rassemblement considérable. Nous approchons... Non, cette image ne sortira jamais de ma mémoire. Sur le pavé gisait un beau jeune homme qu'on venait de porter là. Un sourire étrange, indéfinissable, terrible, animait son visage, où le sang ruissselait et que couvrait la pâleur de la mort. C'est alors que nous apprîmes la scène de carnage du boulevard. J'avais laissé Charles Blanc, mon frère, dans les environs. Saisi d'une affreuse inquiétude, je vole à l'endroit indiqué. Grâce au ciel! mon frère n'était pas au nombre des morts; mais il s'était trouvé au milieu de la fusillade, il avait vu autour de lui le sol jonché de cadavres, et il était de ceux qui, en ce moment même, éperdus, furieux, couraient le long du boulevard, en criant : « On assassine les citoyens! Aux armes! aux armes! » Quel commentaire donné au manifeste qui avait pour but de conjurer l'intervention armée du soldat! Ce qu'elle produisit en cette occasion, nul ne l'ignore. Sans doute, une révolution ne sort pas tout entière d'un accident, quelque formidable qu'on l'imagine; mais, quand les choses sont mûres pour une explosion, ce sont des *accidents* de ce genre qui la déterminent. Pour bien comprendre l'excès d'horreur dont les âmes furent alors pénétrées, il faut avoir entendu les cris de malédiction qui, dans la sinistre soirée du 23, remplacèrent tout à coup, sur les boulevards, les chants patriotiques et joyeux dont ils venaient de retentir; il faut avoir vu les milliers de citoyens qui, un peu avant dix heures du soir, se promenaient d'un pas paisible à la clarté des illuminations, remplis tout à coup d'épouvante ou transportés de rage, et, l'œil en feu, le visage hagard, frappant aux portes des maisons, en quête d'un refuge, ou s'enfonçant dans les rues sombres, hantées par le génie des barricades, ou servant de cortége au monceau de cadavres traîné sur ce char qu'à la lueur des torches qui l'inondaient de teintes livides, on eût pris pour le char des Euménides! Il n'y avait pas longtemps qu'à la foule pressée sous le balcon du *National* M. Marrast avait dit : « Nous voulons le renvoi du ministère et la mise en accusation des ministres. » Ah! c'était bien de cela qu'il s'agissait, maintenant! Cette nuit du 23 au 24 février fut une nuit sans sommeil. Et, le lendemain, Louis-Philippe s'enfuit, laissant sa couronne par terre.

Relativement aux circonstances qui précédèrent et marquèrent cette fuite, je n'ai rien à raconter comme témoin, et je me tairai. Aussi bien, sur les hésitations du monarque menacé ; sur le renvoi de M. Guizot, obtenu et demandé par la reine le 23 ; sur la mission confiée, vers onze heures du soir, à M. Thiers, de composer un cabinet ; sur la présidence du conseil donnée à M. Barrot dans la matinée du 24 ; sur la nécessité d'une abdication mise vivement sous les yeux du roi par M. Émile de Girardin, M. Crémieux, le duc de Montpensier, et niée en vain par M. Piscatory, par le maréchal Bugeaud, par la reine ; enfin, sur le départ de tous les membres de la famille royale, la duchesse d'Orléans exceptée, les récits abondent. Quant à la lutte, elle n'a pas non plus manqué d'historiens ; et ce n'est point, d'ailleurs, aux combats de la rue qu'ont trait celles des innombrables erreurs que, dans le livre de lord Normanby, j'ai pris à tâche de relever. Mais ce que je ne saurais passer sous silence, c'est le récit venimeux et mensonger où Sa Seigneurie se complaît, en parlant de l'invasion des Tuileries ; car, ici, ce qu'on attaque, c'est l'honneur de la France, c'est l'honneur du peuple.

Nul n'ignore comment eut lieu, en février 1848, la prise de possession des Tuileries par le peuple : ce fut au milieu des circonstances les plus propres à couvrir le déchaînement de ces passions qui ont besoin du désordre pour s'y cacher ; ce fut au milieu d'une indescriptible tempête formée par les clameurs des combattants, le tumulte des foules envahissantes, les roulements du tambour, les coups de feu, les éclats de rire nés de ces vives saillies qu'improvise si bien, en pareille occurrence, la verve des *gamins de Paris*. L'exaltation du combat durait encore ; elle réveillait, la seule vue de ces lambris splendides, bien des souvenirs irritants ; et ce palais, où les spectres du 10 août n'étaient pas alors évoqués pour la première fois..., se présentait aux imaginations enflammées sous l'aspect d'une forteresse ennemie prise d'assaut. Cependant, qu'arriva-t-il ?

Lord Normanby, qui a vécu à Paris sans comprendre Paris, et qui en parle absolument comme un habitant de la Béotie aurait pu parler d'Athènes, commence par dénoncer à l'indignation du genre humain Étienne Arago, frère du grand Arago, lequel, trouvant dans le vestibule le registre des visites du roi, y inscrivit son nom, avec invitation à ceux qui le suivaient d'y inscrire le leur (1). Si les épanchements de la gaieté française sont des crimes, lord Normanby eût pu se donner le plaisir d'en dresser un catalogue beaucoup plus complet ; il n'avait qu'à interroger la notoriété publique, elle lui aurait appris — ce qui n'eût ni étonné ni scandalisé le génie de Shakespeare — qu'en cette occasion, comme toujours, le drame des choses humaines avait eu son côté comique ; que quelques uns des envahisseurs, par exemple, avaient été vus assis autour des tables de jeu et jouant avec une ironique gravité les millions de la liste civile ; que maint joyeux compagnon avait revêtu des robes de chambre de velours ou métamorphosé en bonnets phrygiens des lambeaux de tenture ; que deux insurgés, leurs fusils par terre, et au plus fort du tumulte qui les environnait, immobiles, avaient joué leur partie d'échecs ; qu'un jeune gars, occupé à examiner un plan de Neuilly, avait répondu en riant à son camarade, qui lui demandait : *Que fais-tu là, marquis ? — J'examine le plan de mes propriétés, vicomte.* Tout cela constitue un ensemble de forfaits dont il est dommage que lord Normanby n'ait pas enrichi ses notes.

Mais peut-être a-t-il compris lui-même, vaguement, que cette satire de Juvénal mise en action avait un sens profond et caché qu'il était inutile de proposer aux méditations des esprits pénétrants. Il préfère donc suggérer à ses lecteurs l'idée que tout ne fut, aux Tuileries, pendant quinze jours, *for nearly a fortnight* (2), que scènes de basse gloutonnerie, de dévergondage effréné et de vol ; d'où la conclusion que le Gouvernement provisoire est bien coupable d'avoir permis qu'un lieu consacré par tant de traditions historiques demeurât abandonné à la plus vile canaille de Paris, *the lowest canaille of Paris* (3).

Voyons ce que valent ces accusations et ces injures.

Le premier acte de cette *canaille*, dans les rangs de la-

---

(1) *A Year of Revolution in Paris.* t. I, p. 206.
(2) *Ibid.*, p. 204.
(3) *Ibid.*, p. 204 et 205.

quelle figuraient, soit dit en passant, des élèves de l'Ecole polytechnique, des gardes nationaux, des hommes très-honorablement connus, fut un acte de générosité. Quoi! lord Normanby, qui était alors à Paris, n'a jamais entendu parler de ces gardes municipaux que l'avant-garde des envahisseurs surprit dans une galerie du palais et sauva, les insurgés ayant poussé la sollicitude jusqu'à quitter une partie de leurs vêtements pour en revêtir leurs ennemis et assurer d'autant mieux leur retraite! Quoi! il ne lui est pas revenu que, si la *canaille* de Paris ne crut pas devoir respecter, dans les Tuileries, le portrait du maréchal Bugeaud, l'homme des répressions sanglantes, cette même *canaille*, le rencontrant, lui, sur le pont Royal, et le reconnaissant, se sentit désarmée dès qu'il eut rappelé ses services militaires, et, loin de lui demander compte des massacres de la rue Transnonain, l'escorta, pour le protéger, jusqu'au seuil de sa demeure (1)! Des plâtres furent brisés, des bustes jetés par les fenêtres, des tableaux percés à coups de baïonnette; mais, si ces emportements n'eurent rien que de sauvage, d'où vient que les appartements de la duchesse d'Orléans furent préservés, et qu'on ne toucha ni au portrait du prince de Joinville ni à celui de sa mère, et que les tapisseries de la reine, ses laines, ses soies à broder, lui furent restituées intactes (2)? Il y eut des dévastations très-regrettables, sans doute, mais dont la plupart n'accusent que la fougue des passions politiques surexcitées par le combat. C'est ce que lord Normanby s'est bien gardé de dire, et c'est ce qu'il savait pourtant. Un fait, qu'il a très à propos oublié, le prouvera. Dans la visite qu'il fit au château, accompagné de lady Normanby, alors que, de l'invasion populaire, il ne restait plus que les traces, M. Saint-Amant, alors commandant supérieur des Tuileries, fit remarquer à l'ambassadeur anglais qu'à côté d'un buste en plâtre de Louis-Philippe criblé de balles, une statue

---

(1) Ces deux faits, qui sont, d'ailleurs, de notoriété publique, se trouvent racontés en détail et d'une manière très-saisissante dans l'*Histoire de la Révolution de* 1848, par Daniel Stern, t. I, p. 199 et pp. 189, 190.

(2) *Ibid.*, p 203.

d'argent était restée intacte ; sur quoi, Sa Seigneurie ne put s'empêcher de reconnaître que le peuple de Paris était un peuple vraiment extraordinaire, témoignage auquel lady Normanby ne dédaigna pas d'ajouter le sien. Je tiens le fait de M. Saint-Amant lui-même.

Et, puisque je prononce ce nom, je citerai, sans plus tarder, un document officiel qui montre jusqu'à quel point l'accusation d'indifférence portée par lord Normanby contre le Gouvernement provisoire est calomnieuse. On lit, dans le *Moniteur* du 25 février 1848, le décret suivant, signé par les membres du Gouvernement provisoire, *au moment même de leur installation :*

« Le Gouvernement provisoire nomme M. Saint-Amant, capitaine de la première légion, commandant supérieur du palais des Tuileries.

« Fait à l'hôtel de ville, *le* 24 *février* 1848. »

Que, dans une grande cité telle que Paris, la civilisation moderne n'ait pu être remuée de fond en comble, sans qu'un peu de son écume soit montée à la surface ; qu'une foule immense et confuse n'ait pu envahir un palais regorgeant de richesses, sans que cette nouvelle ait attiré, une ou deux heures après l'invasion par les combattants (1), quelques-uns de ces malheureux que la société actuelle laisse croupir et se corrompre en des profondeurs où sa lampe ne descend jamais, qu'y a-t-il là de surprenant ? C'est le contraire qui eût été un miracle. Il est donc vrai que, lorsque le torrent se fut grossi au point d'offrir à quelques misérables une chance de disparaître dans la foule, et de se cacher, pour ainsi dire, dans le tumulte, des excès d'un caractère partiel furent commis ; on fit main basse sur deux barils de rhum découverts chez le prince de Joinville, et les caves du château eurent leurs scènes d'ivresse. Lord Normanby peut même prendre note, si

---

(1) Il a été constaté qu'aucun excès ne fut commis pendant la première heure qui suivit l'invasion. *Voy.* sur ce point le récit de M. Saint-Amant et l'ouvrage de madame d'Agout.

cela lui plaît, de ce fait que des cigares oubliés par le duc de Nemours furent fumés sans trop de scrupule, « les fumeurs ayant acquis la certitude que ces cigares princiers avaient été introduits en fraude des droits de régie (1). »

Quant à cette débauche dégradante dont lord Normanby voudrait faire croire que les Tuileries furent le théâtre, jamais calomnie ne se produisit avec des allures plus dégagées. Le passage mérite d'être cité textuellement : « J'ai lieu de croire que des crimes de toute espèce furent commis par des natures brutales qui avaient la facilité de se dérober aux regards et la certitude de l'impunité (2). » *I have reason to believe*, « J'ai lieu de croire ! » Voilà les preuves que met en avant Sa Seigneurie.

Relativement à l'anecdote de l'enfant qui rencontre son père dans la rue, l'invite à déjeuner au château, l'emmène, et lui « offre respectueusement un plat d'excellent mouton bouilli avec des pois conservés (3), » notre historien est tombé dans une inadvertance fatale : il place ce grand événement à une date qui le réfute, c'est-à-dire plusieurs jours après l'invasion. Or, plusieurs jours après l'invasion, il était si peu loisible au premier venu d'emmener au château ses parents, amis et connaissances, pour leur servir des truffes ou des petits pois, que la garde du château se trouvait confiée, depuis la nomination de M. Saint-Amant, à une garnison distribuée en plusieurs postes populaires, et que, même pour les occupants habituels du palais, pour ses gardiens, « la ration journalière consistait seulement en un kilogramme de viande, un kilogramme de pain, et un litre de vin à 70 centimes (4). » Encore cela ne dura-t-il que peu de temps ; car les postes, composés en grande partie d'hommes du peuple, dont quelques-uns couverts de guenilles, n'eurent pas plus tôt appris qu'au dehors on les accusait de s'enivrer, qu'ils firent à la calomnie cette

---

(1) *Voy.* le récit publié par M. Saint-Amant, sous ce titre : *Drame des Tuileries*, p. 17.
(2) *A Year of Revolution in Paris*, t. I, p. 205.
(3) *Ibid.*, p. 206.
(4) *Voy.* le récit de M. Saint-Amant, p 17.

réponse héroïque : ils refusèrent la ration de vin et se mirent à l'eau (1) !

Le récit de lord Normanby, outre qu'il est tout noir d'imputations fausses dirigées contre le peuple, a le défaut de laisser dans l'ombre beaucoup de choses bonnes à connaître. Si jamais, au risque d'avoir à changer sa conclusion, il désire compléter son récit, voici quelques faits qui l'y aideront.

Le peuple avait écrit sur les murs des Tuileries : « Mort aux voleurs ! » Un malheureux, qu'on découvrit sortant du palais, non pas « avec ses habits doublés d'argent, et ses bras remplis de billets de banque, » mais avec du linge qu'il avait pris, fut impitoyablement fusillé sous le pavillon de l'Horloge : châtiment contre lequel le cœur proteste, que la conscience condamne, tant il est affreusement disproportionné au délit ! mais qui prouve du moins, contrairement aux insinuations du noble marquis, que le vol était loin de régner aux Tuileries. Le peuple avait aussi écrit sur les murs : *Invalides civils*, — idée touchante, qui donnait aux souffrances humaines ce que la bassesse humaine venait de perdre, consacrait au culte de la reconnaissance nationale et de la pitié un temple élevé au servilisme des cours. Il est remarquable que, tout en désapprouvant cette métamorphose, M. Saint-Amant avoue qu'elle eut pour la prompte évacuation des grands salons un effet décisif (2) : nul ne se crut en droit de rester là où des malades et des blessés étaient attendus ! J'ai dit que la garde du château avait été confiée à des hommes du peuple : c'étaient des ébénistes, des marchands de curiosités, des casseurs de cailloux, des vitriers, des maçons, des typographes, des crieurs de journaux, des miroitiers, etc... et, dans le nombre quelques hommes de lettres, quelques artistes. Eh bien, ces hommes pris au hasard, dont la plupart n'avaient que des lambeaux d'habits sur le corps, et qui montaient des factions de six heures, sans guérite et sans manteau (3),

(1) *Voy*. le récit de M. Saint-Amant, p. 17.
(2) *Ibid.*, p. 16.
(3) *Ibid.*

étaient d'un désintéressement si sûr, qu'il y avait des postes où « l'or et les diamants furent laissés à découvert (1). » Sous leurs yeux passaient et repassaient des paniers qu'on remplissait de bijoux qui eussent fait leur fortune, et dont ils n'étaient séparés que par une vitre recouverte d'un rideau vert ; et « ces âmes honnêtes, écrit M. Saint-Amant, nous regardaient opérer, sans manifester un mouvement de regret ou de convoitise (2). » Ce fut le 26 février que partit pour le Trésor le premier fourgon contenant les coffres qu'on y envoyait des Tuileries. D'autres suivirent, qu'on avait ostensiblement chargés de trésors, et qui, n'ayant d'autre protection qu'une faible escorte de volontaires en haillons, conduits par deux élèves de l'École polytechnique, traversèrent « sans une ombre de danger (3) » une ville en révolution. Tels étaient les hommes de sac et de corde, telle fut la vile *canaille* dont parle lord Normanby !

Nous sommes, du reste, obligé de le reconnaître, Sa Seigneurie passe à côté de la vérité avec une persistance qui n'a rien de trop exclusif ; et son exactitude historique n'est pas seulement en défaut lorsqu'il peint les vainqueurs. On en peut juger par le récit qu'il fait de la fuite de Louis-Philippe :

« Le roi et la reine arrivèrent à Rouen, et s'embarquèrent sur un bateau dans lequel ils gagnèrent le Havre ; mais ils eurent à franchir une courte distance d'un quai à l'autre pour se rendre sur le bateau à vapeur anglais. Et c'est là que le roi fut au moment de se trahir par son affectation à jouer le rôle d'un bon bourgeois britannique impatient d'arriver chez lui. Il était évidemment d'une importance extrême que, dans un lieu où il était si fort exposé à être reconnu, il se tînt coi et s'étudiât à ne point attirer sur lui l'attention. Au lieu de cela, on m'assure qu'il faisait un grand bruit, criant bien haut : « Où est madame

---

(1) *Voy.* le récit de M. Saint-Amand, p. 16.
(2) *Ibid.*
(3) Ce sont les propres expressions dont se sert M. Saint-Amant.

« Smith ? où est ma bonne vieille (*my old woman*) ? Viens
« ici, ma chère ! » Il fit si bien, qu'il fut reconnu sur le quai
par la femme d'un pêcheur, qui se mit à crier : « Voilà le
roi qui prend la fuite ! » Mais il était trop tard pour qu'on
pût l'arrêter (1). »

Ce passage, où la fuite de Louis-Philippe est tournée en
ridicule si gratuitement et si cruellement, a provoqué une
lettre, publiée, le 29 mai 1858, par l'*Athenæum*, un des
journaux littéraires les plus accrédités de l'Angleterre.
Il importe de la citer.

Après avoir reproduit le récit qu'on vient de lire, le correspondant de l'*Athenæum* ajoute :

« Pas une circonstance de ce récit qui ne soit fausse.
Louis-Philippe ne s'embarqua pas à Rouen et ne descendit
pas la Seine. Il s'embarqua sur un bac à Honfleur, avec un
Anglais qui passait pour son neveu. Le roi et la reine débarquèrent au Havre, se séparèrent, et se rendirent, par
des routes différentes, au bateau à vapeur anglais, le roi
avec le général Dumas, et la reine donnant le bras au consul anglais. Louis-Philippe ne revit la reine que lorsqu'ils
étaient en pleine mer et hors de danger. Voilà pour le
conte vulgaire de « Où est ma bonne vieille ? »

« Mais ce qui suit est si grave, que je préfère, et tel
sera aussi votre avis, le constater dans les termes les plus
simples possible. Un rapport détaillé des faits fut adressé
tout de suite par le consul anglais à lord Normanby à
Paris et au ministre des affaires étrangères à Londres.
Lord Palmerston mit ce rapport sous les yeux de la reine
d'Angleterre, qui ordonna qu'il fût imprimé, et déposé au
bureau des affaires étrangères, dans la collection des papiers historiques. Copie du rapport imprimé et déposé fut
envoyée, seconde communication des mêmes circonstances,
à lord Normanby à Paris !

« Maintenant, comment est-il possible qu'ayant devant lui

---

(1) *A Year of Revolution in Paris*, pp. 181, 182.

un document authentique, dont il lui était si facile de vérifier point par point l'exactitude, lord Normanby ait cru sage et loyal de publier, de ce tragique événement, une version si complétement différente de la version vraie? Il y a, je suppose, des milliers de personnes qui, relativement à la fuite de Louis-Philippe, ont eu la vérité de première main. Louis-Philippe tenait un journal que des milliers de personnes ont vu, et dont feu M. Crocker s'est servi pour un article dans la *Quarterly Review*. Le document imprimé par ordre de la reine d'Angleterre est aux affaires étrangères. Que penseront les amis et les éditeurs de lord Normanby de l'étrange manière dont il a ici représenté les faits (1)? »

Il est à remarquer que cette foudroyante accusation est restée sans réponse. C'est ce que feront bien de ne pas oublier ceux qui seraient tentés de s'appuyer du témoignage de Sa Seigneurie pour insulter au peuple!

(1) *Voy.* l'*Athenœum*, n° du 29 mai 1858.

CHAPITRE TROISIÈME

ÉTABLISSEMENT DU GOUVERNEMENT PROVISOIRE

Prépondérance du parti républicain, à Paris, au moment où éclata la Révolution. — Aveuglement de Louis-Philippe à cet égard. — Mot de M. Dupin. — *Le National* et *la Réforme*, organes de l'opinion démocratique. — Leurs tendances respectives. — Personnel de la *Réforme*; son programme politique et social. — De la prétendue doctrine de l'*anarchie*, inventée depuis.— Force qu'avait enlevée à l'idée révolutionnaire la mort de Godefroy Cavaignac. — Entente pour l'action entre les deux journaux républicains. — Liste des membres du gouvernement provisoire arrêtée par eux et sanctionnée par l'acclamation populaire. — La composition mixte de cette liste fut une nécessité du moment. — Adjonction d'Albert demandée par le peuple. — Impuissance radicale de la Chambre.— Lord Normanby démenti par le *Moniteur*.— Étrange illusion de M. de Lamartine. — Aspect de l'Hôtel-de-Ville, le 24 février. — Assemblée populaire dans la salle Saint-Jean. — Déclaration de principes faite devant cette assemblée par chacun des membres du Gouvernement provisoire. — Le Gouvernement provisoire en séance. — Attitude de la portion parlementaire. — La validité des choix faits ailleurs qu'au Palais-Bourbon est un instant contestée. — Question des secrétaires. — Atticisme de lord Normanby.

Selon lord Normanby, éditeur, en cette occasion, des confidences de M. de Lamartine, le Gouvernement provisoire en 1848 aurait été constitué de façon à donner à la Révolution un caractère purement parlementaire (1) : on va

---

(1) Il m'est revenu que l'homme qui a le plus vivement pressé la publication en français du livre de lord Normanby est M. de Lamartine. Je ne puis croire cela vrai :

voir jusqu'à quel point cette manière de présenter les choses outrage la vérité.

Et d'abord, grande est l'erreur de ceux qui pensent qu'en 1848 la Révolution n'avait encore que de très-faibles racines. La vérité est que le parti républicain, numériquement fort inférieur dans les provinces, avait à Paris une prépondérance décidée. Mais c'est ce que Louis-Philippe ignorait. Il se croyait si fortement établi sur son trône, qu'à la première nouvelle de l'agitation populaire, il dit en riant à ceux qui, autour de lui, paraissaient soucieux : « Vous appelez barricade un cabriolet de place renversé par deux polissons ! » et le cœur ne commença à lui battre que lorsqu'il apprit que, sur la place des Petits-Pères, la garde nationale avait croisé la baïonnette, en voyant arriver les troupes. Même alors, il fut quelque temps rassuré par l'idée qu'après la monarchie, rien n'était possible, témoin ces mots qu'il adressait à M. Dupin aîné : « Vous croyez qu'ils veulent me renverser ? Mais ils n'ont personne à mettre à ma place. » A quoi M. Dupin répondit : « Une *personne*, sire, non ; mais une *chose*, peut-être (1). »

Or, cette chose, qui était la République, avait à Paris deux organes : l'un, *le National*, d'un caractère spécialement politique, et agissant avec empire sur la portion la plus intelligente, la plus active de la bourgeoisie ; l'autre, *la Réforme*, représentant ces puissantes aspirations socialistes qui, devenues, depuis, le glorieux tourment de ce siècle, agitaient déjà jusqu'en ses profondeurs la population pensive des ateliers. M. Marrast rédigeait *le National*, avec une plume qu'on eût dit un legs de Camille Desmoulins, et *la Réforme*, qui avait pour rédacteur en chef M. Flocon, dont le talent

---

1° Parce que ce livre n'est qu'un libelle contre la révolution de février, contre le peuple de Paris et contre la France ;

2° Parce qu'il fourmille d'erreurs grossières dont la responsabilité est, par voie d'induction, renvoyée à M. de Lamartine ;

3° Parce que les anciens collègues de M. de Lamartine y sont déchirés, à son profit, sur la foi de paroles qu'on lui attribue.

(1) *Histoire de la Révolution de* 1848, par Daniel Stern, t. I, p. 126.

net, ferme et concis s'associait à celui de M. Ribeyrolles, écrivain doué d'une sorte d'éloquence à la fois splendide et sauvage, pleine d'originalité et de force; *la Réforme* suivait, quant à la direction générale de sa politique, l'impulsion d'un comité composé comme il suit : Arago, Beaune, Dupoty, Étienne Arago, Félix Avril, Flocon, Guinard, Joly, Ledru-Rollin, Lemasson, Lesseré, Louis Blanc, Pascal Duprat, Recurt, Schœlcher, Vallier.

Le programme suivant, dont la rédaction me fut confiée, et qui parut dans *la Réforme*, signé de nous tous, résume les doctrines que ce journal eut mission de développer :

« Tous les hommes sont frères.

« Où l'égalité n'existe pas, la liberté est un mensonge.

« La société ne saurait vivre que par l'inégalité des aptitudes et la diversité des fonctions ; mais des aptitudes supérieures ne doivent pas conférer de plus grands droits ; elles imposent de plus grands devoirs.

« C'est là le principe de l'égalité : l'association en est la forme nécessaire.

« Le but final de l'association est d'arriver à la satisfaction des besoins intellectuels, moraux et matériels de tous, par l'emploi de leurs aptitudes diverses et le concours de leurs efforts.

« Les travailleurs ont été *esclaves*, ils ont été *serfs*, ils sont aujourd'hui *salariés* : il faut tendre à les faire passer à l'état d'*associés*.

« Ce résultat ne saurait être atteint que par l'action d'un pouvoir démocratique.

« Un pouvoir démocratique est celui qui a la souveraineté du peuple pour principe, le suffrage universel pour origine, et pour but la réalisation de cette formule : *Liberté, égalité, fraternité.*

« Les gouvernants, dans une démocratie bien constituée, ne sont que les mandataires du peuple : ils doivent donc être responsables et révocables.

« Les fonctions publiques ne sont pas des distinctions;

elles ne doivent pas être des priviléges : elles sont des devoirs.

« Tous les citoyens ayant un droit égal de concourir à la nomination des mandataires du Peuple et à la formation de la loi, il faut, pour que cette égalité de droit ne soit point illusoire, que toute fonction publique soit rétribuée.

« La loi est la volonté du Peuple, formulée par ses mandataires. Tous doivent à la loi l'obéissance, mais tous ont le droit de l'apprécier hautement, pour qu'on la change si elle est mauvaise.

« La liberté de la presse doit être maintenue et consacrée comme garantie contre les erreurs possibles de la majorité et comme instrument des progrès de l'esprit humain.

« L'éducation des citoyens doit être commune et gratuite. C'est à l'État qu'il appartient d'y pourvoir.

« Tout citoyen doit passer par l'éducation du soldat. Nul ne peut se décharger, moyennant finance, du devoir de concourir à la défense de son pays.

« C'est à l'État de prendre l'initiative des réformes industrielles propres à amener une organisation du travail qui élève les travailleurs de la condition de salariés à celle d'associés.

« Il importe de substituer à la commandite du crédit individuel celle du crédit de l'État. L'État, jusqu'à ce que les prolétaires soient émancipés, doit se faire le banquier des pauvres.

« Le travailleur a le même titre que le soldat à la reconnaissance de l'État. Au citoyen vigoureux et bien portant, 'État doit le travail ; au vieillard et à l'infirme, il doi aide et protection. »

Ici, quelques observations sont nécessaires et ne seron peut-être pas sans intérêt pour ceux qui, dans le gran drame de l'histoire, cherchent, derrière le fait, la pensée

A l'époque où le programme qui précède fut publié, nu n'avait encore osé écrire sur une bannière démocratique l mot *anarchie*, et débaptiser de cette manière la *liberté*, q demande à garder son nom glorieux. Il en a été autreme depuis, et, dans une certaine fraction du parti démocratique, il est devenu de mode de crier : « Anarchie! anarchie! (1) » Quelque incompréhensible que soit ce cri de guerre en théorie, et quelque funeste qu'il pût devenir au peuple en pratique s'il était *possible* qu'il prévalût, c'est à peine, hélas! s'il y a lieu de s'en étonner quand on repasse la sanglante histoire de tant de gouvernements-ulcères; quand on se rappelle combien de fois les gardiens, même élus, de la liberté, ont tourné contre elle les armes reçues pour la défendre, et que les mots *monarchie, aristocratie, oligarchie, démocratie,* n'ont presque jamais servi qu'à désigner des formes variées de l'oppression. Mais devrait-il être compté au nombre des sages, le logicien qui, frappé des vices de la société actuelle, s'en irait criant : « Plus de société! » Et que penser de celui qui partirait des misères connues de l'existence humaine, pour insulter au principe de la vie?

Des maîtres, on a certes raison de n'en plus vouloir, sous aucun nom, sous aucun prétexte, d'aucune sorte; mais ce qu'il faut au peuple, en vertu d'une loi supérieure à toutes les théories, c'est des agents, des mandataires responsables et révocables, des commis, des serviteurs.

Prétendre se passer du gouvernement, *même défini de la sorte* et resserré dans ces limites, c'est demander tout simplement que la société soit dissoute. Car comment se trouverait réalisé, en ce cas, ce qu'il y a de collectif dans les sentiments et les volontés de Pierre, de Jacques, de Paul, de François..., de trente-six millions d'hommes, par exemple, qui sont la France, et dont chacun a son organisation particulière, des sentiments qui lui sont propres, une volonté qui tend à différer de celle du voisin, une vie qui est la sienne! Trente-quatre millions d'hommes peuvent-ils former un être collectif, sans s'être associés? peuvent-ils s'associer, sans convenir des bases de leur association? et cette convention peut-elle avoir lieu d'abord, ensuite se maintenir, sans l'aide d'intermédiaires? Un gouvernement

---

(1) C'est, nul ne l'ignore, dans les prédications de M. Proudhon que ce mouvement a pris naissance.

placé en dehors et au-dessus de la société est chose assurément monstrueuse; mais un gouvernement constitué de telle sorte qu'il ne soit que la société, agissant comme société, ou, si l'on veut, que le moyen de réaliser l'union de tous à l'égard de chacun; un pareil gouvernement est chose si indispensable, que ceux qui nient cette nécessité nient l'évidence, et oublient que la première condition, pour être compris des autres, est de se comprendre soi-même. Par où s'explique, dans le corps humain, le merveilleux accord qui préside à ses mouvements? Voici un objet à saisir : qu'arrive-t-il? L'œil le discerne, le pied y mène, la main le prend; mais comment ces fonctions diverses sont-elles amenées à concourir au même résultat? Le secret gît dans l'existence et l'action de la tête. La tête est, dans le corps humain, ce qui en constitue l'*unité*. Il est vrai qu'elle n'en tire pas avantage pour mépriser les autres membres ou absorber à son profit la part de bien-être qui leur est due; il est vrai qu'elle s'intéresse à ce qui les touche comme à ce qui la concerne elle-même; il est vrai, ainsi que le fait observer saint Paul, qu'elle ne dit pas à la main : « Je n'ai pas besoin de vous, » ni aux pieds : « Vous ne m'êtes pas nécessaires; » il est vrai enfin que son POUVOIR consiste à SERVIR le corps tout entier. Mais quoi! c'est là l'image de l'État dans une société qui reposerait sur l'admirable formule *liberté, égalité, fraternité*; et demander que, même dans une société pareille, on supprime ce qui en constituerait l'unité, revient à demander que, dans le corps humain, on supprime la tête (1).

Quant à moi, j'avoue que cette prétendue doctrine de l'anarchie, dont quelques-uns ont fait tant de bruit de nos jours, m'a toujours paru, je ne dirai pas seulement fausse, mais absolument inintelligible. Proclamer, sur les ruines de la souveraineté du peuple, la souveraineté de l'individu, considéré comme tel, c'est plus qu'une négation de la dé-

(1) Au fond, cette doctrine de l'anarchie pure est si absurde, que, lorsqu'on pousse ses partisans à être clairs, on s'aperçoit que tout se réduit, de leur part, à une querelle de mots, et qu'à la place du mot *gouvernement*, ils se bornent à mettre les mots *administration, gérance*, etc., etc.

mocratie et de la solidarité humaine, c'est une négation de la société; et je ne puis assez admirer l'erreur de ceux qui s'imaginent que, le jour où chacun ne relèverait que de lui-même, la liberté régnerait sur la terre. Si mon voisin est plus fort que moi, et qu'entre lui et moi, il n'y ait rien, qui l'empêchera de devenir mon tyran? La souveraineté de l'individu est le principe qui régit le monde des animaux, et, de sa mise en action, il résulte qu'un tigre, quand il rencontre une gazelle, la mange. Ah! si jamais semblables idées pouvaient prévaloir, malheur aux faibles, malheur aux pauvres! (1)

Et j'ajoute que, contrairement aux intentions de ceux qui les propagent, hommes dont je ne mets point la sincérité en doute, ces idées sont, par essence, contre-révolutionnaires. La Révolution, en effet, doit s'attendre à une résistance désespérée. Les abus ne se laisseront pas détruire sans combat. L'énorme poids du vieux monde ne sera point soulevé sans effort. Qu'espérer, si, à des forces puissamment centralisées et organisées, on prétend n'opposer que des attaques incohérentes et des tentatives individuelles? La désorganisation, que je sache, ne fut jamais un moyen de vaincre, et l'on peut prédire avec certitude que, si les amis du progrès avaient la folie d'aller combattre un à un l'armée du mal, aujourd'hui si compacte, ils n'aboutiraient qu'à se faire tuer tous les uns après les autres, jusqu'au dernier!

Je reviens au récit des événements.

Godefroy Cavaignac, le plus cher, le plus regretté de mes amis, avait fait partie du comité de *la Réforme* et en partageait sans réserve les principes. Malheureusement, quand la Révolution vint, il était mort; grande perte, et que nous ressentîmes tous, comme une sorte de calamité publique! car c'était une intelligence vigoureuse, une âme éminemment virile; c'était un homme de tout point supérieur au général Cavaignac, son frère. Quelle force n'eût pas appor-

---

(1) *Voyez*, pour la discussion qui a eu lieu sur ce point, entre M. **Proudhon** et moi, le n° 1 de l'*Appendice*.

tée à l'idée révolutionnaire la présence de Godefroy au sein du Gouvernement provisoire !

Quoi qu'il en soit, dans les derniers jours du règne de Louis-Philippe, les progrès du parti républicain semblaient menacer le trône d'une chute prochaine, lorsque, entre *la Réforme* et *le National* éclatèrent, vers la fin de janvier 1848, des dissentiments qu'envenima bientôt une politique ardente. La Révolution l'interrompit, et fit comprendre à tous la nécessité d'y couper court. Nul espoir, en effet, que la République triomphât si les républicains restaient armés les uns contre les autres. *La Réforme* pouvait compter, à Paris, sur l'appui des faubourgs. De son côté, *le National* avait dans la portion la plus active de la bourgeoisie parisienne et parmi les patriotes des départements une force dont on ne pouvait repousser l'alliance sans injustice et sans péril. L'urgence de l'action en commun fit à peine, sous la pression des événements, l'objet d'un doute. M. Martin (de Strasbourg), esprit à la fois très-conciliant et très-ferme, reçut mission du *National* de négocier un rapprochement entre les deux journaux, et je fus délégué par *la Réforme* pour m'entendre avec lui.

La situation était de celles où aux plus nobles élans d'enthousiasme se mêle, de la part de quelques-uns, une exaltation aveugle. Les passions déchaînées par la lutte brûlaient dans toute leur force. L'aspect de Paris était terrible. Çà et là, on voyait sortir de derrière les barricades, avec des vêtements souillés du sang qui coulait de leurs propres blessures, les soldats de l'insurrection ; ils allaient brandissant des épées, des fusils, des haches et des piques, et criant d'une voix formidable : « A bas les Bourbons ! » Du reste, nul plan arrêté ; nulle organisation ; tout semblait flotter au hasard. Et, pendant ce temps, les coteries parlementaires et monarchiques étaient déjà à l'œuvre ; déjà la régence de la duchesse d'Orléans s'offrait comme point de ralliement à tous les ennemis de la République ; déjà M. Odilon Barrot avait annoncé aux départements, par dépêche télégraphique, que l'insurrection avait pris fin et qu'il était à la tête du ministère. Il est vrai que, dans la rue, où il était allé faire essai de sa popularité, en compagnie du général Lamoricière et du peintre Horace Vernet, il avait été fort mal accueilli, et cela seul tranchait la question en faveur de la République, pour ce qui concernait les dispositions du Peuple. Mais à laisser la situation dans les nuages le péril était extrême. Ce qui avait fait tomber les armes des mains du soldat, c'était l'appui donné à l'insurrection par une portion de la garde nationale, joint à la neutralité du reste; or, il pouvait arriver que les gardes nationaux, demeurés neutres, fussent tirés de leur léthargie par le retour de leurs inquiétudes accoutumées, et, trouvant que la Révolution s'emportait, se ralliassent autour de la duchesse d'Orléans. Les chefs, dans ce cas, ne leur eussent certes pas manqué; ils eussent trouvé à s'appuyer sur une organisation toute faite, et les troupes, ramenées à leurs habitudes d'obéissance passive, qu'aurait cessé de tenir en échec le respect de l'uniforme civique, eussent pu fournir aux recrues de la régence un appoint meurtrier.

En de telles circonstances, la tâche à remplir pour M. Martin (de Strasbourg) et moi ne pouvait consister à faire que, subitement, à heure dite, les deux organes du parti républicain s'entendissent sur les divers points des doctrines qui les divisaient; il s'agissait d'agir, d'agir en commun, et sans retard. Il importait que, pour prévenir le renouvellement possible de la lutte et sceller la défaite du principe monarchique, une direction centrale fût créée rien n'étant plus manifeste que l'impuissance de ce qui est désorganisé devant ce qui ne l'est pas.

Voilà, du reste, ce qu'a toujours compris à merveille le peuple parisien, dans son bon sens gaulois; et c'est un de ses traits caractéristiques que cette perception intuitive de la nécessité de l'organisation, qui, chez lui, se combine avec les entraînements les plus passionnés. Paris n'a jamais été témoin d'un soulèvement dans lequel les insurgés n'aient pas montré, même au plus fort de la bataille, une préoccupation aussi vive qu'intelligente des moyens d'assurer la victoire, une fois remportée. En juin, dans ces formidables journées de juin, n'a-t-il pas été constaté que les insurgés, ces soldats incomparables, s'occupaient, tandis que de toutes parts les enveloppait la mort, à écrire les noms d'un nouveau gouvernement provisoire sur les pierres rouges de leur sang ?

De là aussi l'empressement du peuple de février à entourer, aussitôt après le combat, les bureaux du *National* et de *la Réforme*, en vue d'une direction centrale.

Quand rien n'est préparé pour une élection d'après les formes ordinaires, quand la situation presse, quand chaque minute perdue est une faute, l'acclamation publique est le seul mode possible, et ce mode suppose une liste de noms présentés au choix du Peuple. Une liste de ce genre était conséquemment à dresser : celle sur laquelle, grâce aux efforts de M. Martin (de Strasbourg) secondés par les miens, *la Réforme* et *le National* s'accordèrent, fut la suivante : Dupont (de l'Eure), François Arago, Ledru-Rollin, Flocon, Marie, Garnier-Pagès, Armand Marrast, Crémieux, Lamartine, Louis Blanc (1).

Ces noms — et qui plus que moi, hélas ! est autorisé à en faire aujourd'hui la remarque ? — ces noms, ainsi rapprochés, étaient certainement le résultat d'un compromis; et la suite a prouvé de reste que des compromis de ce genre sont pleins d'inconvénients et deviennent bientôt la source de beaucoup d'obstacles. Mais autre chose était-il alors *possible ?* et fallait-il que, faute de mieux, la République donnât sa démission ? Toute la question est là. A moins de vouloir entre les intérêts, si malheureusement et si follement hostiles, qui se disputent les sociétés modernes, une guerre furieuse, une guerre d'extermination, qui, aussi bien, risquait de finir par l'extermination du peuple ; à moins de fermer les yeux à ce fait, si considérable et si impossible à nier, que la bourgeoisie constitue, de nos jours, une puissance dont les ramifications sont innombrables : comment songer à l'exclure, à un tel moment, de toute participation au pouvoir ? Et, à supposer que cela eût

---

(1) Je ne perdrai pas mon temps à réfuter ici le récit-caricature que, dans sa prétendue *Histoire de la chute de Louis-Philippe*, M. Granier de Cassagnac présente à ses lecteurs, sous la garantie de M. Lucien de la Hodde, oui, de M. Lucien de la Hodde !... L'auteur le cite en note comme autorité ! Décidément, cela ne vaut pas qu'on s'y arrête.

été praticable, cela eût-il été raisonnable? cela eût-il été juste? Quel esprit sensé peut nier que M. de Lamartine, par exemple, ne fût une force en même temps qu'un danger? Est-ce que sa présence dans le gouvernement nouveau ne servait pas à désarmer des forces dont il eût été puéril de dédaigner l'opposition? Est-ce que ce n'était point parler vivement à l'esprit d'un grand nombre d'hommes honnêtes mais timides, que de leur proposer comme exemple la conversion de M. de Lamartine, amené à se commettre irrévocablement au service de la République? J'entends d'ici les prophètes après coup crier à l'imprévoyance; mais j'en appelle à leur sincérité : qu'ils disent, la main sur la conscience, si leur regard, mieux que le nôtre, parvint alors à percer les nuages de l'avenir; qu'il disent s'ils prévirent ce prodigieux enchaînement de circonstances funestes auprès desquelles le choix, plus ou moins critiquable, des membres du Gouvernement provisoire pèse, en vérité, ce qu'une goutte d'eau pèserait dans le poids d'un fleuve. Et j'ajoute qu'après tout, en dépit des fautes commises, le Gouvernement provisoire fonda ce qu'il était appelé à fonder : la République. Fut-il renversé, lui? Non : il se retira, au moment désigné d'avance par lui-même, pour faire place à la souveraineté du peuple, dont il avait proclamé le principe; et, si le suffrage universel, mis en action, trompa l'espoir des cœurs dévoués au peuple; si les provinces, ayant à se prononcer, ne répondirent pas à ce qu'attendait Paris; si les événements du 15 mai vinrent donner à la réaction les armes dont elle avait besoin; si elle s'installa dans les flots de sang dont Juin inonda la capitale, pour aller aboutir, de convulsions en convulsions, au coup d'État du 2 décembre..., le Gouvernement provisoire, tel qu'il fut composé au 24 février 1848, n'est point comptable de ces désastres. Sa responsabilité historique s'arrête où se termina son existence, c'est-à-dire au 4 mai 1848. Et, ce jour-là, trois cent mille voix poussèrent autour du palais Bourbon ce cri triomphant que les échos du palais Bourbon renvoyèrent à toute la France : « Vive la République! »

Quoi qu'il en soit, les circonstances ne dépendent pas à ce point de l'homme, qu'il lui soit donné de les arranger au gré de sa fantaisie. La composition de la liste du Gouvernement provisoire, le 24 février, fut une nécessité du moment. Une foule immense était accourue des barricades aux bureaux de *la Réforme*, quartier général de l'insurrection; elle se pressait, cette foule impatiente et armée, dans la cour de l'hôtel Bullion, d'où elle refluait le long de la rue Jean-Jacques-Rousseau et de toutes les rues avoisinantes. Le cri passionné qui s'élevait de son sein s'éteignit dans un silence solennel au moment où je parus à une fenêtre, un papier à la main. Je lus les noms, qui, je puis le dire, furent accueillis avec transport. Mais aussitôt un nom fut prononcé, et des milliers de voix le répétèrent : « Albert! Albert! »

La plupart d'entre nous ne connaissaient pas Albert; quant à moi, je ne l'avais jamais vu. Ouvrier mécanicien, qui tirait peut-être son dernier coup de fusil à quelque barricade, au moment même où, loin de lui, à son insu, ses camarades acclamaient son nom, Albert avait toujours servi la cause des travailleurs avec un zèle dédaigneux du bruit et de l'éclat. Dévoué à la République, mais à une république ayant pour but l'affranchissement des salariés, il ne lui avait jamais rien demandé que l'honneur de mourir pour elle. Avions-nous donc des titres qui valussent plus que ceux de cet élu des faubourgs, dont la nomination sortait d'un élan si spontané? Et quel fait d'une portée profonde, que cet avénement d'un ouvrier au pouvoir, que cette inauguration d'une ère toute nouvelle, que cette reconnaissance officielle des droits du travail, que ce défi, glorieusement scandaleux, jeté au vieux monde! J'écrivis avec émotion le nom d'Albert, et, courant aux bureaux du *National*, je le fis ajouter sur la liste, qui, répandue aussitôt dans Paris, se trouva conforme, quant aux autres noms, à celles qui émanaient des divers centres d'action, à cela près néanmoins que, sur quelques-unes, M. Recurt, ministre de l'intérieur depuis, et très-populaire alors dans le faubourg Saint-Antoine, figurait à la place de M. Garnier-Pagès.

De retour à *la Réforme*, je trouvai la foule dans un indescriptible état de colère. On venait d'apporter la nouvelle qu'à la Chambre des députés, les partisans de la régence réclamaient, pour le comte de Paris, le même trône vide qu'en ce moment quelques-uns des insurgés portaient triomphalement à la Bastille, pour l'y brûler.

« La Chambre des députés, criait-on de toutes parts, n'a plus aucun pouvoir légal! Elle faisait partie de ce système de corruption et d'avilissement national que nous avons mis en pièces. Tant de sang aura-t-il été versé en vain? Nous soumettrons-nous de nouveau au joug usé de la monarchie? *A bas la régence! A bas les corrompus! — Les corrompus!* tel était, sous le règne de Louis-Philippe, le nom donné par le peuple à la Chambre.

Là-dessus, les uns prennent tumultueusement la route du palais Bourbon, décidés à y couper court à toute discussion ultérieure des prétendus droits de la duchesse d'Orléans, tandis que les autres nous entraînent, M. Flocon et moi, à l'hôtel de ville.

Comme je ne fus point présent à la séance de la Chambre des députés du 25 février, je n'entrerai pas dans un récit détaillé de ce qui s'y passa. Je me bornerai à dire, et, à cet égard, les divers témoignages s'accordent:

Que c'est à peine s'il y eut ombre de discussion régulière au palais Bourbon;

Que les députés durent bien vite reconnaître leur nullité légale, constatée par M. de la Rochejaquelein en ces termes expressifs: « Aujourd'hui, messieurs, vous n'êtes rien; »

Que, malgré la présence, malgré l'attitude touchante et digne de la duchesse d'Orléans, qui était là, tenant ses deux enfants par la main, les efforts de MM. Dupin, Sauzet et Odilon Barrot en sa faveur témoignèrent seulement de leur impuissance;

Que la vérité de la situation ne pouvait être plus exactement traduite que par les paroles de M. Thiers, lorsque, se précipitant tout à coup dans la salle, le visage pâle et les vêtements déchirés, il s'écria: « Messieurs, la marée monte! la marée monte! »

Enfin, que la Chambre des députés, en cette qualité, ne put rien, ne fit rien, ne conclut à rien.

Il y a mieux : au moment où l'on prit un semblant de décision, la Chambre des députés avait cessé d'exister; des bandes armées avaient envahi la salle; M. Sauzet, le président, avait disparu comme une ombre; frappés de terreur, la plupart des députés s'étaient enfuis; la duchesse d'Orléans, incapable de faire plus longtemps face à l'orage, avait été respectueusement forcée de se retirer; et la tribune était occupée par le capitaine Dunoyer, qui, agitant d'une main le drapeau tricolore, et de l'autre son sabre, avait déjà proclamé la souveraineté du peuple. Certes, M. Ledru-Rollin avait bien raison de dire : « Ce qu'il nous faut, c'est un gouvernement provisoire élu par le peuple — *non par la Chambre.* »

Maintenant, quel rôle avait joué jusque-là M. de Lamartine ? Lui était-il arrivé d'exprimer une opinion quelconque ? Nullement. Il écoutait de quel point de l'horizon soufflait l'orage. Il ne se décida à appuyer la proposition d'un gouvernement provisoire que lorsqu'il devint manifeste que suivre le torrent valait mieux que le remonter. Ce ne fut pas par lui, du reste, que fut lue la liste qui contenait les noms de Dupont (de l'Eure), Lamartine, Ledru-Rollin, Marie, Garnier-Pagès, Crémieux (1).

Il faut que je m'arrête ici pour signaler une des innombrables erreurs qui se pressent dans le livre de lord Normanby. Sa Seigneurie écrit gravement :

« Les noms tracés par Lamartine ne pouvaient être entendus, étant lus, du fauteuil présidentiel, par le pauvre vieux Dupont (de l'Eure). Il passa la liste à la personne qui se trouvait près de lui, et qui, ayant une voix faible, ne put pas se faire entendre. Cependant, comme il importait qu'il n'y eût pas de temps perdu, ces noms furent donnés à M. Crémieux, qui a une voix de stentor, et qui ajouta à la liste son propre nom, lequel fut, dans toute cette confusion, adopté avec les autres (2). »

---

(1) *Voy.* sur la séance du 24 février, le *Moniteur*, l'*Histoire de la Révolution de février*, par M. Robin; l'*Histoire de la Révolution de février*, par M. Delvau, et le très-remarquable ouvrage publié sur le même sujet, et sous le pseudonyme de Daniel Stern, par madame d'Agout.

(2) *A Year of Revolution in Paris*, t. I, p. 127.

Lord Normanby, son livre même nous l'apprend, écrivait ceci le 26 février. Eh bien, le 26 février, le compte rendu du *Moniteur* était dans les mains de tout le monde à Paris, — à l'exception, paraît-il, de lord Normanby, — et il n'y avait pas dans Paris un portier qui ne sût ce que l'ambassadeur d'Angleterre ignorait, c'est-à-dire que la liste proposée au palais Bourbon, le 24 février, avait été lue par Ledru-Rollin, et non par Crémieux, qui, soit dit en passant, n'a pas une *voix de stentor*, et ne pouvait conséquemment être choisi à ce titre pour servir de porte-voix.

Ce qui est vrai, c'est que les noms furent lus au milieu d'une confusion telle, que leur adoption fit doute. En tout cas, il est certain que pour ce qui concerne les noms de MM. Marie et Garnier-Pagès, la liste rencontra une forte opposition (1).

De ces faits incontestables et incontestés se déduisent deux conséquences.

D'abord, la liste du palais Bourbon n'eut pas plus de valeur, au point de vue parlementaire, que celle que le peuple adopta aux bureaux de *la Réforme* et du *National*.

En second lieu, M. de Lamartine a dû être sous l'empire d'une illusion bien étrange, lorsqu'il a écrit : « Lamartine n'avait qu'à laisser tomber une parole pour faire aussitôt proclamer la régence. Il lui eût suffi de dire à la duchesse et à ses fils : « Levez-vous (2) ! »

O crédulité du génie épris de lui-même ! La vérité est que, dans la pompe triomphale de la République, le poëte qui avait brûlé tant d'encens sur les autels de la royauté fut au nombre des vaincus ; ce fut seulement pour mieux montrer en spectacle ce captif fameux, que la République le fit asseoir derrière elle sur le char de triomphe.

L'hôtel de ville étant, à Paris, le lieu choisi pour la consécration de tous les pouvoirs révolutionnaires, comme Reims fut autrefois la ville choisie pour le couronnement des rois, MM. de Lamartine, Ledru-Rollin et leurs collè-

---

(1) *Voy.* le *Moniteur* et les livres ci-dessus mentionnés.
(2) *Histoire de la Révolution de* 1848, par A. de Lamartine, t. I, p. 122. Bruxelles.

gues ne manquèrent pas de s'y rendre, et ils étaient déjà dans ces Tuileries du Peuple quand j'y arrivai avec M. Flocon.

C'était quelque chose d'effrayant à voir que le déploiement des forces révolutionnaires aux abords de l'hôtel de ville. La place de Grève était couverte d'une multitude tellement pressée, qu'il nous eût été absolument impossible de passer, si une acceptation générale et spontanée de la liste émanée des journaux républicains unis n'eût investi nos noms d'une sorte de puissance magique. Non-seulement la foule s'ouvrit à notre approche, mais il arriva même que quelques ouvriers robustes, craignant que je ne fusse étouffé, à cause de l'exiguïté de ma taille, m'enlevèrent, et me portèrent sur leurs épaules à l'hôtel de ville, criant à la foule : « Place ! place ! laissez passer un membre du Gouvernement provisoire ! » C'est ainsi que je pus parvenir jusqu'à l'escalier qu'inondaient des flots de peuple, divisés en deux courants contraires; car une communication ininterrompue avait été établie, et était maintenue, entre une grande assemblée populaire qui se tenait dans la salle Saint-Jean, et la multitude du dehors, de sorte que les décisions prises par l'assemblée pouvaient être immédiatement transmises au peuple répandu sur la place de Grève : seul mode possible de donner à ces décisions un caractère de régularité.

Un sentiment de gravité, bien extraordinaire en ces heures émues, régnait dans la salle Saint-Jean, en dépit d'éclats intermittents d'indignation ou d'enthousiasme. Mais, au dehors, le long des vestibules et dans les cours de l'hôtel de ville, c'était le chaos. Les uns ne cessaient de crier : « Vive la République ! » D'autres, avec un mélange de naïf enthousiasme et de frénésie sombre, chantaient *la Marseillaise*. Les cours, encombrées de chevaux sans cavaliers, de blessés gisant sur la paille, de spectateurs ahuris, d'orateurs improvisés, de soldats en haillons, et d'ouvriers agitant des drapeaux, présentaient le triple aspect d'une ambulance, d'un champ de bataille et d'un camp.

La nuit descendait sur la ville. Je fus conduit dans la salle Saint-Jean, où tous les membres du Gouvernement provisoire devaient se rendre, pour faire leur déclaration de principes, et voir leur élection sanctionnée par le suffrage populaire, s'ils étaient trouvés dignes d'un aussi important mandat.

En entrant dans la salle, j'appris que MM. Ledru-Rollin, Garnier-Pagès, Dupont (de l'Eure), Arago et Lamartine venaient de subir cette nécessaire épreuve.

M. Ledru-Rollin, invité à déclarer s'il croyait tenir ses pouvoirs de la Chambre des députés, répondit péremptoirement que non, et son discours fut accueilli par des applaudissements répétés.

M. Garnier-Pagès, que l'on supposait avoir penché du côté de la régence, fut moins bien accueilli. On l'élut maire de Paris, néanmoins; non sans quelques doutes sur le point de savoir si son nom devait être maintenu comme membre du Gouvernement provisoire sur la liste populaire.

Par égard pour le grand âge de Dupont (de l'Eure), pour sa probité sans égale et son attachement bien connu aux principes républicains, l'assemblée voulait le dispenser de toute profession de foi : lui, très-noblement, insista; mais il ne put prononcer que quelques paroles. Accablé d'émotion et de fatigue, le vénérable vieillard pâlit; ses forces l'abandonnèrent, et on l'emporta, au milieu des marques les plus touchantes d'intérêt et de sympathie.

La santé de M. François Arago était fort altérée depuis plusieurs mois : après une courte apparition, il put se retirer.

Vint le tour de M. de Lamartine, que les événements sommaient de se décider. Étrangement enveloppé fut son exorde. Il dit que la question à résoudre était d'une importance capitale; que la nation serait naturellement appelée à l'examiner; que, quant à lui, Lamartine, il n'entendait pas la préjuger. Ces paroles soulevèrent un violent tumulte. Un cri formidable de « Vive la République! » ébranla les murs de l'édifice. Laviron, ce Français intrépide qui, plus tard, fut tué sur les murs de Rome, en combattant pour la République romaine, protesta avec véhémence contre toute tentative de frustrer le peuple de ce qu'il avait si chèrement payé. L'avertissement était assez clair. M. de Lamartine reprit la parole, mais pour dévier par degrés de la voie dans laquelle il s'était d'abord engagé, et il conclut, aux applaudissements de l'assemblée cette fois, par une déclaration qui le faisait républicain.

Telles sont les circonstances que plusieurs membres de la réunion s'empressèrent de me faire connaître; et M. de Lamartine venait précisément de quitter la salle, quand j'entrai. Je portais l'uniforme de la garde nationale, autrefois peu populaire, mais réhabilité ce jour-là par la conduite de plusieurs bataillons. Le crépuscule avait fait place à la nuit, et l'aréopage armé apparaissait, sévère et fier, dans la double lumière des flambeaux et des torches, que réfléchissait une forêt de baïonnettes.

J'ai toujours été d'opinion que la forme républicaine est loin d'être le seul but à atteindre, même pour les politiques de l'école républicaine, si leur amour du bien public est sincère. Il n'est point, en effet, de forme de gouvernement qui ne puisse être une arme contre les intérêts du peuple. Que de fois le nom de *république* n'a-t-il pas servi à masquer l'oppression et à dorer la tyrannie? Le 24 février, je ne pouvais certes prévoir que, sous une république, le sang du peuple coulerait à torrents; que le général Cavaignac, un républicain, ordonnerait la *transportation sans jugement et en masse*, et abandonnerait Paris aux horreurs d'une vengeance en délire; que Louis Bonaparte, président de la république française, enverrait des soldats à Rome, pour abattre la république romaine. Non: de telles choses ne se pouvaient prévoir. Mais l'histoire du passé revivait à mes yeux, et c'était assez. Alors donc, comme aujourd'hui, je croyais que le but principal des efforts d'un vrai républicain est d'assurer au travailleur le fruit de son travail, de rendre à la dignité de la nature humaine ceux que l'excès de la pauvreté dégrade, et d'éclairer ceux dont l'intelligence, faute d'éducation, n'est qu'une lampe qui vacille dans les ténèbres, en un mot, d'affranchir le peuple en le délivrant de ce double esclavage : l'ignorance et la misère! rude tâche, en vérité, et qui exige beaucoup d'études de la part des uns, beaucoup de sagesse et de patience de la part des autres! tâche qui ne se peut accomplir que par une élaboration lente et des progrès successifs, mais qui doit être la préoccupation constante et le tourment de toute âme généreuse!

Ces principes furent ceux que j'exposai; M. Flocon parla dans le même sens; et nous exprimâmes la confiance que nous inspirait l'énergique appui d'Albert. « Vive la république sociale! » cria l'assemblée. Alors, un ouvrier se leva; dans un langage simple et fort, il nous félicita d'avoir posé la question sous son vrai jour, et notre élection fut confirmée par des acclamations bruyantes.

Pour n'être pas troublés par le fracas de la tempête, qui continuait de gronder, MM. Dupont (de l'Eure), Arago, Lamartine et Ledru-Rollin s'étaient retirés dans une pièce éloignée, où, de leur côté, MM. Marie, Garnier-Pagès, Marrast et Crémieux n'avaient point tardé à se rendre. Ce ne fut pas sans difficulté que nous réussîmes à les rejoindre, à travers les sinuosités de l'hôtel de ville. Cinq ou six élèves de l'École polytechnique, l'épée à la main, faisaient sentinelle à la porte. Ils se rangèrent pour nous laisser passer, et nous entrâmes.

La scène mérite d'être décrite. M. de Lamartine paraissait rayonnant; M. Ledru-Rollin, résolu; M. Crémieux, surexcité; M. Marie, soupçonneux et sombre. Le visage de M. Dupont (de l'Eure) trahissait un sentiment de noble résignation. M. Marrast avait sur les lèvres son sourire d'habitude, sourire très-fin et légèrement sceptique. Je crus remarquer que notre présence étonnait M. Garnier-Pagès. Quant à M. Arago, combien je le trouvai peu semblable à lui-même! Si l'état de sa santé défaillante n'eût servi à expliquer l'abattement de son esprit, le changement eût été presque inconcevable. Depuis près de six ans, il m'honorait de son amitié; ses éloges, auxquels, avec une sorte de bienveillance paternelle, il se plaisait à chercher des échos, m'avaient été un encouragement précieux; je l'avais vu applaudir à ce que d'autres appelaient mes hardiesses, et même, il lui était arrivé, en mainte occasion, de me demander mon avis: condescendance modeste, digne de son génie, mais qui, de la part d'un homme de son âge, me fut souvent un sujet d'embarras autant que d'admiration. Comment ses dispositions changèrent tout à coup, c'est plus que je ne puis dire. Toujours est-il que, le 24 février, il parut déconcerté en me voyant, et voulut mettre en question la validité des choix faits ailleurs qu'au palais Bourbon. Inutile de dire que la discussion tomba bien vite. Ce que nous représentions, M. Marrast, M. Flocon et moi, c'était la presse, par qui le mouvement avait été préparé, dirigé, accompli ; et que représentaient les députés, en cette qualité seule, sinon le pouvoir même contre lequel venait de s'opérer la Révolution ? Prétendre, avec le peuple en armes sur la place de Grève, et quand la plupart des députés ne songeaient qu'à se faire oublier ou à fuir, que la Révolution était parlementaire, c'eût été par trop dérisoire. Lorsque, plus tard, M. Crémieux fut appelé à déposer devant la Commission d'enquête, quel fut son langage ? « Si on nous avait demandé, » dit-il en parlant de lui et de ses collègues de l'Assemblée, « par qui nous avions été nommés, nous aurions bien pu dire : « A la Chambre, » mais non point : « Par la Chambre (1). » Ceci est littéralement vrai : le *Moniteur* en fait foi ; et il ne pouvait y avoir sur ce point aucun doute dans l'esprit de ces messieurs. Aussi n'y eut-il point débat. Seulement, de cet air amical et familier qui lui est propre, M. Garnier-Pagès laissa échapper, en l'appliquant à MM. Marrast, Flocon et moi, le mot *secrétaires*, qui semblait se rapporter à nos habitudes, plus spéciales, d'écrivains. Ce n'était pas le moment, lorsque d'aussi grands intérêts étaient en jeu, d'élever un conflit de prétentions personnelles, et de disputer sur la valeur de telle ou telle qualification : la chose passa. L'important était, après tout, que notre opinion eût son poids dans la balance des délibérations, et c'est ce qui eut lieu. Les décisions prises le furent par nous tous, après une décision où, tous, nous figurâmes sur un pied parfait d'égalité. C'est peu : les deux personnes qui, dans la soirée du 24 février, influèrent le plus sur la proclamation offi-

---

(1) *Voy.*, dans les procès-verbaux de la Commission d'enquête, la déposition de M. Crémieux.

cielle et irrévocable de la République, furent, ainsi que le montrera le chapitre suivant, M. Flocon et moi, unis à M. Ledru-Rollin.

Quoi qu'il en soit, la qualification de secrétaires mise à la suite des quatre noms extra-parlementaires, au bas des décrets publiés dans le *Moniteur* du 25 février, amenait naturellement le public à penser qu'une pareille distinction dans les titres en indiquait une dans les fonctions. Les plus ardents parmi les républicains s'en émurent. Le souvenir de ce qu'on appelait l'escamotage parlementaire de 1830 se réveilla. Est-ce que, d'aventure, on entendait congédier déjà la place publique? Est-ce qu'on s'imaginait pouvoir subordonner le titre de ceux qui ne tenaient rien que de la Révolution à des positions officielles acquises sous le régime qu'elle venait de renverser? Est-ce qu'on voulait faire entendre à la France des départements qu'on ne reconnaissait point au peuple de Paris le droit révolutionnaire d'élection? Les ouvriers, qui regardaient Flocon, Albert et moi, comme représentant plus particulièrement leur cause, se tinrent pour offensés de ce qui ressemblait à un désir d'éluder leur volonté, exprimée cependant d'une façon si claire. Les conséquences pouvaient être graves. Chacun, dans le Gouvernement provisoire, le sentit; et la preuve, c'est que la qualification de *secrétaires*, ajoutée d'abord aux quatre noms des membres *non-députés*, disparut le jour même où elle fut, pour la première et dernière fois, employée dans le *Moniteur*, c'est-à-dire qu'on la mit de côté dans la matinée du 25, quelques heures à peine après la première réunion du Gouvernement, laquelle avait eu lieu le 24 au soir; et cela sans discussion, sans réclamation, comme une chose toute simple, comme une chose de droit; et le mot ne se retrouva plus au bas d'aucune des proclamations, d'aucun des décrets du Gouvernement provisoire : le *Moniteur* est là, qui l'atteste.

Tout ceci a été présenté, dans le livre de lord Normanby, non-seulement sous les plus fausses couleurs, mais avec l'intention manifeste — on en jugera bientôt — d'avilir la Révolution de 1848. C'est pourquoi j'insiste; et à ceux qui dans cette insistance ne verraient que la préoccupation de l'amour-propre blessé, qu'ai-je à dire, sinon qu'en cela ils ont tort de juger des autres par eux-mêmes? Bien vulgaire serait le cœur où, à côté d'aussi grands souvenirs, trouveraient place d'aussi petites pensées! Oui, j'insiste, parce que, si la question n'a, en effet, aucune importance, au point de vue des *personnes*, elle en a une considérable, au point de vue des *choses*. Admis à l'honneur de servir, comme homme public, la Révolution de février, je pense qu'il est de mon devoir d'en faire respecter le caractère. Dans ceux de ses élus qu'on cherche à vilipender, c'est elle qu'on brûle d'atteindre; dans ceux dont lord Normanby dit, en termes dignes de la bassesse du sentiment qu'ils expriment : « Il est aussi aisé, à ce qu'il paraît, d'escamoter sa part d'une soi-disant dictature populaire, que de faire un faux ou de vider la poche de son voisin (1), » ce n'est pas tel ou tel individu nommé Albert, Louis Blanc ou Flocon, que lord Normanby veut décrier; c'est la Révolution, c'est le Peuple, c'est Paris. Quel triomphe pour les ennemis du peuple français et des principes dont il a poursuivi la conquête pendant un demi-siècle de combats, si l'on pouvait parvenir à faire croire qu'en 1848 Paris s'est courbé sous une dictature avilissante! Quelle joie au camp des despotes dont, en 1848, les trônes chancelèrent, si l'on réussissait à livrer à la risée des générations futures le premier acte d'un peuple qui se proclame souverain, et si nulle voix ne protestait contre ce mensonge odieux et indigne : « La révolution de février fut une intrigue? »

Le 13 mars, d'après ce qu'il nous apprend lui-même, lord Normanby posa la question suivante à M. de Lamartine : « Comment le Gouvernement, qui, d'abord, n'était composé que de *sept* membres, s'est-il trouvé ensuite composé de *onze* (2) ? »

Voici la réponse que lord Normanby prête à M. de La-

---

(1) « It appears to be as easy to filch a share of a soi-disant popular dictatorship as to forge an acceptance, or to pick a pocket. » *A Year of Revolution in Paris*, t. I, p. 224.

(2) « How the original Government of *seven* had become *eleven*. » — *A Year of Revolution in Paris*, t. I, p. 223. »

ÉTABLISSEMENT DU GOUVERNEMENT PROVISOIRE

martine, que cette réponse — j'aime à le croire — calomnie :

« M. de Lamartine dit qu'il ne pouvait répondre d'une manière bien précise. Les « quatre autres » (*the four others*) avaient été nommés secrétaires, et, en cette qualité, avaient signé les décrets au bas de la page ; mais petit à petit ils se faufilèrent parmi les sept ; la qualification de *secrétaires* fut omise, et ils en vinrent à avoir, eux aussi, voix consultative (1). »

Et Sa Seigneurie de s'écrier : « Voilà un curieux spécimen de choix populaire (2) ! »

Pardon, milord : ceci est un très-curieux spécimen de falsification historique ; rien de plus. M. de Lamartine a-t-il réellement dit à lord Normanby ce que celui-ci lui fait dire, savoir que « les quatre autres se faufilèrent petit à petit parmi les sept ? » Ce serait à confondre l'esprit. Si, au nombre de mes lecteurs, il en est que tente le désir de vérifier jusqu'à quel point peut aller l'audace de certaines assertions, je les invite à consulter le *Moniteur*. Là, ils verront que les décrets publiés dans le *Moniteur* du 26 février, et signés conséquemment le 25, le lendemain même de la formation du Gouvernement provisoire, laquelle eut lieu le 24 au soir, furent tous signés, non comme secrétaires, mais comme membres du Gouvernement, par les « quatre autres, » qu'il est, d'après cela, ridicule et inique de représenter « se faufilant petit à petit (3) ! »

Et je remarquerai, en passant, que, le 27 février, le nom d'Albert, un de ceux qui « se faufilèrent petit à petit, » fut placé en tête de la liste (4), au bas d'un décret plus particulièrement adressé aux classes souffrantes ; et — chose à noter — sur la prière même des « sept autres ! »

Maintenant, qui jamais pourrait croire, — n'était l'aveu qu'en fait lord Normanby lui-même — que, le 13 mars,

(1) *A Year of Revolution in Paris*, t. I, p. 22.
(2) *Ibid.*
(3) Voy. le *Moniteur* du 26 février 1848.
(4) Voy. le *Moniteur* du 28 février 1848.

lui, ambassadeur d'Angleterre, ignorait de la manière la plus absolue comment avait été formé, trois semaines auparavant, le Gouvernement provisoire? Quoi ! c'était le 13 mars que Sa Seigneurie avait besoin de se renseigner à cet égard auprès de M. de Lamartine? Quoi ! le 24 février, cinq ou six listes avaient été répandues dans tout Paris, placardées sur tous les murs, discutées dans toutes les rues; et, le 13 mars, trois semaines après, lord Normanby ne savait pas que sur ces listes, émanées de tous les centres populaires : faubourgs, École de droit, École de médecine, bureaux des feuilles républicaines, les noms des « quatre autres » figuraient ! Et, le 13 mars, lord Normanby ne savait pas non plus que, dans la soirée du 24 février, une grande assemblée composée de gardes nationaux, d'artistes, d'étudiants, d'ouvriers, d'écrivains, d'hommes appartenant à toutes les classes et à toutes les conditions, avait eu lieu à l'hôtel de ville, précisément pour donner aux divers membres du gouvernement nouveau la sanction du suffrage populaire; et que ceux dont les noms étaient portés sur les listes durent comparaître, faire leur profession de foi, devant cette assemblée du peuple; et qu'elle accueillit avec enthousiasme les noms des « quatre autres, » tandis qu'il y eut des noms, parmi « les sept, » qui ne furent pas admis sans résistance! En vérité, lord Normanby aurait vécu dans la lune, qu'il ne serait pas demeuré plus complètement étranger à ces événements de 1848, dont il vient nous entretenir avec tant d'assurance.

Quant à l'esprit qui respire dans chaque page de son livre, cela est au-dessous de toute critique; je laisse à d'autres plus profondément initiés que moi aux usages diplomatiques et aux devoirs de l'étiquette le soin de décider jusqu'à quel point un ambassadeur, en parlant d'un gouvernement étranger, qui entretint toujours avec celui qui l'accrédita des relations amicales, est autorisé à employer le langage raffiné que voici : « It appears to be as easy to filch a share of a soi-disant popular dictatorship as to forge an acceptance, or to pick a pocket. » Ceci est tout simplement une insulte au peuple français; et je suis sûr qu'il n'y a pas un Anglais bien élevé qui ne rougisse à la lecture de semblables lignes tombées de la plume d'un ambassadeur d'Angleterre.

Dans mon humble opinion, être nommé ambassadeur par un premier ministre, grâce à de puissantes relations de famille ou à des intimités officielles, est un peu moins difficile que de devenir membre d'un gouvernement provisoire, pour avoir fixé les regards et gagné les sympathies de près de deux cent mille hommes doués de cette intelligence pénétrante et de cet esprit délié que chacun reconnait aux Parisiens. Je dirai, en outre, que ceux-là n'obéissent point aux conseils d'une ambition vulgaire, qui osent se jeter en avant, à l'heure du péril et au risque d'inimitiés mortelles, pour contribuer à sauver leur pays, et du despotisme, et de l'anarchie. Il faut plaindre l'homme qui n'a pu trouver, au fond de son cœur, un motif, sinon pour sympathiser avec ceux qui agirent ainsi, au moins pour leur rendre justice. Mais laissons cela. Le plaisir de lutter d'injures avec Sa Seigneurie est une jouissance grossière qui ne saurait me tenter. N'ayant l'honneur d'être ni un diplomate ni un *nobleman*, je n'ai pas le droit de parler un langage indigne d'un *gentleman*.

CHAPITRE QUATRIÈME

LA RÉPUBLIQUE PROCLAMÉE

La République discutée au sein du Gouvernement provisoire. — Opinions produites pour et contre la proclamation immédiate. — Compromis présenté par M. de Lamartine. — Équivoque de la rédaction. — Amendement introduit par la minorité. — Des délégués du peuple viennent assister à la délibération du Conseil. — Proclamation de la République sur la place de l'Hôtel-de-Ville. — Enthousiasme populaire. — Le manifeste envoyé au *Moniteur* est de nouveau amendé sur l'épreuve. — Organisation des services publics. — M. de Lamartine désigné par lord Normanby comme président du gouvernement provisoire. — Influence que le diplomate anglais lui attribue en raison de ce titre, qui appartint constamment à Dupont (de l'Eure). — Décrets rendus pendant la nuit du 24 au 25 février. — Premier repas des *dictateurs*. — Promenade nocturne à travers les barricades. — Déférence du peuple armé pour les membres du Gouvernement provisoire.

Le premier problème à résoudre était : « La République sera-t-elle proclamée? oui ou non? »

MM. Ledru-Rollin, Flocon et moi, nous entendions formellement qu'elle le fût. MM. Dupont (de l'Eure), Arago et Marie s'y opposaient. M. de Lamartine penchait de notre côté. MM. Garnier-Pagès, Marrast et Crémieux, à ce qu'il me sembla, auraient voulu d'un moyen terme.

J'en suis, encore aujourd'hui, à me demander comment une discussion pareille put s'élever. Tous les membres du Gouvernement provisoire étaient républicains; tous avaient été élus en cette qualité. Le Peuple, d'ailleurs, au dedans comme au dehors de l'hôtel de ville, pouvait s'indigner de ce délai, et déjà l'on murmurait dans les groupes le mot trahison !

Cette justice est due aux membres du Gouvernement provisoire qu'ils ne furent accessibles à aucune crainte personnelle. Non, le cœur d'aucun d'eux ne se troubla; chez aucun d'eux, une égoïste sollicitude ne fit taire le cri du devoir. Si quelques-uns eurent peur, ce fut pour la France.

Les deux opinions qui, tout d'abord, divisèrent le Conseil, se peuvent résumer ainsi :

« Paris n'est pas la France. Le principe même de la souveraineté du peuple demande qu'on ait recours au suffrage universel, avant de prendre une décision aussi grave : proclamation immédiate de la République. Cette nécessité d'une extrême réserve est d'autant plus impérieuse, qu'il faut craindre de fournir un nouvel aliment à la jalousie qui anime contre Paris certaines villes de province. Si nous proclamons la République, sous la pression d'une multitude livrée à un entraînement passager, nous donnons aux royalistes un prétexte de représenter la République comme un accident ou le résultat d'une surprise ; et quoi de plus propre à l'amoindrir aux yeux de l'Europe ? »

— « Vous dites que Paris n'est pas la France : il faut s'entendre. Que l'énorme prépondérance assurée à Paris par notre système actuel de centralisation soit un bien ou un mal, nous n'avons point à l'examiner ici ; ce qui est sûr, c'est que toute la France venant passer à Paris, Paris est aux provinces ce qu'est la mer aux fleuves qui s'y jettent. A travers Paris, c'est la France qui parle, si par la France on entend ce qui représente ses véritables instincts et constitue son génie. Un gouvernement républicain étant celui qui tire sa légitimité de la volonté nationale seule, exprimée d'une manière formelle, à la différence du gouvernement monarchique, qui repose sur le consentement *tacite*, c'est-à-dire *supposé* du peuple, il est clair que « souveraineté du peuple » et « république » sont des termes qui rentrent l'un dans l'autre. La nation tout entière ne saurait repousser la forme républicaine sans abdiquer par ce fait sa propre souveraineté, sans commettre un suicide ; bien plus, sans confisquer scandaleusement le droit des générations à venir ; d'où la conclusion qu'en proclamant la République, Paris fait ce que la France ne saurait défaire par la voie du suffrage universel, qu'à la condition de le détruire. Voilà pour le côté théorique de la question. Quant au côté pratique, quoi de plus dangereux, dans les circonstances présentes, que de laisser une pareille question indécise ? Ce serait mettre tous les intérêts en suspens, déchaîner toutes les passions, encourager tous les désirs ambitieux, ouvrir carrière à mille intrigues. Et puis, est-ce qu'il est en notre pouvoir de déjouer l'espoir ou la volonté de ceux qui nous ont faits ce que nous sommes ? N'entendez-vous pas, autour de nous, ce grand bruit d'armes et de chevaux, et ces clameurs ? La République est désormais un fait : nous n'avons qu'à le reconnaître. Si nous y manquons, d'autres sont prêts. Que les ennemis de la République jugent notre conduite comme il leur plaira : que nous importe ? Bien vainement chercherions-nous à désarmer leur censure ! Notre conscience, voilà quelle doit être la source unique de nos inspirations. Subjuguer la tempête est impossible ; la fuir serait déshonorant ; essayer de la diriger est notre mission et notre devoir. »

M. de Lamartine avait rédigé un projet de proclamation qui contenait ces mots, tentative manifeste de compromis :

« Bien que le Gouvernement provisoire agisse uniquement au nom du peuple français et qu'il préfère la forme républicaine, ni le peuple de Paris ni le Gouvernement provisoire ne prétendent substituer leur opinion à l'opinion des citoyens, qui seront consultés sur la forme définitive du gouvernement que proclamera la souveraineté du peuple. »

Cette déclaration était singulièrement équivoque ; elle

laissait la question indécise ; elle impliquait que si par hasard la majorité dans les provinces se prononçait pour la monarchie, le peuple de Paris aurait en vain versé son sang pour la République ; elle signifiait que le suffrage universel avait le droit d'abolir la seule forme de gouvernement qui soit compatible avec le suffrage universel ; et les mots « préfère la forme républicaine » semblaient trahir des incertitudes qui ne pouvaient que changer en alarmes les soupçons populaires.

Une pareille rédaction ne convint ni à M. Ledru-Rollin et à M. Flocon, ni à moi. Il était impossible, en tout cas, que les mots « quoique le Gouvernement provisoire *préfère* la forme républicaine » fussent maintenus : je les biffai, et leur substituai, sur le manuscrit même, ceux-ci, beaucoup plus explicites : « Quoique le Gouvernement provisoire *soit pour* un gouvernement républicain. »

Cependant, au dehors, le peuple s'impatientait et murmurait. Comment eût-il compris qu'il fallût tant de temps pour résoudre une question aussi simple ? Un orateur populaire propose d'envoyer une députation suivre les délibérations du Gouvernement ; la proposition est accueillie ; et bientôt un groupe d'hommes armés, forçant la consigne, se précipite dans la chambre où nous délibérions. L'assemblée réunie dans la salle Saint-Jean ne s'était pas encore dispersée. M. de Lamartine s'y rend, et réussit, par sa persuasive éloquence, à calmer les esprits. Je sors, de mon côté ; et me faisant suivre de quelques élèves de l'École polytechnique, dont le costume était aimé du peuple, je descends sur la place de Grève. Au pied de l'escalier, une table avait été placée : j'y monte et je crie à la foule : « Le Gouvernement provisoire veut la République ! » A ces mots, un éclair de joie illumina les rudes visages qui m'entouraient et auxquels la lueur des torches donnait quelque chose de terrible ; un grand cri s'éleva, le cri du triomphe.

Pendant que ceci se passait, des ouvriers, ayant trouvé dans un coin de l'hôtel de ville un large morceau de toile, y avaient écrit, au charbon, en lettres colossales : *La République une et indivisible est proclamée en France.* Cela fait, ils grimpent sur le rebord d'une des fenêtres de l'hôtel de ville, et déploient l'inscription, à la clarté des flambeaux. Des acclamations ardentes retentirent, suivies bientôt d'un cri d'alarme... Un de ceux qui tenaient le rouleau, ayant perdu pied, venait de tomber dans la place; on l'emporta baigné dans son sang.

Sous l'influence de tant d'émotions, l'agitation du peuple avait revêtu un tel aspect, que, lorsque la proclamation rédigée par M. de Lamartine revint du *Moniteur*, tous, cette fois eurent conscience de la nécessité de prendre un parti décisif. C'est sur quoi j'insistais avec une vivacité croissante, lorsque M. Crémieux trancha la question en écrivant à la place des phrases équivoques de M. de Lamartine : « Le Gouvernement veut la République, sauf ratification par le peuple, qui sera immédiatement consulté. » Ainsi modifiée, la proclamation fut copiée à la hâte sur quelques centaines de feuilles de papier, qu'on jeta au peuple par les fenêtres de l'hôtel de ville.

Le bruit a couru que M. Bixio, secrètement d'accord avec M. Marrast, s'était rendu au *Moniteur* pour arrêter l'impression de cette proclamation, démarche qui fut sans succès. Est-ce vrai? Je l'ai ouï dire, mais je ne puis rien affirmer à cet égard.

Le plus pressé, après la proclamation de la République, était de pourvoir à l'organisation des services publics. Nul n'ignore ce qui se fit. M. Ledru-Rollin fut chargé du ministère de l'intérieur; M. de Lamartine, de celui des affaires étrangères ; M. Marie, de celui des travaux publics, etc.

Dans une note de son journal, en date du 27 février, lord Normanby dit :

« L'ascendant de M. de Lamartine se confirme, et, pendant que ses efforts ont lieu dans la plus louable direction, les heureux effets de son éloquence et la puissance de son courage sont consacrés par sa nomination à la présidence du Gouvernement provisoire, l'âge et les infirmités ayant éloigné M. Dupont (de l'Eure) d'un poste qu'il n'avait été d'abord appelé à remplir que d'une manière nominale (1).

Décidément, il n'est pas un point sur lequel Sa Seigneurie n'ait été mal renseignée. Jamais M. de Lamartine ne fut appelé à la présidence du Gouvernement provisoire. Depuis le premier jusqu'au dernier jour, le Conseil n'eut d'autre président que le vénérable Dupont (de l'Eure), qui non-seulement reçut le titre de l'emploi, mais en remplit les devoirs avec un zèle et une exactitude vraiment admirables dans un homme de quatre-vingts ans. Le *Moniteur* prouve, du reste, que nos noms ne furent apposés au bas des divers décrets dans aucun ordre particulier, sauf celui de Dupont (de l'Eure), qui, presque toujours, figura en tête de la liste.

L'activité du Gouvernement provisoire, dans la nuit mémorable du 24 février, tint du prodige. Il fallut répondre à d'innombrables demandes, faire face à toutes sortes d'exigences qui n'admettaient pas de délai; c'était le chaos à débrouiller. Parmi les décrets en date du 24 février, il en est un qui mérite d'être rappelé, comme offrant, par son laconisme même, une preuve frappante du pouvoir immense dont le gouvernement nouveau se trouva tout à coup investi. Pour abolir la chambre des pairs, il suffit de ces mots tracés à la hâte sur un chiffon de papier : « Il est interdit à la chambre des pairs de se réunir. »

Il est très-vrai, ainsi qu'on l'a publié dans mainte relation, que le premier repas des *dictateurs* improvisés se composa d'un morceau de pain noir laissé par les soldats, de quelques débris de fromage et d'une bouteille de vin ; une cruche d'eau fut apportée, grâce à la sollicitude bienveillante d'un ouvrier, et l'on but à la ronde dans une coupe... qui était un sucrier cassé. On connait le mot spirituel de M. de Lamartine : « Voici qui est de bon augure pour un gouvernement à bon marché. » Mais si lord Normanby eût été là, nul doute que lui, à la vue de tant de pénurie, n'eût fort mal auguré de l'avenir, à en juger par

(1) *A Year of Revolution in Paris*, t. I p. 127.

cette remarque de son livre, où éclatent la vivacité de son coup d'œil et l'originalité de ses vues : « Chacun sait ce que la pression du besoin opère, même dans les sociétés le plus régulièrement organisées ; il est donc impossible de songer sans alarme aux effets qu'elle produira dans une société ébranlée si profondément(1) ».

Ici se présente à ma mémoire une circonstance caractéristique. Dans la nuit du 24, me sentant accablé de fatigue et désirant me débarrasser de mon uniforme de garde national, je pensai à rentrer chez moi. Pour regagner ma demeure, j'avais à traverser quelques-unes des petites rues sombres qui avoisinaient alors l'hôtel de ville.

Accompagné de mon frère et d'un ami, je pars. Les barricades étaient debout, et le peuple les gardait avec une vigilance inquiète, le bruit ayant couru qu'une attaque était méditée par les troupes stationnées à Vincennes. Nous arrivons à une barricade qu'il fallait franchir. « Halte-là ! » crie le commandant ; et le mot de passe, qui était, je crois, *Havre-sac, Liberté, Réforme*, est exigé d'un ton menaçant. Nous ignorions ce mot nécessaire. Le commandant, qui ne m'avait jamais vu, trouve notre présence suspecte, et ordonne qu'on nous tienne sous bonne garde, jusqu'à plus ample informé. Me voilà donc, tout membre du Gouvernement provisoire que j'étais, arrêté et surveillé. La situation était piquante, mais ne pouvait se prolonger sans inconvénient. Je me nomme ; parmi les combattants de faction à ce poste, quelques-uns sont accourus : ils me reconnaissent. Inutile d'ajouter qu'on nous laissa continuer notre route ; et même une escorte d'honneur nous fut donnée. Or, ce qui me frappa, dans cette promenade nocturne à travers les barricades, ce fut le mélange extraordinaire de déférence grave, de discipline militaire et d'orgueil civique, avec lequel était partout salué le passage d'un des membres de ce gouvernement qui n'était et ne pouvait être rien que par le peuple. Ils sentaient, ces hommes intelligents, nobles et fiers, que le culte de l'égalité est aussi éloigné de l'insolence que de la bassesse ; ils

---

(1) *A Year of Revolution in Paris*, t. I, chap. V, p. 214.

sentaient qu'en obéissant à un pouvoir émané d'eux seuls et placé sous leur dépendance, ils n'obéissaient qu'à eux-mêmes, et ne respectaient, en le respectant, que leur propre souveraineté.

Je ne tardai pas à retourner à l'hôtel de ville. Le peuple bivaquait dans les rues comme dans un camp. De grands feux brûlaient çà et là, éclairant des groupes de figures singulièrement expressives. De loin en loin, on entendait, dans le silence de la nuit, ce cri, qui allait se répétant de barricade en barricade : « Sentinelles, prenez garde à vous! »

CHAPITRE CINQUIÈME

LA RÉPUBLIQUE UNIVERSELLEMENT RECONNUE

Élan de sympathie qui accueillit partout en France la Révolution de février. — Députations et adresses de toutes les classes de la population au Gouvernement provisoire. — Mandement de l'archevêque de Paris. - Déclaration de l'*Univers religieux*. — Adhésions spontanées du Conseil d'Etat, de l'Université, de la Cour des comptes, de la Cour de cassation, des chefs de l'armée, etc. — Offres de service du maréchal Bugeaud et du général Changarnier. — M. de la Rochejaquelein au Luxembourg. — Circulaire électorale de M. de Montalembert. — Témoignage d'admiration de M. de Falloux pour le peuple de Paris. — Lettre de Louis Bonaparte au Gouvernement provisoire. — Obsèques des morts de Février. — Caractère imposant de cette cérémonie. — Récit du *Moniteur* — Le prétendu gouvernement de *surprise* acclamé librement par tous les partis — La République déclarée impossible en France. — Fausseté de cette assertion, au point de vue historique et philosophique. — Parallèle entre l'esprit anglais et l'esprit français.

Paris était sans un seul soldat, sans un *sergent de ville*. Le Gouvernement provisoire n'avait aucun moyen d'imposer l'obéissance : ni artillerie, ni baïonnettes ; pas de garde, pas même un corps organisé d'adhérents. Les masses armées, qui, par intervalles, remplissaient les rues et les places publiques, ne constituaient point une force permanente, bien moins encore une force dont le gouvernement pût disposer, soit pour combattre une révolte, soit pour étouffer une protestation. En outre, la liberté illimitée de la presse avait été, dès la première heure, reconnue, et chacun pouvait exprimer librement sa pensée (1).

Eh bien, en l'absence de toute contrainte, les adhésions arrivèrent en foule. Ouvriers de toute corporation, marchands de toute classe, fonctionnaires publics de tout degré, députations de la magistrature, députations du clergé, se succédèrent sans interruption à l'hôtel de ville. Les adresses de félicitations ne se pouvaient compter. On voyait à toute heure sur la place de Grève, comme un courant de processions précédées de bannières, et pas une minute ne se passait que quelque présent en argent ne fût apporté. Jamais les impôts ne furent payés avec autant d'empressement que dans les premiers jours de la Révolution de février. Des femmes de la plus haute aristocratie, la comtesse de Lamoignon, la comtesse de Chantenay, la comtesse de Brincourt, la marquise de Lagrange, la duchesse de Maillé, et bien d'autres, se firent un point d'honneur d'inscrire leurs noms sur les listes de souscription en faveur des blessés.

Le 24 février même, dans la soirée, monseigneur Affre, archevêque de Paris, parlant au nom du clergé, rendit foi et hommage à la République, et ordonna aux curés de son diocèse de chanter dans leurs églises *Domine salvum fac populum*, au lieu de *Domine salvum fac regem*. Son mandement commençait ainsi :

« En présence du grand événement dont la capitale vient d'être le théâtre, notre premier mouvement a été de pleurer sur le sort des victimes que la mort a frappées d'une manière si imprévue ; nous les pleurons tous, parce qu'ils sont nos frères ; nous les pleurons, parce que nous avons appris une fois de plus tout ce qu'il y a dans le cœur du peuple de Paris de désintéressement, de respect pour la propriété et de sentiments généreux (2) ».

---

(1) On verra, dans le chapitre suivant, jusqu'où alla cette liberté.
(2) D'où l'on peut conclure que l'archevêque de Paris ne partageait pas tout à fait les opinions de lord Normanby, qui, dans son livre, appelle ces mêmes hommes *ruffians*.

Et, peu de jours après, le père Lacordaire — faisant allusion aux ouvriers, qui, dans l'ardeur de la lutte, avaient respectueusement porté à Saint-Roch le Christ de la chapelle des Tuileries — s'écriait du haut de la chaire de Notre-Dame :

« Vous démontrer Dieu ! mais vous auriez le droit de m'appeler parricide et sacrilége ! Si j'osais entreprendre de vous démontrer Dieu, mais les portes de cette cathédrale s'ouvriraient d'elles-mêmes et vous montreraient ce peuple, superbe en sa colère, portant Dieu jusqu'à son autel, au milieu du respect et des adorations ! »

A son tour, le journal ultramontain, l'*Univers*, publiait la déclaration suivante :

« Dieu parle par la voix des événements. La Révolution de 1848 est une notification de la Providence. Ce ne sont pas les conspirations qui peuvent de la sorte bouleverser de fond en comble et en si peu de temps les sociétés humaines. Qui songe aujourd'hui en France à défendre la monarchie? qui peut y songer? La France croyait encore être monarchique et elle était déjà républicaine. La monarchie n'a plus aujourd'hui de partisans. Il n'y aura pas de meilleurs et de plus sincères républicains que les catholiques français ».

Les membres du Conseil d'État choisirent M. de Cormenin pour exprimer leurs sentiments d'admiration à l'égard de ce qu'ils appelaient « cette grande et sublime révolution ».

M. Géruzez, au nom de l'université de Paris, vint saluer cette révolution qui, dit-il, était accomplie pour le salut de l'humanité, et devait être baptisée l'*impérissable République!*

Tous les corps judiciaires, les uns après les autres, accoururent à l'hôtel de ville, pour ajouter à la force de leurs serments officiels par des protestations volontaires et enthousiastes.

Ce fut moi qui, le 29 février, reçus l'adhésion de la Cour des comptes; et je n'ai point oublié avec quels élans de sympathie presque juvénile les vieux magistrats accueillirent cette phrase de ma courte réponse :

« La devise de la République ne sera plus *Liberté, Ordre public;* ces deux choses sont inséparables. Ce que nous devons avoir désormais, c'est l'ORDRE DANS LA LIBERTÉ (1). »

A leur tour, le 3 mars, les membres de la Cour de cassation se rendirent à l'hôtel de ville, où, par l'organe de leur premier président, M. Portalis, ils déclarèrent solennellement que le Gouvernement provisoire était le centre autour duquel il était du devoir de tous de se rallier. M. Portalis termina ainsi :

« Nous avons foi en votre sagesse, en votre patriotisme, en votre fermeté : ce que vous avez fait jusqu'ici nous répond de ce que vous ferez. La nation vous secondera (2). »

Les chefs de l'armée vinrent, à l'envi les uns des autres, offrir leurs services à la République, notamment les maréchaux Soult, Sébastiani, Gérard, les généraux Oudinot, Lahitte, Baraguay d'Hilliers, etc.

Les lettres où ces importants personnages jurèrent fidélité à la République rempliraient un gros volume. Je me contenterai de citer les suivantes; les choix que j'ai faits peuvent se passer de commentaires.

Au ministre de la guerre.

« Monsieur le ministre,

« Les événements qui viennent de s'accomplir, le be-

---

(1) *Voy.* le *Moniteur* du 1er mars 1848.
(2) *Voy.* le *Moniteur* du 4 mars 1848.

soin d'union générale pour assurer l'ordre à l'intérieur, et l'indépendance à l'extérieur, me font un devoir de mettre mon épée au service du gouvernement qui vient d'être institué.

« J'ai toujours considéré comme le plus saint des devoirs la défense du territoire de la patrie.

« Je vous prie de m'accuser réception de cette déclaration, et de recevoir l'assurance de ma haute considération.

« Duc d'Isly. »

Cette lettre est plus que toute autre significative; car elle émanait de ce même maréchal Bugeaud qui, sous Louis-Philippe, s'était couvert, tache indélébile, du sang des républicains.

Cette adhésion fut bientôt suivie de celle du général Changarnier.

Voici sa lettre :

Au ministre de la guerre.

« Monsieur le ministre,

« Je prie le gouvernement républicain d'utiliser mon dévouement à la France.

« Je sollicite le commandement de la frontière la plus menacée. L'habitude de manier les troupes, la confiance qu'elles m'accordent, une expérience éclairée par des études sérieuses, l'amour passionné de la gloire, la volonté et l'habitude de vaincre, me permettent sans doute de remplir avec succès tous les devoirs qui pourront m'être imposés.

« Dans ce que j'ose dire de moi, ne cherchez pas l'expression d'une vanité puérile, mais l'expression du désir ardent de dévouer toutes mes facultés au service de la patrie.

« Changarnier. »

A propos du général Changarnier, voici un fait qui mérite, je crois, d'être mentionné. Le général avait dans le Conseil un très-chaud partisan, M. Marrast, et un adversaire décidé, moi. Ce n'est pas que je me sentisse porté à déprécier ses actions d'éclat ; personne, au contraire, sous ce rapport, ne lui avait rendu plus complète justice que je ne l'avais fait dans mon *Histoire de dix ans*. Mais je le croyais décidément hostile à la République ; et une chose me confirmait dans cette croyance : j'avais appris que la proclamation de la République lui avait arraché une exclamation, très-militaire sans doute dans sa crudité, mais très-expressive, trop expressive même pour trouver place ici. Je tenais le fait de bonne source, un de mes amis ayant été présent quand la scène se passa. C'est pourquoi, lorsque M. Marrast mentionna, dans le Conseil, le nom du général Changarnier, je m'opposai à ce qu'on lui confiât un pouvoir dont, à la première occasion, il eût pu se servir pour faire pencher la balance en faveur du parti opposé. J'ai tout lieu de penser que M. Marrast ne se crut pas obligé au secret ; car, sans perdre de temps, le général Changarnier vint me voir au Luxembourg, protesta qu'on l'avait peint sous de fausses couleurs, et n'oublia rien de ce qui pouvait me prouver qu'il était prêt à servir fidèlement la République. A la même époque, dans le même lieu, M. de la Rochejaquelein me rendit aussi une visite, qu'une singulière circonstance a gravée dans mon souvenir. Au moment où on l'annonça, une nombreuse députation d'ouvriers attendait à la porte. Je fis signe qu'on fît entrer M. de la Rochejaquelein, mais seulement pour lui dire, de vive voix, combien je regrettais d'être forcé de remettre l'entrevue qu'il me demandait. Il était dans un état véritable de ravissement, et je crois qu'il était tout à fait sincère. « N'importe ! n'importe ! s'écria-t-il précipitamment, je n'ai rien de particulier à vous dire ; je désirais seulement vous faire connaître les sentiments dont tant de merveilles remplissent mon cœur. *Ah! que c'est beau! que c'est beau!* » Et, après m'avoir serré dans ses bras, il sortit.

Je n'insisterai pas sur les déclarations publiques de

MM. Dupin et Baroche. La façon de procéder de ces messieurs, en pareil cas, est de notoriété publique. Mais il ne peut pas être sans intérêt pour les lecteurs de savoir quel était, alors, le langage tenu par des hommes tels que M. de Montalembert et M. de Falloux, deux des chefs du parti légitimiste.

M. de Montalembert, s'adressant aux électeurs du département du Doubs, regrettait, en ces termes, de n'avoir pas été de bonne heure initié à la science du socialisme :

« Dans l'ordre politique, je n'ai eu qu'un seul drapeau, la liberté en tout et pour tous. J'ai réclamé la liberté d'enseignement, la liberté de l'association, comme la base et la garantie de toutes les autres libertés. J'ai peut-être à me reprocher d'avoir partagé, non pas l'indifférence, mais l'ignorance de la plupart des hommes politiques sur plusieurs des questions sociales et économiques qui occupent aujourd'hui une si grande et si juste place dans les préoccupations du pays. Si la vie politique m'était ouverte par le suffrage de mes concitoyens, je travaillerais de bonne foi et sans la moindre arrière-pensée à fonder la constitution de la République. »

M. de Falloux, dans une lettre, expression de ses sentiments les plus intimes, rendait en ces termes justice à ceux que lord Normanby traite de *ruffians :*

« Je ne puis, du reste, terminer ce griffonnage sans consigner ici, ce qui n'étonnera que ceux de nos amis éloignés du théâtre des événements, mon *admiration* (je souligne le mot) pour le peuple de Paris. Sa bravoure a été quelque chose d'héroïque, ses instincts d'une générosité, d'une délicatesse qui surpasse celle de beaucoup de corps politiques qui ont dominé la France depuis soixante ans. On peut dire que les combattants, les armes à la main, dans la double ivresse du danger et du triomphe, ont donné tous les exemples sur lesquels n'ont plus qu'à se régler aujourd'hui les hommes de sang-froid. Ils ont donné à leur victoire *un caractère sacré ;* unissons-nous à eux pour que rien désormais ne le dénature ou ne l'égare. »

Et Louis Bonaparte! Arrivé à Paris le 28, il protestait ainsi qu'il suit de son dévouement au Gouvernement provisoire :

« Messieurs,

Le peuple de Paris ayant détruit par son héroïsme les derniers vestiges de l'invasion étrangère, j'accours de l'exil pour me ranger sous le drapeau de la République qu'on vient de proclamer.
« Sans autre ambition que celle de servir mon pays, je viens annoncer mon arrivée aux membres du Gouvernement provisoire, et les assurer de mon dévouement à la cause qu'ils représentent, comme de ma sympathie pour leurs personnes.
« Recevez, Messieurs, l'assurance de ces sentiments.

« LOUIS-NAPOLÉON BONAPARTE. »

A cette époque, le décret de bannissement qui frappait la famille de l'empereur n'avait pas été annulé. Mais le Gouvernement provisoire avait adopté une politique trop généreuse pour se prévaloir d'une loi si injuste. J'ignore s'il est vrai, comme on l'a dit, que certains membres du Gouvernement firent savoir officieusement à Louis Bonaparte qu'ils craignaient que sa présence ne pût donner lieu à quelques désordres ; mais je n'ai pas le moindre souvenir qu'une démarche de ce genre ait fait l'objet d'une décision prise dans le Conseil, ou même ait été jamais mise en discussion. L'occasion, du reste, ne s'en présenta pas ; car la présence de Louis Bonaparte à Paris fut à peine remarquée alors. Il s'aperçut bientôt que le mieux pour lui était de se retirer, et il retourna à Londres. Mais sa lettre restera comme un témoignage éternel de la réalité de ce pouvoir irrésistible qui força tous les partis à s'incliner devant la République.

Dira-t-on que tant de professions de dévouement et de fidélité, venant de quartiers si divers, manquaient toutes également de sincérité? Mais, en supposant cela vrai, quelle preuve plus convaincante pourrait-on donner de la prodigieuse force morale du gouvernement nouveau? Si l'idée de sa durée n'eût pas si bien pris possession des esprits, tous les hommes jouissant de quelque notoriété auraient-ils ainsi consenti à briguer ses faveurs? se seraient-ils gratuitement jetés dans le parjure et l'hypocrisie, pour se mettre dans les bonnes grâces d'un pouvoir sans vitalité? Je ne nierai point qu'il n'y ait en France des hommes pour qui la *force* est le *droit*, et qui ne jurèrent jamais fidélité qu'à... leurs traitements ; mais les personnes de ce caractère sont justement les dernières qu'un gouvernement mal assuré puisse se flatter d'amener à lui. Quel que soit donc le sens qu'il plaise aux détracteurs de la République de donner aux élans de sympathie qui accueillirent partout la Révolution de février, ces élans eux-mêmes seraient absolument inexplicables, si la République n'eût pas été généralement regardée comme une institution pleine de vie.

Mais la supposition que je viens d'examiner est-elle admissible? Je n'hésite pas à rendre à mon pays la justice de dire : non! Que, même alors, le succès ait eu ses adorateurs, cela est certain; mais je nie qu'il n'y ait eu que mensonge au fond du mouvement immense dont nous fûmes témoins à l'hôtel de ville. Dans l'entraînement général, beaucoup furent sincères, plus sincères qu'ils ne seraient peut-être disposés à l'avouer aujourd'hui. La magnanimité du peuple de février subjugua moralement ses plus déterminés détracteurs. En voyant combien désintéressés et généreux étaient les hommes qu'on leur avait représentés comme des barbares lancés à la curée de la civilisation, plusieurs, M. de Falloux, par exemple, et l'archevêque de Paris, se sentirent le cœur touché, et ne purent retenir un cri d'admiration. Il y en eut qui, n'ayant jamais cru jusqu'alors la République possible, devinrent tout à coup républicains. Les orgueilleux furent alors frappés, pour la première fois, de tout ce que des haillons peuvent cacher de véritable noblesse. Il y eut une heureuse recrudescence du sentiment de l'honneur collectif; et le ton de la vie publique dans toutes les classes s'éleva prodigieusement.

Il y parut assez le 24 février, à cette inauguration de la République, que saluèrent, sur la place de la Bastille, les libres acclamations de tout Paris, et, d'une manière plus saisissante encore, le 4 mars, aux obsèques des citoyens morts dans la lutte. La cérémonie eut lieu au milieu d'un concours immense dans l'église de la Madeleine, et aucun de ceux qui assistèrent au service funèbre n'oubliera l'attitude touchante du peuple en ce jour de deuil. L'église, tendue de noir, était éclairée par quinze torches funéraires. Un grand catafalque, sur les côtés duquel on lisait l'inscription : *Morts pour la patrie!* avait été érigé entre la nef et le chœur. Là, sans autre signe distinctif qu'une écharpe tricolore, les membres du Gouvernement provisoire ; autour d'eux, la municipalité de Paris, les maires des douze districts, les familles des victimes, les officiers généraux de l'armée et de la marine, l'École polytechnique, les Écoles de droit et de médecine ; les députations des instituts scientifiques et littéraires; celles des corporations d'ouvriers; celles de la Cour de cassation, de la Cour d'appel, de la Cour des comptes, du Conseil d'État, et des tribunaux ; en un mot, tout ce qui représente la société française.

A une heure et demie, le service funèbre étant achevé, le cortége quitta l'église, et se dirigea vers la place de la Bastille, à travers une double ligne de gardes nationaux, qui s'étendait de la place de la Madeleine à la colonne de Juillet. Point de vaine pompe, point d'équipages somptueux, point de foule de laquais, point de cavaliers caracolant, l'épée à la main, autour de carrosses royaux. Les membres du Gouvernement provisoire, à pied, au milieu de leurs concitoyens, marchaient sans autre garde que l'amour et le respect du peuple.

A quatre heures et demie, les cercueils furent déposés dans les tombeaux sous la colonne de Juillet, du haut de laquelle tombait un long crêpe, parsemé de larmes d'argent. Et, après des discours dans lesquels MM. Crémieux et Garnier-Pagès exprimèrent les sentiments qui agitaient tous les cœurs, le peuple se retira, silencieux et recueilli.

Le passage suivant du *Moniteur* présente un tableau fidèle de cette imposante cérémonie.

« Hier, c'était l'ivresse du triomphe; aujourd'hui, c'est le calme dans la force. Une foule qui ne peut se compter que par centaines de mille attendait sans bruit et en bon ordre la pompe des funérailles. Tout Paris était dans les rues ou aux fenêtres. Des travailleurs de toutes les professions étaient venus se ranger, non plus, comme au moyen âge, sous la bannière de la superstition, mais sous les drapeaux intelligents de la fraternité républicaine, attendant impatiemment le Gouvernement provisoire, qui, après la famille des victimes, semblait représenter leur famille adoptive, la France entière. Qui ne connaîtrait pas la merveilleuse intelligence de la population de Paris, pourrait s'étonner que, spontanément et sans mot dire, trois ou quatre cent mille hommes aient obéi à un même sentiment et gardé partout la même attitude. Dans cette innombrable multitude, personne ne s'attendait aux clameurs que soulèvent d'ordinaire les pouvoirs victorieux. Les Parisiens, avec ce sentiment exquis des convenances qui n'est chez eux qu'un instinct naturel, ont tous compris qu'en présence de tant de cercueils, le calme d'une conviction forte devait remplacer les fougueux élans d'un lendemain de victoire. A toutes les fenêtres, sur les balcons, sur les boulevards, on voyait les femmes agiter leurs mouchoirs et saluer de la main; on voyait les citoyens se découvrir quand passait le Gouvernement provisoire; mais partout l'émotion était contenue, l'attitude était grave. Le faisceau d'armes n'était pas surmonté cette fois de la hache consulaire. L'image terrible avait disparu, en vertu du décret sublime qui abolit la peine de mort. La hache des guerres civiles avait fait place à la lance, qui ne doit jamais se tourner que contre l'ennemi. De sorte que le souvenir même des temps héroïques était effacé par cette Révolution, qui dépasse toutes les autres, en ajoutant la générosité moderne à la grandeur antique. Il n'appartenait qu'à une république, à la République française, de provoquer cet enthousiasme contenu, réglé et formidable, que les courtisans des monarchies n'ont jamais connu. Le silence, qu'on appelait naguère la leçon des rois, était aujourd'hui, pour la première fois, la forme éloquente des sympathies de tout un peuple (1). »

Que faut-il de plus pour prouver que c'est pure folie que d'appeler la République de 1848, « une république de surprise ! » Si, comme lord Normanby n'a pas honte de le dire, la dictature des membres du Gouvernement provisoire avait été, pour tous ou pour quelques-uns, le résultat d'un *escamotage*, la France, pour n'avoir pas châtié sur-le-champ une tentative aussi monstrueuse, aussi insensée, mériterait d'être regardée comme la dernière des nations, et les personnages les plus éminents de France devraient être marqués à jamais du sceau de l'infamie, pour avoir plié le genou devant des fantômes d'usurpateurs. Et si, d'un autre côté, le peuple français eût été aussi violemment et universellement opposé à la République que le prétendent les politiques de l'école de lord Normanby, ceux-là auraient été vraiment au-dessus du niveau de l'humanité, qui, sans trésors, sans soldats, sans police, sans rien qui ressemblât à une force organisée, surent maintenir leur pouvoir aussi longtemps qu'ils le jugèrent convenable, établirent une nouvelle forme de gouvernement, proclamèrent de nouveaux principes, installèrent de nouveaux fonctionnaires, pacifièrent le peuple, tinrent l'armée en respect, donnèrent à leurs volontés force de loi, promulguèrent des décrets qui ne furent jamais désobéis, et méritèrent de voir, après leur abdication volontaire, leurs services reconnus en ces termes, par l'Assemblée nationale, appelée à juger leur conduite : « L'Assemblée national décrète : Le Gouvernement provisoire a bien mérité de la patrie ! »

Donc, prétendre que la République de 1848 fut un « gouvernement de surprise, » ce n'est pas seulement mécon-

(1) *Voy.* le *Moniteur* du 5 mars 1848.

naître les faits établis et le caractère bien connu au peuple français ; c'est encore donner un démenti ridicule à toutes les lois de la probabilité.

Ceci m'amène à réfuter une opinion qui pourrait bien, si l'on n'y prenait garde, relâcher, dans l'avenir, ces liens d'amitié qu'il est si désirable de maintenir entre l'Angleterre et la France.

On a tant répété, dans ce pays-ci, que les institutions républicaines ne conviennent point à la nation française, que le mot est presque devenu proverbial. Tout en croyant que c'est là une profonde erreur, je dois avouer que l'opinion des Anglais à ce sujet est basée sur des circonstances qui, si on les examine superficiellement, semblent justifier une telle conclusion.

En premier lieu, on a toujours fait croire aux Anglais que la République française de 1792-1793 ne fut qu'une course échevelée vers le despotisme à travers l'anarchie.

En second lieu, on peut soutenir que la République de 1848-1852 n'a été, après tout, qu'une tentative manquée.

Troisièmement, enfin, les étrangers, qui n'ont qu'une connaissance superficielle du peuple français et des causes secrètes qui ont amené les vicissitudes historiques de la France, sont naturellement portés à refuser un tempérament républicain à un peuple qu'ils voient, à l'heure qu'il est, gouverné par un empereur.

Il faut, pour qu'on s'en rende bien compte, mettre ces faits dans leur vrai jour.

Et d'abord, on doit reconnaître que la Révolution française de 1792-1793 n'ayant été qu'une lutte gigantesque entre le vieux monde et un monde complètement nouveau, la grandeur même de cette lutte, tout en épuisant la nation au point de la jeter haletante aux bras d'un despote militaire, rendit impossible, tant qu'elle dura, l'établissement définitif d'une forme quelconque de gouvernement. Il importe de ne pas perdre de vue que la constitution de 1793 ne fut jamais appliquée, ses auteurs ayant décrété l'ajournement jusqu'à la paix de sa mise en vigueur — ce qui prouve que le violent régime auquel les républicains furent alors forcés d'avoir recours, ne fut jamais regardé, même par eux, comme une forme de gouvernement régulière.

Quant à la République de février 1848, elle tomba, parce que ceux à qui elle confia le pouvoir se trouvèrent être ses plus mortels ennemis. Et ce ne fut là le résultat d'aucun vice fondamental inhérent aux nouvelles institutions ; tout le mal vint d'une combinaison accidentelle de trahisons et de fautes dont ce livre même est destiné à montrer l'enchaînement. Quand la majorité de la dernière assemblée législative reniait son mandat, répudiait son origine, s'étudiait à miner la République par toutes sortes de moyens, s'épuisait en malédictions contre les conséquences les plus directes de la foi républicaine, persécutait tout républicain sincère, réduisait les instituteurs primaires à la mendicité, exaspérait de gaieté de cœur les ouvriers, désarmait le peuple, et, en haine de la République, abolissait le suffrage universel, que faisait-elle autre chose que de rassembler les matériaux du pouvoir dont Louis Bonaparte, le 2 décembre, se servit pour l'écraser elle-même ?

L'opinion anglaise que je combats ne repose donc, en réalité, sur aucun fondement historique ; et, si l'on se place à un point de vue philosophique, elle est bien plus insoutenable encore.

Pour ma part, je suis prêt à reconnaître que les institutions politiques d'un peuple doivent s'adapter à son caractère ; et c'est justement pourquoi je pense que les institutions républicaines conviennent au peuple français.

Les Anglais sont imbus de l'idée que leurs amis de l'autre côté de la Manche sont immodérément amoureux des choses à spectacle. — Et dans quel pays du monde m'en va-t-il pas de la sorte ? — Je ne le nierai point. Mais, quand les Parisiens se pressent dans les rues pour voir passer quelques hauts personnages suivis d'un cortège pompeux de carrosses dorés et de cavaliers, ce qui caractérise leur curiosité, c'est un penchant décidé à rire des livrées, quelles qu'elles soient, et à tourner en ridicule les riches dehors qui ne recouvrent rien ! Et puis, les républicains français n'ont point pour idéal, que je sache, une république coulée dans le moule de Sparte ; ils n'ont point fait pacte avec le brouet noir ; les progrès de la civilisation, considérée sous ses plus brillants aspects, sont fort de leur goût ; comme Camille Desmoulins, ils veulent que la « République tienne à la France la promesse de la *poule au pot pour tout le monde*; » comme le charmant auteur du *Vieux Cordelier*, ils croient que la liberté n'est pas la misère et peut se passer d'habits percés au coude. Le peuple français est un peuple artiste, qui aime les arts, qui se plaît aux grands spectacles, que les fêtes attirent : soit. Eh ! qu'y a-t-il donc en tout cela qui soit incompatible avec des institutions républicaines, telles que les comporte le développement de la civilisation moderne ? Il est vrai que la République s'accommoderait mal de ce faste de quelques-uns qui n'est qu'une insulte à la pauvreté du plus grand nombre ; il est vrai qu'elle n'aurait que faire de cette pompe imbécile au moyen de laquelle on éblouit les peuples enfants. Mais ceux-là calomnient la France, qui lui supposent le culte des livrées. Il serait bien étrange que, dans un pays où le prestige de la royauté a été battu en brèche par tant de révolutions, le peuple préférât l'étalage insolent de la puissance d'un seul aux imposantes manifestations de sa propre souveraineté !

Autre objection à réfuter.

Dans un admirable article, écrit en réponse à lord Brougham, au sujet de la Révolution de février, un profond penseur, M. John Stuart Mill, dit :

« L'habitude générale et la façon de procéder de l'esprit anglais est le compromis... Les Anglais ne se croiraient jamais en sûreté s'ils ne vivaient à l'ombre de quelque fiction conventionnelle. Or, la royauté constitutionnelle est précisément un arrangement de cette espèce. Il est de son essence que le souverain, souverain de nom, ne gouverne point, ne doive point gouverner, ne soit pas fait pour gouverner ; et ce qui fut originairement un compromis entre les amis de la liberté populaire et les partisans de la monarchie absolue a fini par s'établir à l'état de sentiment sincère dans l'âme de la nation, — qui se croirait offensée, et même menacée dans ses libertés, si un roi ou une reine prenait au gouvernement une part plus grande que celle qui consiste à sanctionner formellement les actes du parlement, et à nommer au ministère, ou, plutôt, comme ministres, les personnes que la majorité du parlement a indiquées. Et ce peuple serait, sans affectation, profondément choqué, si un acte considérable du gouvernement ne passait point, quel qu'il fût, pour l'acte et le mandat de la personne qui est sur le trône (1). »

Il en est tout autrement du peuple français; et, en m'exprimant ainsi, je n'entends pas censurer le moins du monde la façon de procéder de l'esprit anglais; loin de là! Le goût des Anglais pour les compromis est le résultat de ce génie pratique et patient, auquel ils doivent le calme de leur vie politique Sans vouloir faire aucune comparaison défavorable à l'une ou à l'autre de ces deux grandes nations, qu'il me soit permis de dire que l'habitude de l'esprit français est la marche logique, en droite ligne. Les Français ne se soumettront jamais volontiers à un système qui se donnerait pour autre chose que ce qu'il est réellement. La façon de penser et de sentir qui leur est propre les conduit irrésistiblement à croire que, si le rôle de la royauté se réduit à l'acte mécanique de l'enregistrement des lois, un zéro ferait aussi bien, et serait moins dispendieux. De là l'impossibilité d'implanter, de l'autre côté de la Manche, cette subtile distinction : *Le roi règne et ne gouverne pas.* Un roi qui voudrait se conformer à cette maxime n'aurait pas un mois de vie dans l'estime publique. Mais quoi! serait-il possible de trouver en France un roi pareil? J'en doute fort. Ai-je besoin de rappeler au lecteur avec quelle persévérance pleine de ruse Louis-Philippe s'efforça de briser les liens de la théorie constitutionnelle? Et pourtant, qui mieux que lui semblait fait pour une position qui exige un talent médiocre, peu d'orgueil, une ambition sans idéal, et une certaine dose de bon sens?

Mais le peuple français est un peuple si léger! disent vo-

---

(1) *Westminster and Foreign Quarterly Review*, for april 1843.

lontiers les Anglais. Encore une erreur ! Et, toutefois, comme cette erreur trouve une sorte de sanction dans des apparences vraiment trompeuses, ce n'est qu'à la suite d'un examen sévère qu'on la peut découvrir. Le fait est que la rectitude est ici prise pour la légèreté. Les Français ont une tendance marquée à conformer leur conduite à ce principe, qui, tout vrai qu'il est en mathématiques, n'en est pas moins dangereux en politique, — que la ligne droite est la plus courte. En conséquence, les prémisses une fois admises, ils vont droit à la conclusion logique, prêts à briser tous les obstacles qui se trouvent sur leur chemin, s'il n'y a pas, pour les éviter, de meilleur moyen que d'en faire le tour. De sorte que, chaque fois que l'idée nouvelle dont ils poursuivent le triomphe est combattue avec succès par une ligue puissante d'intérêts anciens et de préjugés invétérés, la lutte aboutit à une retraite, non d'intention, mais de fait. Et tous les esprits superficiels de croire que cette nation, qui avançait naguère si vite, a soudain abandonné ses principes, a perdu sa voie. Il n'en est rien. Elle s'y attache, au contraire, avec plus de ténacité que jamais, et regagne, par des routes souterraines, le terrain perdu, jusqu'à ce qu'enfin elle brise l'obstacle d'un coup, et, cela fait, s'élance, avec un redoublement de vigueur, toujours en droite ligne, vers la station prochaine. L'histoire de nos révolutions successives, durant le siècle dernier, nous offre de cette marche de frappants exemples, car il n'en est pas une qui n'ait été la conséquence immédiate et logique de la précédente, quoique l'intervalle entre les deux ait été, presque toujours, marqué par un abandon apparent des conquêtes antérieures. Il est clair qu'à un pareil peuple, ce qu'il faut, c'est un système d'institutions assez élastiques pour se prêter aux mouvements continus de l'opinion publique. Et tel est l'avantage que présentent les institutions républicaines. Substituez-leur ce qu'il y a d'inflexible dans le principe monarchique, vous opposez à un fleuve paisible une digue qui, tôt ou tard, le changera en torrent.

On objectera, peut être, que, sous une monarchie constitutionnelle qui admet la liberté de la presse et ouvre carrière à la discussion, l'avantage résultant de l'élasticité des institutions républicaines se retrouve. Jusqu'à un certain point, d'accord ; mais je viens d'expliquer que la monarchie constitutionnelle repose sur une idée de compromis tout à fait inconciliable avec la nature de l'esprit français ; et si, à cette considération philosophique, j'ajoute les arguments politiques qui se tirent de la nature même des choses, j'aurai complété la démonstration.

Lorsque, sous le monarque français Henri III, on alla dire au duc de Guise que le roi voulait sa mort, il répondit : « Nul n'oserait. » Le roi osa, et le duc fut assassiné. Était-ce là, de la part du monarque, une preuve de force ? Tout au contraire : c'était le sentiment de sa faiblesse qui faisait de lui un lâche et un assassin. Maintenant, quelle fut la conduite de la reine Anne, lorsqu'elle voulut se débarrasser de Marlborough ? Elle se contenta de lui écrire qu'elle le renvoyait. Le rapprochement de ces deux faits montre qu'en Angleterre, la royauté, même resserrée dans ses limites constitutionnelles, a plus de pouvoir que n'en avait la royauté en France, au temps où, théoriquement, la royauté en France était absolue. « La monarchie constitutionnelle, chez les Anglais, dit Delolme, est un bon navire, auquel le parlement peut à son gré retirer les eaux. » Soit : et qu'importe ? La royauté n'a jamais été, en Angleterre, ce qu'elle est condamnée à être en France : un pouvoir solitaire au sommet d'une société que l'amour de l'égalité agite. La reine, ici, emprunte sa force aussi bien que son éclat, de l'aristocratie qui l'entoure, aristocratie intéressée, avant tout, au maintien du trône, parce que le premier anneau de la hiérarchie une fois touché, la chaîne entière entrerait en vibration.

De plus, la royauté, en Angleterre, a un point d'appui considérable dans le respect universel pour les distinctions de classe. Un étranger qui étudie les Anglais s'étonne de les trouver à la fois si fiers et si humbles, si indépendants et si soumis, si amoureux des formes de la liberté et si attachés aux prérogatives de l'aristocratie. Dans ce pays singulier, le langage de la presse est agressif, audacieux, sans frein ; et, néanmoins, les rangs y sont comme étiquetés. L'orgueil individuel, chez les Anglais, est développé au plus haut point; et cependant, avec quel soin ils observent les lois de la préséance! La reine veut-elle franchir les portes de la Cité, elle en demandera la permission au maire; et cependant, le culte de l'étiquette hiérarchique se pratique ici dans la cuisine presque aussi religieusement que dans le salon.

Ainsi, deux sentiments se partagent la nation anglaise : un vif amour de la liberté, et un profond respect de la hiérarchie; phénomène, au surplus, dont son histoire explique les causes. Des deux races, la race saxonne et la race normande, que la conquête mit en présence, aucune n'ayant pu absorber l'autre, le résultat dut être un compromis entre deux principes : la race vaincue fut obligée, pour sa défense, d'établir un vigoureux système de garanties, et la race victorieuse fut obligée, pour se maintenir, de veiller d'un œil jaloux à l'inviolabilité de ses priviléges.

Rien de semblable en France, où n'existe aucune des conditions indispensables à une monarchie. Montesquieu, par exemple, pose ceci comme un axiome politique : « Pas de monarque, pas de noblesse; pas de noblesse, pas de monarque. » Or, en France, la noblesse n'est plus, et ne saurait revivre. Suivant Montesquieu, la monarchie est impossible, sans loi de primogéniture : or, où trouver aujourd'hui en France une loi pareille, et comment l'y établir?

Je conclus :

En Angleterre, la royauté confond ses racines avec celles de la nation, en compagnie de laquelle elle s'est développée normalement et sous l'empire des mêmes nécessités.

En France, pas une des traditions où la royauté se pourrait appuyer qui n'ait été détruite.

En Angleterre, une aristocratie puissante prête à la couronne son lustre et sa force.

En France, plus de noblesse existante, plus de noblesse possible.

En Angleterre, le principe de l'hérédité de la couronne est en harmonie avec celui des substitutions.

En France, le principe qui divise le sol jusqu'à le pulvériser laisse l'hérédité monarchique sans point d'appui social.

En Angleterre, le respect de la hiérarchie est universellement répandu.

En France, la passion de l'égalité est désormais indestructible.

Il serait donc contraire, et aux résultats de l'observation, et aux lois de la logique, de prétendre que la monarchie constitutionnelle convient à la France parce qu'elle peut convenir à l'Angleterre (1).

Et bien vainement considérerait-on comme de quelque poids dans ce débat les dix-sept ans du règne de Louis-Philippe : sous Louis-Philippe la monarchie constitutionnelle n'eut jamais d'autre valeur que celle d'un *expédient ;* et lui-même le savait bien. Habile à entretenir au sein de la bourgeoisie la peur des secousses qu'une révolution entraîne, son gouvernement ne vécut que de cette peur.

Pour ce qui est d'une monarchie *absolue*, comment croire un seul instant qu'elle fût définitivement acceptée par la France ? Une monarchie absolue serait la chose la plus impossible à concevoir, dans le développement historique des principes de 89.

Ce serait un pouvoir de nature aristocratique, né de la bourgeoisie, par qui a été brisée la chaîne des distinctions héréditaires.

Ce serait un pouvoir exclusivement conservateur, né de la bourgeoisie, qui a ouvert à l'ambition humaine une carrière sans bornes.

Ce serait un pouvoir de tradition, né de la bourgeoisie, qui a bafoué toutes les traditions anciennes.

Ce serait un pouvoir omnipotent, né de la bourgeoisie, qui a laissé tomber dans le sang l'omnipotence de Louis XVI, et châtié par un exil éternel celle de Charles X.

Ce serait, en un mot, le plus inexplicable, le plus monstrueux des pouvoirs, puisque sa nature démentirait de tout point son origine, et son origine, sa nature.

---

(1) Tout ceci, je l'ai développé au long dans le premier chapitre de ce livre.

A ce compte, le roi serait comme un protestant fait pape.

Ainsi donc, lorsque, le 24 février 1848, les membres du Gouvernement provisoire prirent sur eux la responsabilité d'un changement de gouvernement, leur décision n'eut rien de commun avec les entraînements d'un enthousiasme juvénile ; elle vint d'une appréciation réfléchie et pratique, non seulement des nécessités de la situation, mais des vrais besoins et des vraies tendances de la France. Comment en douter? comment le nier de bonne foi? La République, à peine proclamée, ne fut-elle pas universellement et spontanément reconnue?

CHAPITRE SIXIÈME

CARACTÈRE GÉNÉREUX DE LA RÉVOLUTION DE FÉVRIER

Terreurs imaginaires de Louis-Philippe. — Des commissaires sont envoyés au Hâvre pour veiller à sa sûreté. — La duchesse de Montpensier et le duc de Nemours, restés dans Paris, le quittent sans avoir été inquiétés. — Fausse nouvelle de l'arrestation de la duchesse d'Orléans. — Un seul membre du Gouvernement provisoire demande le maintien de cette arrestation, si la nouvelle se confirme. — Décret abolissant la peine de mort en matière politique. — Circonstances dans lesquelles ce décret fut rendu. — Le drapeau rouge demandé par ceux-là mêmes qui avaient le plus contribué au renversement de l'échafaud politique. — Pourquoi les démocrates voulaient le drapeau rouge. — Maintien du drapeau tricolore par la majorité du Gouvernement provisoire. — — La rosette rouge est adoptée comme signe de ralliement. — Étranges hallucinations de M. de Lamartine. — Son discours au peuple ameuté sur la place de l'Hôtel-de-Ville. — Erreur historique. — Les vrais sauveurs de l'ordre.

Jamais peut-être l'histoire n'eut à retracer rien qui approche de la magnanimité que déployèrent, en février, le peuple et ses élus. Les passions excitées par la lutte n'avaient pas encore eu le temps de se refroidir, que déjà toutes les offenses étaient oubliées. Pas un cri de vengeance n'attrista les âmes douces; pas un royaliste ne périt victime de ressentiments publics ou privés; pas un républicain n'évoqua les mânes des combattants de la rue Transnonain, et le souvenir de tant de persécutions souffertes. La protection des martyrs de la veille fut un impénétrable bouclier pour les vaincus du lendemain.

Ah! Louis-Philippe n'avait que faire vraiment de descendre aux soucis vulgaires d'une fuite précipitée et à l'humiliation d'un déguisement ; car nul, au sein du gouvernement, nul, parmi le peuple, ne s'inquiéta de lui. Je ne me souviens pas que, dans les premières délibérations du Conseil, son nom ait été prononcé une seule fois : et, lorsque, enfin, un de nous, je ne sais plus lequel, s'avisa de demander : « A propos, messieurs, qu'est devenu Louis-Philippe ? » l'unique sentiment qu'éveilla cette question fut celui d'une sollicitude généreuse. M. Marrast eut charge de se mettre à la poursuite du roi fugitif, pour... veiller à sa sûreté. Il devait être accompagné de MM. Ferdinand Barrot et la Fayette. A la vérité, il s'excusa, ne se souciant pas d'être l'Odilon Barrot d'un autre Charles X ; mais il dépêcha des commissaires au Havre, en leur donnant pour instructions d'entourer d'une vigilance austère mais exempte de fiel le monarque déchu, et de faciliter son embarquement.

La duchesse de Montpensier avait trouvé refuge chez madame de Lasteyrie. Après un court séjour dans cette maison hospitalière, elle put quitter Paris et traverser la France, en toute sécurité.

Le duc de Nemours resta deux jours à Paris, sans être inquiété le moins du monde. Nous sûmes qu'il était caché dans une maison voisine du Luxembourg, et nous ne voulûmes pas le savoir.

Il va sans dire que lord Normanby n'a pas jugé de tels faits dignes de son attention. Cette politique, si magnanime, si chevaleresque, que l'histoire d'aucune révolution triomphante n'en fournit un autre exemple, n'avait évidemment rien qui fût de nature à parler au cœur de Sa Seigneurie. Tout ce qu'il consent à admettre, c'est que, parmi les membres du Gouvernement provisoire, il y en avait un, M. de Lamartine, qui était accessible à de bons sentiments. Eh bien, il faut que le noble marquis soit informé d'une circonstance qui l'avertira du danger de circonscrire dans des limites trop étroites l'hommage qui est dû à la vérité. La fausse nouvelle s'étant répandue que la duchesse d'Orléans avait été arrêtée à Mantes, M. Ferdinand de Lasteyrie, très-inquiet, accourut à l'Hôtel-de-Ville, implorant l'ordre de mise en liberté. Tous les membres du gouvernement disaient *oui;* un seul dit *non :* M. de Lamartine. Sa réponse aux instances de M. Ferdinand de Lasteyrie fut : « Le salut public repose sur ma popularité ; je ne veux point la risquer. » Alors, un de nous s'avança, et protesta si vivement contre tout ce qui ressemblerait à une persécution, à l'égard d'une femme, d'une mère, que M. de Lamartine céda. L'homme dont je rappelle ici l'intervention chevaleresque était un ouvrier, c'était Albert.

L'abolition de la peine de mort en matière politique étant un de ces événements qui s'imposent, pour ainsi dire, de force à l'attention publique, il fallait bien que lord Normanby en parlât. Mais comment l'a-t-il fait? Le passage mérite d'être cité :

« M. de Lamartine annonça au peuple, au milieu d'applaudissements universels, que le Gouvernement provisoire, revenant sur une décision de la veille, avait aboli la peine de mort en matière politique. Cet acte vertueux était un grand triomphe *personnel* pour M. de Lamartine, surtout si l'on songe à ce qui s'était passé le jour précédent. Il y avait eu débat sur la proposition de substituer le drapeau rouge au drapeau tricolore. M. de Lamartine, avec beaucoup d'énergie, s'écria que le drapeau tricolore avait été promené par la victoire d'un bout de l'Europe à l'autre, tandis que le drapeau rouge n'était connu que pour avoir fait le tour du Champ de Mars, traîné dans le sang du peuple (1). »

Jamais la vérité, jamais la justice, ne furent plus directement outragées que dans ce passage. Rapporter à M. de Lamartine exclusivement l'honneur du décret par lequel la peine de mort fut abolie, c'est tomber dans une erreur grossière ; et faire contraster cette abolition avec la demande du drapeau rouge, c'est faire servir une bévue de consécration à une injustice.

Lord Normanby étant, sans aucun doute, sous l'empire de cette idée lumineuse qu'on ne peut vouloir le drapeau

(1) *A Year of Revolution in Paris,* t. 1 pp. 127, 128.

rouge qu'à la condition d'être altéré de sang, puisque enfin le rouge est la couleur du sang, quelle ne sera pas sa surprise d'apprendre que l'homme qui a soutenu, dans le Gouvernement provisoire, la demande du drapeau rouge, est le même, oui, le même que celui qui a obtenu l'abolition de la peine de mort, et que cet homme, c'est moi ! Et combien redoublera votre surprise, milord, quand j'aurai ajouté que, de ma part, ceci n'avait rien, après tout, de bien méritoire, parce que la clémence, l'humanité, les vertus douces, étaient alors dans l'air que chacun respirait; parce qu'une mesure de ce genre était de celles qui sortaient invinciblement de la situation générale des esprits; parce qu'il n'y avait ni grand effort d'initiative, ni grand courage, à proposer ce qui était le vœu unanime de ce grand peuple de Février!

La vérité, la voici :

Le 25 février, M. de Lamartine, dans le Conseil, posa la question de savoir s'il ne conviendrait pas d'abolir la peine de mort en matière politique. Quant au principe, nulle difficulté, tout le monde était d'accord ; mais, relativement à l'utilité pratique de la mesure, dans les circonstances, des objections s'élevèrent, et la question fut abandonnée.

Le lendemain, un journal royaliste publiait un article où l'on donnait à entendre qu'une fois de plus, en France, la hache du bourreau était destinée à devenir un moyen de gouvernement. A la lecture de cet article, je sens le feu me monter au visage, et, courant à l'Hôtel-de-Ville, j'entre dans la chambre du Conseil, tenant à la main le journal calomniateur. Tout ce que mon cœur m'inspirait, je l'exprimai; je dis qu'arracher la vie à un homme, hors du cas de légitime défense, était une usurpation impie; que l'*irrévocabilité* du jugement suppose l'*infaillibilité* du juge; que la contrefaçon de la justice par le meurtre est plus particulièrement monstrueuse en temps de guerre civile, alors qu'une erreur consciencieuse est si vite transformée en crime, et la défaite en révolte. Combien d'illustres personnages mis à mort dans le court espace de cinquante ans, dont les têtes avaient roulé pêle-mêle avec celles des plus vils criminels dans le panier sanglant!

Même à un point de vue purement pratique, de quelle importance n'était-il pas d'écarter du berceau de la seconde république l'image des fureurs auxquelles la première fut condamnée ! La Terreur de 1793 et 1794 pesait encore sur les esprits, et de quel poids ! Il fallait donner de l'air à la conscience publique, en jetant par terre la guillotine. Nul doute, d'ailleurs, que, de la part du Gouvernement provisoire, un semblable déploiement de confiance et de sérénité ne plût à un peuple tel que le peuple français, dont la sympathie est acquise d'avance à tout ce qui porte une empreinte de grandeur.

Pendant que je parlais, M. de Lamartine s'était tenu immobile à l'autre extrémité de la salle. Tout à coup, il se précipite vers moi, me saisit les mains avec transport, et s'écrie : « Ah ! vous faites là une noble chose ! » Alors eut lieu une scène d'enthousiasme contenu, qui fera peut-être sourire nos grands hommes d'État d'aujourd'hui. Soit. Nous ne prétendons en aucune sorte à l'honneur de compter parmi les adeptes de cette science politique qui consiste dans un systématique dédain de ce que la nature humaine a d'élevé. Le vieux Dupont (de l'Eure) remercia Dieu de lui avoir permis de vivre assez longtemps pour être témoin de ce spectacle, et ce fut avec une sorte d'émotion religieuse que nous votâmes le décret suivant, dont la seconde partie est due à la plume de M. de Lamartine, et dont les considérants furent rédigés par moi-même :

« Le Gouvernement provisoire,

« Convaincu que la grandeur d'âme est la suprême politique, et que chaque révolution opérée par le peuple français doit au monde la consécration d'une vérité philosophique de plus ;

« Considérant qu'il n'y a pas de plus sublime principe que l'inviolabilité de la vie humaine ;

« Considérant que, dans les mémorables journées où nous sommes, le Gouvernement provisoire a constaté avec orgueil que pas un cri de vengeance ou de mort n'est sorti de la bouche du peuple ;

« Déclare :

« Que, dans sa pensée, la peine de mort est abolie en matière politique, et qu'il présentera ce vœu à la ratification définitive de l'Assemblée nationale.

« Le Gouvernement provisoire a une si ferme conviction de la vérité qu'il proclame au nom du peuple français, que, si les hommes coupables qui viennent de faire couler le sang de la France étaient dans les mains du Peuple, il y aurait à ses yeux un châtiment plus exemplaire à les dégrader qu'à les frapper (1). »

Me sera-t-il permis maintenant de répéter que l'homme qui fit adopter ce décret est le même que celui par qui fut appuyée la demande du drapeau rouge : preuve décisive que cette demande n'eut rien de commun avec des idées de terrorisme et de sang! Et me sera-t-il permis, en outre, de rappeler, pour l'honneur du Peuple, que, lorsque, au Luxembourg, je parlai de brûler sur la place publique, dans toute la solennité d'une fête nationale, jusqu'aux derniers vestiges de la guillotine, le peuple s'associa à ce sentiment avec une fougue et une émotion dont le *Moniteur* a conservé les témoignages (2)?

(1) *Voy.* le *Moniteur* du 27 février 1848.
(2) *Voy.* le *Moniteur* du 11 mars 1848.
M. Garnier-Pagès reconnaît, ainsi que l'avait déjà fait M. de Lamartine dans son livre sur la Révolution de 1848, que, le 26 février, le décret sur l'abolition de la peine de mort en matière politique fut adopté par le gouvernement provisoire sur ma proposition ; mais il dit que, lorsque, la veille, M. de Lamartine avait mis la question sur le tapis, j'avais été « le seul à demander un plus mûr examen » ! J'ai peine à comprendre que M. Garnier Pagès ait été si mal servi par ses souvenirs. Tous ceux qui m'ont lu savent avec quelle ardeur, quelle passion, quelle persévérance, j'attaque la peine de mort depuis que je tiens une plume. Ce qui est vrai, c'est que M. de Lamartine, le premier, demanda, le 25 février, que la peine de mort fût abolie ; c'est que la question, comme M. de Lamartine le raconte, se heurta à des objections de légistes ; c'est que je profitai de la circonstance rappelée plus haut, pour la reprendre ; c'est que je le fis avec une véhémence qui, heureusement, répondait au sentiment de tous mes collègues et coupa court à toute hésitation ; c'est que l'effet produit par mes paroles sur M. de Lamartine et mes autres collègues fut tel que M. de Lamartine lui même l'a décrit : « M. de La-
« martine remercia du cœur et du regard son jeune collègue. Il sais
« la main qui lui était tendue pour reprendre sa propre pensée. La dé-
« libération fut un court échange d'assentiment et de félicitations
« réciproques ; le cœur étouffait les objections timides de l'esprit ». Ce qui est vrai enfin, c'est que le décret fut rédigé par M. de Lamartine et par moi

Quant à la préférence accordée au drapeau rouge, elle eut sa source dans une inspiration qui n'avait rien que de très-judicieux et se rapportait à une idée profonde.

Certes, il peut paraître étrange à des Anglais que tant d'importance ait pu être attachée à un changement de drapeau. Mais la nation française est ainsi faite. Nation artiste par excellence, l'imagination, les yeux même, jouent un rôle dans son histoire.

Je ne m'arrêterai point ici à rechercher quelles étaient les couleurs nationales à l'origine de la monarchie française, période couverte de nuages ; mais on sait que, depuis le règne de Henri Ier jusqu'à celui de Charles VII, le drapeau national fut l'étendard rouge connu sous le nom d'*oriflamme*, la bannière blanche fleurdelisée étant ce que Froissart appelle *bannière souveraine du roy*. Le drapeau blanc prit la place du drapeau rouge, sous le règne de Charles VII, c'est-à-dire précisément à l'époque où le fatal système des armées permanentes, suprême point d'appui du despotisme, fut établi en France. En 1789, la bourgeoisie s'étant élevée au pouvoir politique, sur les ruines de la féodalité, la Fayette, le 13 juillet, proposa, en plein Hôtel-de-Ville, l'adoption d'un drapeau formé par l'alliance du *blanc*, considéré alors comme la couleur de la royauté, avec le *rouge* et le *bleu*, couleurs du tiers état parisien. Le drapeau tricolore fut donc le résultat et le symbole d'un compromis entre le roi et le Peuple. Après Février, il n'y avait plus de roi ; donc, plus de motif pour que son pouvoir fût symbolisé. Ce n'est pas que les ouvriers de Paris eussent, pour se décider, des raisons tirées d'une érudition subtile, non sans doute ; mais ils savaient — et il n'en fallait pas davantage — que le *blanc* était la couleur de la royauté, que la royauté était morte, et que la couleur qui avait longtemps représenté la nation était le *rouge*. A leurs yeux, le prestige du drapeau tricolore, devenu, sous Louis-Philippe, l'étendard de la *paix à tout prix*, avait disparu. Renoncer à cet étendard, c'était répudier dix-sept ans d'une politique désormais condamnée. Le Peuple sentait cela si vivement, que, sur les barricades, il n'avait pas arboré d'autre drapeau que le drapeau rouge. L'ayant voulu pour le combat, il le voulait après la victoire.

On comprenait, en outre, qu'à des institutions nouvelles il faut de nouveaux emblèmes. D'alarmantes rumeurs avaient couru sur certains complots que méditaient les royalistes ; on parlait de sourdes manœuvres ; le Gouvernement provisoire, lui-même, n'inspirait pas à la population soupçonneuse des faubourgs une confiance sans limite, parce qu'il renfermait dans son sein, et des convertis de la veille comme M. de Lamartine, et des hommes qui passaient pour avoir penché un moment du côté de la régence. Ces dispositions rendaient chère au peuple la conquête d'un gage qui le rassurât contre la crainte de voir la République être autre chose qu'une halte sur la route des révolutions.

De là cette multitude de citoyens qui, dès le lendemain du combat, furent aperçus avec des rubans rouges à la boutonnière, sur toutes les places publiques, dans toutes les rues, le long des quais. Lord Normanby, lui-même, nous apprend qu'il remarqua quelques-uns de ses compatriotes qui se promenaient, portant une rosette rouge (1). Le fait est que le drapeau rouge fut demandé spontanément, et avec une passion où se révélait la profondeur des instincts populaires. La place de Grève se couvrit de cocardes rouges. Des drapeaux rouges flottaient aux fenêtres, et jusque sur les toits : le Conseil se réunit. J'exposai que l'ordre de choses où nous entrions demandait un symbole qui lui fût propre. Le temps n'était plus où l'on pouvait compter plusieurs nations dans la nation ; les vieilles distinctions de classes et de pouvoirs étaient effacées : pourquoi s'obstiner à représenter ce qui avait cessé d'être ? pourquoi ne pas adopter un signe éclatant de l'unité de la grande famille française, sous un pouvoir unique : la souveraineté du peuple ? Je ne me souviens pas d'avoir eu, en cette occasion, d'autre adversaire que M. de Lamartine, qui montra beaucoup de répugnance à rompre ainsi avec le passé. Toutefois, la discussion n'eut rien de violent ; et même, l'impression m'est restée que M. de Lamartine

(1) *A Year of Revolution in Paris*, t. I, p. 114.

commençait à paraître ébranlé, lorsque M. Goudchaux entra soudain, protestant, avec véhémence, contre un déploiement de forces populaires où il dénonçait le parti pris de nous intimider. Il fournissait de la sorte à M. de Lamartine un argument d'une singulière puissance. Quel homme de cœur ne se sentirait ému, à l'idée que son opinion peut sembler un sacrifice à la force? Le débat se termina par un compromis, dont le décret suivant fut la formule : « Le Gouvernement provisoire déclare que le drapeau national est le drapeau tricolore, dont les couleurs seront rétablies dans l'ordre qu'avait adopté la République française : sur ce drapeau sont écrits ces mots : RÉPUBLIQUE FRANÇAISE, *Liberté*, *Égalité*, *Fraternité*, trois mots qui expliquent le sens le plus étendu des doctrines démocratiques dont ce drapeau est le symbole, en même temps que ses couleurs en continuent les traditions.

« Comme signe de ralliement et comme souvenir de reconnaissance pour le dernier acte de la révolution populaire, les membres du Gouvernement provisoire et les autres autorités porteront la rosette rouge, laquelle sera placée aussi à la hampe du drapeau (1). »

De ce texte, omis par M. de Lamartine dans son livre, mais que chacun peut lire dans le *Moniteur* du 27 février 1848, il résulte que, loin d'avoir été rejetée, la couleur rouge fut adoptée solennellement comme symbole du pouvoir révolutionnaire, et, aux termes du décret, comme *signe de ralliement*.

Restait à faire part, de la décision prise, à la foule assemblée autour de l'Hôtel-de-Ville, tâche qui revenait naturellement à M. de Lamartine, puisque la question était, désormais, d'obtenir du peuple qu'il consentît à la conservation *conditionnelle* du drapeau tricolore.

Pour décrire et analyser la nature de M. de Lamartine, je ne saurais mieux faire que de lui appliquer ce que l'auteur de *Jane Eyre* met dans la bouche de l'héroïne de ce beau roman : « Ma seule consolation était de reposer les yeux de mon esprit sur les visions brillantes évoquées de-

(1) *Voy.* le *Moniteur* du 27 février 1848.

vant moi, lesquelles étaient en grand nombre et d'un étrange éclat; j'aimais à sentir mon cœur soulevé par des mouvements qui, en le remplissant de trouble, y éveillaient toutes les puissances de la vie, et, par-dessus tout, j'aimais à ouvrir mon oreille intérieure à un conte sans fin que mon imagination ne cessait de créer et de raconter, conte merveilleux où elle rassemblait les mille incidents divers, la poésie, le feu, les sentiments, que je cherchais, sans les trouver, dans mon existence réelle. » Oui, tel était M. de Lamartine. Jouet d'une hallucination perpétuelle dont il était l'objet autant que le créateur, il rêvait, en son honneur, toutes sortes de rêves enchantés, que sa crédulité poétique transformait en choses vivantes; il voyait ce qui n'était pas visible ; il ouvrait son oreille intérieure à des sons impossibles; il se laissait délicieusement aller à raconter aux autres chacun des contes que son imagination lui racontait à lui-même. Honnête, mais sous le charme, il ne vous aurait pas trompé, s'il n'avait été trompé le premier par l'aimable démon qui le possédait. Je rends hommage aux qualités éminentes qui le distinguaient; mais, s'il faut que j'en fasse l'aveu, je regarde ses récits comme les confessions d'un mangeur de hachich.

Je ne m'amuserai donc pas à réfuter, une à une, en ces graves tableaux, les inventions charmantes de sa muse; je ne discuterai pas, un à un, les détails dont il a embelli l'involontaire roman de ses triomphes sur les multitudes orageuses; je ne me plaindrai même pas du rôle qu'il m'assigne, lorsque « à travers cette espèce de nuage que l'improvisation jette sur les yeux de l'improvisateur, » — ce sont les termes qu'il emploie — il me voit venir évanoui, porté sur les bras du peuple, et aussi pâle qu'un fantôme. Il serait puéril de traiter comme points d'histoire de simples illusions d'optique. Voici, toute exagération à part, ce qui eut lieu — et j'étais là.

Quoique la foule fût armée, M. de Lamartine s'avança vers elle avec courage, ainsi que firent, en pareille occasion, tous ses collègues, et, alors, ceux d'entre eux qui se trouvaient présents à l'Hôtel-de-Ville. Parmi cette foule, il y avait un certain nombre d'hommes surexcités, comme ce fut le cas pendant deux mois sur la place de Grève, au Luxembourg, à la préfecture de police, partout. Qu'un coup de fusil eût pu partir d'une main invisible et inconnue, soit; mais la vérité m'ordonne de dire que les relations de cet événement, toutes plus ou moins copiées de M. de Lamartine, ont enflé le péril outre mesure. En réalité, ce qui dominait les esprits, c'était une tendance au soupçon, rien de plus. M. de Lamartine avait une explication satisfaisante à donner, mais nulle disposition hostile à vaincre. D'ailleurs, c'est calomnier le peuple de Paris, que de le supposer un seul instant capable de frapper des hommes qui vont à lui désarmés et pleins de confiance. En de telles occurrences, on a pour bouclier, même contre une tentative partielle de violence, la générosité de la masse, qui ne se laisserait pas impunément déshonorer.

J'ai parlé de soupçons : toute l'éloquence de M. de Lamartine fut employée à les dissiper par d'habiles assurances. Il protesta que la conservation du drapeau tricolore n'impliquait en aucune manière l'intention de reculer vers le passé; que le Gouvernement provisoire était bien décidé à maintenir la République; que c'était comme à un symbole républicain qu'il tenait au drapeau tricolore. Et il alla si loin dans cette voie, que le motif qu'il donna de sa préférence pour le drapeau tricolore, comparé au drapeau rouge, fut cette phrase, si souvent citée depuis : « Le drapeau tricolore a fait le tour du monde avec le nom, la gloire et la liberté de la patrie; *le drapeau rouge n'a jamais fait que le tour du Champ de Mars, traîné dans le sang du Peuple.* »

Chose curieuse! cet argument de poëte, qu'on a tant répété, se trouve n'être qu'une énorme erreur historique. Il est absolument faux que, le 17 juillet 1791, le drapeau rouge ait été traîné autour du Champ de Mars dans le sang du Peuple. Il y a mieux : l'infortuné Bailly fut condamné à mort précisément pour n'avoir porté au Champ de Mars qu'une espèce de *drapeau de poche;* pour ne l'avoir pas déployé de manière à avertir la foule, et pour n'avoir pas fait précéder la fusillade des trois sommations requises. Si, le 17 juillet 1791, les formalités que la loi prescrivait et qui avaient pour but d'*éviter l'effusion du sang* eussent été observées, — la plus importante était le déploiement du drapeau rouge, — le sang du Peuple n'eût pas coulé du tout ; car la foule réunie au Champ de Mars était parfaitement inoffensive, désarmée, composée en partie de pères de famille, de femmes, d'enfants avec leurs bonnes, de marchandes de gâteaux de Nanterre, etc.; c'était un paisible, un joyeux rassemblement, tel qu'en offrent les jours de fête ou de gai soleil, et il ne demandait pas mieux que de se dissiper... si on lui en eût laissé le temps (1).

Une autre remarque digne d'être pesée est celle-ci. Que le crime du drapeau rouge, aux yeux des ennemis de la République, ait été d'avoir flotté sur les barricades pendant le combat, cela se comprend de reste. Mais ils se gardèrent bien de mettre en avant ce motif, qui était le véritable. Ils affectèrent de repousser le nouvel emblème comme n'exprimant que des idées d'anarchie et de sang : ils oubliaient que, jusqu'à la révolution de février, et aux termes de la loi martiale, le drapeau rouge n'avait jamais été déployé que dans les heures d'orage, par les agents des autorités constituées, non pour faire couler le sang, mais, au contraire, pour en prévenir l'effusion ; non pour déchaîner l'anarchie, mais, au contraire, pour maintenir l'ordre. De sorte qu'un drapeau qui, au point de vue légal, était le *drapeau de l'ordre*, fut tout à coup baptisé *drapeau de l'anarchie;* et par qui? Par le prétendu *parti de l'ordre !*

On se rappelle ce qui suit. M. de Lamartine fut élevé jusqu'aux nues, pour avoir triomphé de ce fléau du genre humain... la couleur rouge; et nul ne prit garde, pas même lord Normanby, qui était en communication continuelle avec M. de Lamartine, que le vainqueur de la couleur rouge était obligé de porter, et portait en effet, une rosette rouge à sa boutonnière, en vertu d'un décret signé de sa propre main !

Mais non : tous les ennemis de la République s'accor-

---

(1) *Voy.* le procès de Bailly dans l'*Histoire parlementaire*, t. XXI, et, dans le t. V de mon *Histoire de la Révolution*, le chapitre intitulé *Massacre du Champ de Mars.*

dèrent à répandre que la société venait d'échapper à une ruine complète ; que ce miracle était dû à certaines paroles magiques tombées d'une bouche d'or, et qu'une république, quelque incompréhensible que cela pût paraître, s'était installée sans mettre tout à feu et à sang.

Pendant ce temps, cent mille ouvriers, armés de pied en cap et affamés, veillaient sur Paris avec une sollicitude héroïque ; les sanguinaires partisans du drapeau rouge, alors maîtres du pavé, empêchaient qu'un cheveu ne tombât de la tête de qui que ce fût ; les maisons des riches étaient gardées par des pauvres, et des hommes en haillons faisaient sentinelle à la porte de leurs calomniateurs !

Voici, relativement à l'affaire du *drapeau rouge*, une lettre écrite au *Siècle* par un témoin oculaire, M. Corbon, ancien représentant du peuple. Elle confirme ce qui est dit plus haut sur les dispositions du peuple dans la circonstance dont il s'agit :

« Prié par plusieurs membres du gouvernement provisoire de me mettre à sa disposition avec mes amis du journal l'*Atelier*, je revenais, le vendredi 25, dans le milieu du jour, à l'Hôtel-de-Ville, où j'avais passé la nuit précédente. La foule, qui encombrait l'escalier et les abords de l'appartement où se tenait le gouvernement, était tellement compacte, qu'après de longs efforts je dus renoncer à arriver au but et me réfugier, avec deux amis qui m'accompagnaient, dans le grand salon, dont les fenêtres donnent toutes sur la place.

« Il était dans un état de délabrement qui lui donnait plutôt l'air d'un corps de garde que du salon d'honneur de l'Hôtel-de-Ville. Attendant depuis quelque temps une complète restauration, il n'avait pour meubler que deux ou trois tables de cabaret, apportées dans la nuit, des verres, deux ou trois bouteilles. Pour siéges, quelques tabourets. Contre le mur du fond se trouvaient encore deux canapés recouverts de velours rouge, restes de l'ancien ameublement.

« Je décris l'état de cette salle, parce que cela importe à l'histoire, attendu que là s'est passé le prologue du drame qui s'est déroulé sous mes yeux.

« Il y avait là trois ou quatre personnes seulement quand nous y arrivâmes, mes deux compagnons et moi. Au fond de la salle était un individu de haute taille, la tête grisonnante, à face large et enluminée, qui avait une plaie à la tempe droite. Un jeune homme, en uniforme de chirurgien sous-aide de la garde nationale, le pansait. Nous nous assurâmes que le blessé était un individu qui tout simplement s'était laissé choir sur les pavés d'une barricade.

« Après lui avoir entouré le front d'un bandage blanc, le chirurgien fit monter le blessé sur une table, contre l'une des fenêtres, et le montra à la foule immense qui se pressait sur la place. Il fut pris pour un combattant de la veille, et salué par de longs applaudissements. Le chirurgien, voyant l'effet qu'il avait produit, eut la pensée d'en produire un autre, toujours avec le même individu. Ayant avisé les canapés, il prit ses ciseaux de pansement, et, en un clin d'œil, il enleva le velours rouge de l'un des deux, le jeta comme un voile sur la tête du blessé, et exposa de nouveau celui-ci à la vue des masses populaires.

« L'effet réussit parfaitement, et, tout heureux de son idée, le sous-aide, ayant retiré son homme, jeta à la foule le velours rouge. Non content de cela, il fit l'opération au second canapé, avec l'aide, il faut le dire, de l'un de mes deux compagnons, et le second morceau de velours suivit la même route que le premier. Nous regardâmes tous ce qu'en bas on allait faire de ces deux pièces.

« Dans le groupe qui les avait reçues, des voix s'écrièrent : « Il faut en faire des drapeaux ! » L'idée prit bien ; deux manches à balai furent bientôt trouvés, et les deux pièces de velours, hissés au bout, furent promenées parmi la foule.

« Jusque-là, rien de grave et surtout rien d'offensif. Mais des individu toqués par la peur du drapeau rouge, ou des intrigants voulant fair les bons apôtres auprès du gouvernement, arrivèrent à lui tout effarés, jetant le cri d'alarme, disant que l'ennemi était aux portes, que le parti rouge arrivait en masses profondes avec son drapeau en tête et que la patrie courait les plus graves et les plus imminents dangers.

« Le gouvernement, qui ne connaissait la manifestation que par ce qu'on lui en apprenait, crut à la réalité de ce qu'on lui disait. Il prit immédiatement la résolution d'aller au devant de ce qu'il croyait être le danger, et y alla bravement. En cette circonstance, chacun de ses membres était parfaitement résolu à donner sa vie pour épargner à la république une crise qui eût pu la perdre.

« Cependant, arrivés tous sur le perron, ils furent accueillis par de chaleureux applaudissements, qui durent les rassurer. Ils laissèrent parler leur orateur habituel, Lamartine, qui fut écouté avec un profond recueillement. A peine pouvait-on voir dans la foule, et nous étions les mieux placés pour voir, quelques individus essayant de provoquer des murmures et ne s'y essayant qu'avec timidité, de peur, assurément, de se faire un mauvais parti, tant cette foule était animée d'affreux sentiments.

« Lamartine avait à peine fini sa harangue que les gens du peuple lui prenaient les mains et les lui embrassaient avec une effusion indicible. Louis Blanc était enlevé et porté en triomphe ; et l'on n'entendait que les cris de : Vive le gouvernement provisoire ! Vive la République ! cent fois répétés et partant de tous les points de cette mêlée immense.

« Voilà l'histoire vraie, l'histoire racontée en réaliste. Elle ne diminue en rien ni Lamartine ni le gouvernement provisoire. Tous ses membres ont cru au péril, et ils n'ont pas hésité à faire leur devoir. Et tout esprit calme qui se donnera la peine de réfléchir un peu, comprendra que ce ne serait pas avec quelques paroles, si éloquentes qu'elles fussent, qu'un homme aurait eu raison d'un parti ayant pour lui la force populaire et décidé à s'emparer du gouvernement pour établir ce qu'on appelle la dictature rouge.

« La vérité d'ailleurs est que ce parti n'existait pas alors, si tant est qu'il ait sérieusement existé plus tard. Ce qu'il y avait alors, c'était un nombre, relativement fort petit, d'esprits surexcités par l'avènement de la démocratie, lesquels auraient pensé faire œuvre hardie en substituant un drapeau à un autre, le rouge au tricolore. Voilà tout. Les partisans de la dictature ne se sont montrés que plus tard, et je ne dirai pas que c'étaient « des individualités sans mandat, » je dirai que c'étaient des individualités sans lien et sans suite.

« Non, Lamartine n'a pas sauvé la société en cette fameuse journée, ou plutôt il l'a sauvée d'un danger imaginé après coup, et qu'on a trop exploité.

« Encore un mot cependant. Le premier acte de la manifestation du 25 février a eu pour origine un incident sans gravité aucune. Si le deuxième acte, l'intervention du gouvernement, a eu sa grandeur, le dénouement est tout à l'honneur du peuple qui, souffrant depuis longtemps de la cherté du pain, du manque d'ouvrage, ne montrait là que confiance dans la sagesse de ses élus, et les acclamait avec bonheur quand ils venaient se mêler à lui. On le calomnie donc honteusement quand on veut faire croire qu'il était en disposition de faire courir des dangers à la société. Voilà mon témoignage. »

CHAPITRE SEPTIÈME

LE DROIT AU TRAVAIL

Sommation populaire faite au Gouvernement provisoire. — L'ouvrier Marche. — Décret reconnaissant le droit au travail. — Fausse interprétation donnée à ce décret. — Sa défense par l'économiste anglais John Stuart Mill. — Le principe et l'application. — Journée du 28 février. — Députation envoyée au Gouvernement provisoire pour demander la création d'un ministère du Travail. — J'appuie cette demande au sein du Conseil. — Opposition véhémente de M. de Lamartine : j'offre ma démission : elle est repoussée. — Le Conseil institue, comme moyen terme, la Commission de gouvernement pour les travailleurs. — Motifs qui me firent accepter la présidence de cette Commission.

Dans la matinée du 25 février, nous étions occupés de l'organisation des mairies, lorsqu'une rumeur formidable enveloppa tout à coup l'Hôtel-de-Ville. Bientôt, la porte de la chambre du Conseil s'ouvrit avec fracas, et un homme entra qui apparaissait à la manière des spectres. Sa figure, d'une expression farouche alors, mais noble, expressive et belle, était couverte de pâleur. Il avait un fusil à la main, et son œil bleu, fixé sur nous, étincelait. Qui l'envoyait ? que voulait-il ? Il se présenta au nom du peuple, montra d'un geste impérieux la place de Grève, et, faisant retentir sur le parquet la crosse de son fusil, demanda la reconnaissance du Droit au Travail.

Je dois avouer que la forme menaçante de cette sommation éveilla en moi un sentiment involontaire de fierté; mais, domptant aussitôt ce mouvement, injuste à l'égard de qui réclamait son droit, je me sentis bien aise, au fond, qu'une pression dont je n'avais pas à répondre forçât la réalisation du plus cher de mes vœux. M. de Lamartine, fort peu versé dans l'étude de l'économie politique, et à qui l'on avait fait peur des idées nouvelles comme on fait peur aux enfants de quelque châtiment fantastique, s'avança vers l'étranger d'un air caressant, et se mit à l'envelopper des plis et replis de son abondante éloquence. Marche — c'était le nom de l'ouvrier — fixa pendant quelque temps sur l'orateur un regard où perçait une impatience intelligente; puis, accompagnant sa voix d'un second retentissement de son mousquet sur le sol, il éclata en ces termes : « Assez de phrases comme ça ! » Je me hâtai d'intervenir; j'attirai Marche dans l'embrasure d'une croisée, et j'écrivis devant lui le décret suivant, auquel M. Ledru-Rollin fit ajouter la clause qui le termine :

« Le Gouvernement provisoire de la République française s'engage à garantir l'existence de l'ouvrier par le travail;

« Il s'engage à garantir du travail à tous les citoyens;

« Il reconnaît que les ouvriers doivent s'associer entre eux pour jouir du bénéfice de leur travail;

« Le Gouvernement provisoire rend aux ouvriers, auxquels il appartient, le million qui va échoir de la liste civile (1). »

Lord Normanby, à ce sujet, raconte ce qui suit :

« Lorsque la première députation turbulente arriva à l'Hôtel-de-Ville, réclamant le droit au travail et de l'ouvrage assuré, Louis Blanc lui-même entreprit de la mettre dans le droit chemin.

(1) *Voy.* le *Moniteur* du 26 février 1848. — Le récit que M. Garnier-Pagès fait de cette scène, dans son *Histoire de la révolution de Février*, contient plusieurs inexactitudes. Je n'en relèverai qu'une, parce que celle-là touche à une question de principes. M. Garnier-Pagès me présente comme partisan de l'association *forcée* des ouvriers ! Ses souvenirs ne l'auraient pas trompé à ce point, s'il lui était jamais arrivé de me lire...

« — Eh bien ! dit-il avec un calme parfait, vous êtes ouvrier?

« — Oui, monsieur, je le suis, nous le sommes tous.

« — Venez donc, vous qui en savez plus que nous ; mettez-vous à côté de nous, et écrivez comment ça se fera.

« L'homme parut déconcerté, se gratta le front.

« — Mais, dame! c'est que je ne sais pas écrire.

« — N'importe, je ferai le secrétaire, dictez. Comment voulez-vous que cela se fasse?

« — 1° Ouvrage assuré pour tout le monde.

« — Bien, c'est écrit.

« — 2° Que l'ouvrage soit payé

« — Bien !

« — 3° (*Longue pause.*) Mais... comment assurer ça? Mais... c'est que je n'en sais rien !

« Sur quoi, les autres se prirent à rire. Louis Blanc profita de cet heureux moment pour ajouter :

« — Vous le voyez, mes amis, ce sont là choses qui demandent quelque réflexion. Faites en sorte de ne pas troubler l'ordre, qui est la meilleure garantie du travail, et, pour le reste, fiez-vous à nous qui avons à cœur vos intérêts.

« Là-dessus, la députation se retira en belle humeur(1). »

Si, par le tour donné à ce récit, et certains ornements dont je suis tenu, en bonne conscience, de lui renvoyer l'honneur, lord Normanby a cru rendre la demande du Droit au Travail ridicule, et me classer parmi ceux qui ont *le* sot orgueil de refuser au peuple toute intelligence de ses propres affaires, je dois dire que Sa Seigneurie a manqué entièrement son but. Je me souviens, en effet, qu'un homme du peuple réclamant d'un ton impérieux la réalisation immédiate, à heure dite, du problème le plus difficile des temps modernes, et tous ses camarades s'accordant à le désapprouver, j'eus recours, pour lui faire sentir ce que ses exigences avaient de déraisonnable en leur exagération, au moyen que lord Normanby rappelle; mais

---

(1) *A Year of Revolution in Paris*, t. I, pp. 167, 168.

j'eus soin d'éviter tout ce qui, dans le récit précité, a le caractère d'une leçon donnée de manière à humilier l'individu qui la reçoit, et lord Normanby peut tenir pour certain que, si j'eusse violé en quoi que ce fût ces règles de bienséance et de délicatesse dont le peuple de Paris a un sentiment si vif, les ouvriers présents ne se fussent pas si fort pressés de prendre parti contre leur camarade.

Et ce fait, après tout, que prouve-t-il, sinon le bon sens de ce même peuple, objet des dédains du noble marquis? Non, non, la reconnaissance officielle du Droit au Travail ne fut point entendue par les ouvriers dans le sens d'un engagement pris par le Gouvernement provisoire de réaliser ce droit à point nommé, du jour au lendemain. Le mélange d'impatience légitime et de résignation courageuse qui faisait le fond de leurs sentiments, ils l'exprimèrent par cette énergique formule : « Nous mettons trois mois de misère au service de la République. » C'était dire au Gouvernement que l'amélioration du sort des classes souffrantes devait être désormais la plus ardente de ses préoccupations.

Et là aussi était, à mes yeux, l'importance du décret. Je n'ignorais pas jusqu'à quel point il engageait le Gouvernement; je savais à merveille qu'il n'était applicable qu'au moyen d'une réforme sociale ayant l'association pour base, et, pour but ultérieur, l'abolition du prolétariat. Mais ce que je voulais, c'est que le pouvoir se trouvât lié par une promesse solennelle et amené de la sorte à mettre activement la main à l'œuvre.

Le décret du 26 février ayant fourni matière à une foule d'attaques passionnées, surtout en Angleterre, j'en confierai la défense à un homme que les Anglais ont depuis longtemps appris à respecter, homme de cœur et d'intelligence s'il en fut, et, très-certainement, le premier économiste de notre époque : M. John Stuart Mill.

« Il est étrange, dit-il, que cet acte du Gouvernement provisoire ait rencontré ses censeurs les plus amers dans des journalistes qui ne tarissent pas sur l'excellence de la « loi des pauvres » d'Élisabeth ; et l'on ne conçoit pas que les mêmes personnes déclarent si mauvais, pour la France, ce qu'elles approuvent si fort, relativement à l'Angleterre et à l'Irlande ; car le Droit au Travail, c'est la loi des pauvres d'Élisabeth, et rien de plus. Secours assuré à qui ne peut travailler, travail garanti à qui le peut, tel est l'acte d'Élisabeth, et telle la promesse que le Gouvernement provisoire est si coupable d'avoir faite à la France !

« Non-seulement le Gouvernement provisoire n'a offert rien de plus que l'acte d'Élisabeth, mais il l'a offert d'une manière et dans des conditions de beaucoup préférables. Dans le système anglais de la paroisse, la loi confère à chaque pauvre le droit de demander, pour lui-même individuellement, ou du travail, ou de l'assistance sans travail. Le Gouvernement provisoire n'eut pas en vue de reconnaître semblable droit ; il n'entendit pas faire l'aumône aux individus ; son action ne devait s'exercer que sur le marché général du travail ; son plan était de créer, là où il était manifesté que le travail manquait, la quantité d'emploi productif requise, au moyen de fonds avancés par l'État. Mais la question, pour l'État, n'était nullement de chercher du travail à A ou à B. Dans le système du Gouvernement provisoire, l'État se réservait le choix des ouvriers à employer ; il n'affranchissait personne de la nécessité de pourvoir à sa subsistance par ses propres efforts ; tout ce qu'il entreprenait, c'était d'aviser à ce que l'emploi ne fît pas défaut. Inutile de dire que l'intervention du gouvernement en faveur des travailleurs considérés d'une manière collective, est infiniment moins fâcheuse que cette intervention de la paroisse, qui consiste à fournir de l'emploi à tout individu bien portant qui n'aura pas été assez honnête ou assez actif pour s'en procurer lui-même.

« Le Droit au Travail, tel que le Gouvernement provisoire le comprit, n'appelle pas les objections qu'on peut élever contre la loi des pauvres ; il soulève la plus fondamentale des objections, celle qui se rapporte au principe de la population. Mais, à part cela, nul ne peut y trouver à redire. Au point de vue de quiconque ne tient pas compte du principe de la population, le Droit au Travail doit être la plus incontestable des vérités morales, et sa reconnaissance la plus sacrée des obligations politiques.

« Le Gouvernement provisoire pensa, comme doivent penser tous ceux dont l'esprit est élevé et le cœur exempt d'égoïsme, que la terre appartient, avant tout, aux êtres humains qui l'habitent ; que quiconque travaille à un objet utile doit être nourri et vêtu, avant que les hommes capables de travailler reçoivent le pain de la paresse. Ce sont là des axiômes moraux. Mais on ne saurait se diriger d'après un principe donné, abstraction faite des autres principes qui l'environnent. Le Gouvernement provisoire ne prit pas garde — et combien, parmi ses censeurs, y en a-t-il qui aient pris garde ? — que, si tout membre de la grande famille humaine a droit à une place au banquet que les efforts collectifs de son espèce ont préparé, il n'en résulte pas, pour chacun, le droit d'inviter à ce banquet, sans le consentement de ses frères, des convives surnuméraires. S'il en est qui agissent de la sorte, c'est sur la part qui leur revient que doit être prise celle des nouveaux venus. Il y a certainement assez et plus qu'il ne faut pour tous ceux qui *sont nés ;* mais il n'y a pas et il ne saurait y avoir assez pour tous ceux qui *peuvent naître ;* et si à chaque individu qui vient au monde on reconnaissait un droit absolu à porter la main sur le fonds commun, chacun bientôt en serait réduit à n'avoir tout au plus que de quoi vivre, et, même dans ces étroites limites, les ressources ne tarderaient pas à manquer. Ainsi donc, le Droit au Travail, réalisé conformément à la portée de la promesse qu'il contient, serait un présent fatal à ceux-là mêmes auxquels il s'agit de venir en aide, à moins que l'accroissement de la population ne fût arrêté de manière à servir d'équivalent à l'accroissement de la consommation.

« Le fait est que le Gouvernement provisoire avait raison, et que ceux-là aussi ont raison, qui le condamnent. Il y a une moitié de la vérité d'un côté, et une moitié du côté opposé. Ces deux moitiés se rejoindront un jour. Peut-être le résultat pratique de la vérité entière serait-il que toutes les personnes vivantes se garantissent les unes aux autres, par l'intermédiaire de leur représentant commun, l'État, la possibilité de vivre en travaillant, sauf à abdiquer le droit de propager l'espèce à leur gré et sans limites, auquel cas riches et pauvres devraient se soumettre également aux règles prescrites par l'intérêt social. Mais avant qu'une pareille solution du problème ait cessé de paraître visionnaire, il faut qu'une révolution presque complète s'accomplisse dans les idées et les sentiments du genre humain (1). »

Voilà sous quel jour la question du Droit au Travail est apparue à un des esprits les plus éminents de l'Angleterre moderne. On voit que l'unique objection qu'il fasse à la reconnaissance solennelle du Droit au Travail est tirée de considérations qui ont trait à l'excès de la population, qu'il est, selon lui, très-dangereux d'encourager. Nous ferons observer à M. John Stuart Mill, avec tout le respect dû à sa haute intelligence, que les règles propres à la vie de famille en France ôtent à son objection beaucoup de sa force. En France, pour garantir la table du banquet social contre une ruineuse invasion de convives surnuméraires, il n'est aucunement besoin d'avoir recours à des lois prohibitives. Ce qui met obstacle, dans notre pays, au débordement de la population, c'est le bon sens et la prévoyance de tout père de famille qui se trouve dans l'aisance. Parmi ceux-là, il en est peu qui ne mesurent le nombre de leurs enfants à l'étendue de leurs ressources, pour les élever d'abord, et ensuite pour les mettre en état de se suffire. Une description statistique de la France a montré, il n'y a pas longtemps, que, loin de s'accroître d'une manière alarmante, la population en France reste plutôt stationnaire. S'il y a un excès dont on doive se préoccuper, c'est précisément dans la classe des hommes pauvres et *sans emploi :* d'où notre mot français *prolétaires*. Et pourquoi? Parce que, pour celui auquel le présent échappe, il n'y a pas lieu de prendre souci de l'avenir ; parce que pauvreté et prévoyance sont des termes contradictoires ; parce que

---

(1) Défense de la révolution de 1848, en réponse à lord Brougham et autres. *Voy. Westminster and Quarterly Review*, for april 1849, pp. 31-33.

le culte d'un sensualisme brutal est le résultat logique d'une condition qui n'offre pas d'autres sources de joie ; parce qu'enfin le pauvre, habitué qu'il est à vivre au jour le jour, est naturellement conduit à s'en remettre, pour ses enfants comme pour lui, *à la grâce de Dieu !* D'où il résulte que le manque de travail mène à l'accroissement de la population par l'accroissement de la pauvreté, tandis que les conséquences pratiques du Droit au Travail, proclamé avec sincérité et mis en mouvement avec sagesse, seraient, au contraire, de poser une limite à cette reproduction aveugle de l'espèce, qui dérive de l'action combinée de l'ignorance, de l'insouciance et des loisirs forcés.

Quoi qu'il en soit, ceux qui ont lancé contre le Droit au Travail tant d'anathèmes feront bien de méditer la comparaison établie par M. John Stuart Mill entre cette mesure, si violemment attaquée, et la loi des pauvres d'Élisabeth. Surtout, qu'ils n'oublient pas ces mots remarquables : « Au point de vue de quiconque ne tient pas compte du principe de la population, le Droit au Travail doit être *la plus incontestable des vérités, la plus sacrée des obligations politiques.* »

Que si, maintenant, on considère la demande prise en elle-même, quelle élévation de sentiments ne trahissait-elle point, de la part du Peuple ? Il était maître de Paris, alors, et, le lendemain d'une révolution qui l'investissait d'un pouvoir souverain, que demanda-t-il ? *Du pain et des spectacles, panem et circenses ?* Non : *Du pain gagné par le travail.* Était-ce trop ? Rien n'atteste d'une façon plus frappante le progrès des âges, et cette hauteur d'âme que, dans les circonstances orageuses qui sont ici rappelées, le peuple de Paris déploya.

Le principe proclamé, restait à lui donner vie, par la création immédiate d'un ministère dont ce fût là l'objet spécial. Et le peuple ne l'entendait pas autrement.

Le 28 février, le Conseil était réuni. Soudain, du haut des fenêtres de l'Hôtel-de-Ville, nous vîmes le peuple couvrir la place de Grève, et s'y ranger, pour ainsi dire, en bataille. Au-dessus des têtes pressées flottaient de nombreuses bannières où étaient écrits ces mots : *Ministère du*

Travail! — Organisation du travail! Presque au même instant, une députation du peuple nous fut annoncée. Il s'agissait de se décider. Je n'hésitai pas à me prononcer pour qu'on fît droit au vœu populaire. La Révolution avait un sens social : que tardait-on à la définir ? La Révolution venait de révéler le vrai souverain, et ce souverain le prolétariat le retenait esclave : que tardait-on à reconnaître cette poignante anomalie ? Créer un ministère qui fût celui de l'avenir, remplacer par une organisation fraternelle du travail l'anarchie qui couvait sous son vaste désordre l'oppression de la multitude et faisait hypocritement porter à son esclavage les couleurs de la liberté, voilà ce qui était à faire.

Ces conclusions rencontrèrent dans M. de Lamartine un contradicteur plein de véhémence. Il déclara que nous n'étions pas pouvoir constituant ; qu'il ne nous était pas permis d'engager sur des points de cette importance l'opinion de l'assemblée future ; qu'il ne concevait pas la nécessité du ministère proposé ; que, quant à l'organisation du travail, il ne l'avait jamais comprise et ne la comprendrait jamais.

La majorité applaudit, et sur-le-champ j'annonçai ma retraite ; car, selon moi, représenter dans un gouvernement autre chose que son idée, c'est la dernière des humiliations, et désirer le pouvoir pour le pouvoir même, c'est être le dernier des hommes.

Ma démission fut repoussée vivement, et, comme j'insistais, on m'offrit la présidence d'une commission au sein de laquelle, en attendant l'Assemblée, les questions sociales seraient élaborées et discutées.

Ainsi, au lieu d'un ministère ayant sous la main des bureaux, des agents, un budget, des ressorts administratifs, un pouvoir effectif, des moyens d'*application*, des ressources pour *agir*, on proposait... quoi ? L'ouverture d'une orageuse école où j'étais appelé à faire un cours sur la faim, devant le peuple affamé ! Ai-je besoin de dire avec quelle énergie je rejetai cette offre pleine de périls ? Alors, prenant la parole d'une voix émue, M. François Arago m'adjura de ne point persister dans un refus au fond duquel était le soulèvement de Paris. Il invoqua contre moi l'autorité de son âge. Il ébranla dans mon cœur toutes les puissances d'une ancienne et persévérante affection. Il se montra prêt à siéger dans la commission, et à y siéger en qualité de vice-président. J'aimais M. François Arago, je le respectais ; sa sincérité n'avait jamais été et ne fut jamais pour moi l'objet d'un doute ; son abnégation m'embarrassait et me touchait à la fois... Mais, en de pareils moments, ce n'est qu'au fond de soi-même qu'il faut chercher l'inspiration et la lumière.

Cruelle alternative !

Si je cédais, j'allais avoir sur les bras une multitude souffrante, animée d'impatients désirs, impérieuse, souveraine, sans autre pouvoir pour la contenir que celui de la parole ; j'acceptais, dans ce qu'elle avait de plus violent, la responsabilité d'une situation qu'on me refusait le moyen de dominer ; je me livrais aux défiances, et, bientôt peut-être, aux emportements du peuple, justement irrité d'attendre ; j'exposais les idées que je crois vraies au discrédit dont il était possible qu'elles fussent frappées par défaut d'application ; qui sait ? j'affrontais un abîme.

Si je persistais, pouvais-je répondre des suites ? Une scission éclatant dans le Gouvernement, en de telles circonstances et pour de tels motifs, ne donnerait-elle pas le signal d'une insurrection populaire ? Au milieu de la guerre civile, la République ne risquerait-elle pas de devenir furieuse ou de périr ? Et puisque par une étrange fatalité je me trouvais placé entre deux sortes de responsabilités redoutables l'une et l'autre, ne valait-il pas mieux choisir celle qui, du moins, ne m'apparaissait pas dans le sang ?

Voilà de quelles pensées diverses mon esprit fut tourmenté pendant ces heures terribles !

Je me rappelais, d'autre part, le mot célèbre : *Mens agitat molem ;* je me disais qu'une occasion souveraine se présentait pour le socialisme d'avoir à sa disposition une tribune d'où il parlerait à toute l'Europe ; que ce n'était pas une œuvre à dédaigner que la propagande faite au profit d'une grande idée, du haut d'une grande situation ; que ce n'était pas un médiocre pouvoir que celui de mettre en discussion, devant une multitude immense, le royaume du mal. Eh! qu'importait, après tout, qu'on renversât l'homme, qu'on le foulât aux pieds, si l'œuvre survivait, si le sillon était creusé ?

Ces dernières considérations me décidèrent. Il fut arrêté immédiatement qu'une Commission de gouvernement pour les travailleurs serait instituée, qu'Albert en serait le vice-président et qu'elle siégerait au Luxembourg. On fit entrer la députation.

Un ouvrier mécanicien, aux manières froides et fermes, au visage austère, s'avança tenant un papier à la main, et lut la pétition qui réclamait la création d'un Ministère du Travail. Répondre, je ne le pouvais faire selon ma conscience, sans dévoiler la discussion qui venait d'avoir lieu et sans trahir mes collègues. Ce fut M. de Lamartine qui prit la parole. Pendant qu'il parlait, l'incertitude se peignait sur le visage des envoyés du Peuple. Ils m'interrogèrent du regard, et, comme s'ils eussent lu dans le mien ce qui se passait au fond de mon âme, ils se retirèrent en silence.

Je rédigeai le décret suivant, que le *Moniteur* publia le lendemain avec les signatures de tous les membres du Gouvernement provisoire :

« Considérant que la révolution faite par le peuple doit être faite pour lui :

« Qu'il est temps de mettre un terme aux longues et iniques souffrances des travailleurs ;

« Que la question du travail est d'une importance suprême ;

« Qu'il n'en est pas de plus haute, de plus digne des préoccupations d'un gouvernement républicain ;

« Qu'il appartient surtout à la France d'étudier ardemment et de résoudre un problème posé aujourd'hui chez toutes les nations industrielles de l'Europe ;

« Qu'il faut aviser, sans le moindre retard, à garantir au Peuple les fruits légitimes de son travail ;

« Le Gouvernement provisoire de la République arrête :

« Une commission permanente, qui s'appellera *Commis-*

sion de gouvernement pour les travailleurs, va être nommée avec mission expresse et spéciale de s'occuper de leur sort.

« Pour montrer quelle importance le Gouvernement provisoire attache à la solution de ce grand problème, il nomme président de la *Commission de gouvernement pour les travailleurs* un de ses membres, M. Louis Blanc, et pour vice-président un autre de ses membres, M. Albert, ouvrier.

« Des ouvriers seront appelés à faire partie de la Commission.

« Le siége de la Commission sera au palais du Luxembourg. »

Ce décret n'était, certes, pas de nature à répondre entièrement aux désirs que la Révolution avait éveillés. Toutefois, il leur ouvrait une issue ; il appelait pour la première fois le Peuple à la discussion publique de ses intérêts ; il faisait de la solution de ce problème : *abolition du prolétariat*, la grande affaire du moment ; il mettait au premier rang des questions dignes de la sollicitude d'un gouvernement républicain la question du travail. Voici comment le *Moniteur* rend compte de l'annonce qui en fut faite au Peuple :

« De nombreuses corporations d'ouvriers, portant des drapeaux et formant une foule d'au moins cinq ou six mille personnes, se sont présentées aujourd'hui, à trois heures, sur la place de l'Hôtel-de-Ville, pour demander qu'un *Ministère du Travail et du Progrès* fut institué. Après avoir reçu quelques députations, le Gouvernement provisoire, représenté par MM. Arago, Louis Blanc, Marie, Bethmont, est descendu sur la place de Grève, au milieu des ouvriers. M. Arago a pris la parole à plusieurs reprises, de groupe en groupe, excitant partout sur son passage les plus chaleureuses acclamations. M. Louis Blanc s'est ensuite adressé au peuple, et lui a annoncé la formation de la COMMISSION DE GOUVERNEMENT POUR LES TRAVAILLEURS, laquelle doit se réunir dès demain au palais du Luxembourg, et commencer immédiatement ses travaux, avec le concours de tous les hommes compétents, notamment d'ouvriers désignés par leurs camarades. M. Louis Blanc a dit que la force du Gouvernement provisoire était dans la confiance du peuple, et la force du peuple dans sa modération ; qu'i fallait à la fois que sa fermeté imposât aux malveillants, et que son calme laissât au Gouvernement provisoire la liberté d'esprit nécessaire à ses délibérations. Les plus vifs applaudissements ont accueilli ces paroles, et M. Louis Blanc, que sa petite taille dérobait aux regards de la foule, enlevé sur les épaules de deux ouvriers, a été porté autour de la place au milieu des acclamations (1). ».

Hélas ! à la vue de ces élans de naïf et affectueux enthousiasme, je sentis mon cœur se briser. Je me demandai, avec une angoisse secrète, si je pourrais m'acquitter par des services effectifs de la dette que m'imposaient les témoignages de la sympathie populaire. Tout un monde de noires conjectures s'ouvrit à ma pensée. Elle était de sinistre augure, cette crainte que la majorité du Conseil avait manifestée, à la seule idée d'un commencement de rénovation sociale ! Nous serait-il possible d'agir en commun ?... Et, dans le cas contraire, combien fatal le dénoûment !

(1) Voy. le *Moniteur* du 1er mars 1848.

CHAPITRE HUITIÈME

LE LUXEMBOURG — LE SOCIALISME EN THÉORIE

Une visite au duc Decazes. — Les ouvriers sur les siéges des pairs de France. — Albert; ses antécédents, son attitude au sein du Conseil, son abnégation et son dévouement. — Mes pressentiments en entrant au Luxembourg. — Etat précaire de l'industrie et de la production en France lors de la chute de Louis-Philippe. — Manufacturiers demandant eux-mêmes une enquête sur la question du travail. — La révolution de 1848 et la crise industrielle. — Travail socialiste antérieur à cette révolution et ignoré des hommes d'État de la monarchie. — Installation de la Commission de gouvernement pour les travailleurs. — Proclamation aux ouvriers. — Doctrines présentées comme but ultérieur; mesures transitoires. — Le travail attrayant. — Exemple des effets qu'il est permis d'en attendre. — La colonie de Petit-Bourg. — L'égalité relative : autre exemple. — Définition de la liberté sociale par M. Thiers. — Conclusion à en tirer. — Émancipation du travail préparée par une intervention de l'État. — Solidarité entre les ateliers d'une même industrie, d'abord; entre toutes les industries, ensuite. — Projet de loi, sur ces bases, présenté par la Commission du Luxembourg. — Opinion de M. John Stuart Mill.

Quand je quittai le collége, j'étais presque enfant; et néanmoins, sous l'empire de circonstances de famille très-dures, très-pressantes, je dus chercher à me faire, par mes propres efforts, une place dans la vie. Au nombre des amis de ma mère était un homme d'un grand mérite, M. Flaugergues, le même qui, vice-président du Corps législatif à l'époque où le premier empire agonisait, prononça ces belles paroles, à la nouvelle du désastre de Waterloo :

« Du calme, messieurs. Après la bataille de Cannes, l'agitation était dans Rome, et la tranquillité dans le Sénat. » M. Flaugergues avait des vues fort libérales, un caractère indépendant et fier : de là son peu d'influence dans les salons ministériels; mais je le savais lié avec M. Decazes, grand référendaire de la Chambre des pairs, et j'eus recours à lui. De ce qui se passa, j'ai conservé un vif souvenir. Un beau matin, M. Flaugergues me mène au Luxembourg. On l'annonce. Le duc, assis sur son lit, était en train, je me le rappelle, de lire *le Constitutionnel*. M. Flaugergues, après les formalités d'usage, me recommande à la bienveillance du grand référendaire. Lui, se tourne lentement vers moi, et, d'un geste protecteur, me frappant sur la joue : « Eh bien, nous verrons ce qu'on peut faire pour ce petit garçon. » Je sortis, et ne le revis plus. Étrange moquerie du destin! Le 1er mars 1848, il était donné à ce petit garçon de coucher dans le lit où il avait vu le duc assis, plusieurs années auparavant, et que le duc venait de quitter (1).

Mais, en fait de rapprochements, combien plus extraordinaire le spectacle d'une assemblée d'ouvriers en blouse venant siéger dans le somptueux palais de Marie de Médicis, et dans cette même salle où les pairs de France avaient coutume de se réunir!

Quand je me rendis au Luxembourg, qui m'avait été assigné pour résidence, Albert m'accompagnait, en sa qualité de vice-président de la *Commission de gouvernement pour les travailleurs*. C'est à peine si, jusqu'à présent, j'ai parlé d'Albert. Le lendemain de la grande tourmente de février, parmi les personnes rangées, à l'Hôtel-de-Ville, autour de la table du Conseil, j'en remarquai une que je voyais alors pour la première fois. C'était un homme de taille moyenne, au visage pâle, aux traits réguliers, à la physionomie sévère, mais dont l'expression annonçait beaucoup de droiture. Ouvrier, il n'avait jamais vécu que

---

(1) C'est sans doute ce fait qui a donné naissance à la ridicule histoire de ma présentation à la duchesse de Dino par M. Pozzo di Borgo. C'est là un conte inventé à plaisir. Je n'ai jamais eu avec la duchesse de Dino le moindre rapport. Je ne l'ai vue de ma vie.

dans le monde des ouvriers. Son attitude me frappa. Jeté tout à coup dans la société d'hommes tels qu'Arago et Lamartine, le dernier si remarquable par l'élégance exquise de ses manières, Albert ne paraissait ni ébloui ni embarrassé, et sa modestie relevait la dignité de son maintien. Pendant la délibération, il garda le silence, prêtant une attention passionnée à chacune de nos paroles et arrêtant sur chacun de nous tour à tour un regard qui fouillait au fond de nos pensées. A l'issue du Conseil, il se leva, vint à moi, et me dit : « Je vois que vous aimez réellement le Peuple. » — Il me tendit cordialement la main, et nous fûmes amis.

Albert n'était pas un homme ordinaire. Absorbé dès son enfance, dans des travaux purement manuels, il n'avait pu donner beaucoup de temps à la culture de son esprit ; mais je m'aperçus bien vite qu'il avait une intelligence vive, un jugement sain, et un bon sens sur lequel ne pouvaient rien, ni les apparences les plus brillantes, ni les artifices de l'éloquence la plus raffinée. Il parlait peu mais toujours à propos. Le dévouement qui marqua son affection pour moi eut quelque chose de vraiment héroïque. Quel soin il prit de s'effacer! et avec quelle généreuse sollicitude il s'étudia à détourner sur moi le bénéfice de son influence, toujours prêt, en mon absence, soit à me renvoyer le mérite de toute mesure bien accueillie, soit à prendre la responsabilité exclusive de toute démarche exposée à être ou mal comprise ou mal jugée! Et cette abnégation était d'autant plus admirable, qu'elle avait sa source dans un attachement illimité à la cause que je servais, et qu'il croyait juste. Aussi dirai-je, sans affectation aucune, et comme un hommage qui lui est strictement dû, qu'au Luxembourg, le beau rôle fut le sien.

J'ai eu occasion de décrire ailleurs l'impression que j'éprouvai en entrant au palais désert du Luxembourg. Tristes et muettes étaient ces vastes salles où une aristocratie en cheveux blancs allait être remplacée par un peuple en haillons. Lorsque, pour la première fois, je les traversai, dans le calme solennel de la nuit, il me sembla que mes pensées, comme autant de pâles fantômes, se dressaient autour de moi. Je sentis amèrement que, dans les routes non battues et obscures où je m'engageais, j'aurais à poser le pied sur plus d'une vipère endormie. Les calomnies qui m'attendaient revêtirent une forme corporelle : je les vis, je les touchai. Non, mon cœur n'eût pas été plus agité, si Faust lui-même eut été là, murmurant à mon oreille ces mots redoutables : « Il fut de tout temps foulé aux pieds, celui qui, ayant une conviction profonde, ne fut pas assez sage pour en dérober au monde le secret. » Et quoi de plus propre, en effet, à réaliser la menace, que la nature des idées que je me proposais de proclamer ? Tracer une voie nouvelle en des régions situées au dessus, bien au-dessus de la sphère des partis ; — me livrer en pâture à la haine de tous les tenants aveugles du vieux monde, en appelant la pauvreté de son vrai nom : esclavage ; — opposer les avantages du système d'association, graduellement mis en pratique, aux maux de la concurrence, qui fait, du domaine de l'industrie, un champ de bataille, et de la sorte irriter à jamais contre moi tous ceux dont la prospérité se compose des larmes et du désespoir d'autrui ; — provoquer au combat tous les propriétaires de la publicité écrite, tous les dispensateurs de la renommée, tous les dépositaires du bruit, et cela sans autre moyen de défense que les sympathies passagères des illettrés, des faibles, des pauvres, et leurs acclamations d'un jour suivies d'un long silence ; — puis, pour comble, avoir à mettre en garde contre toute agitation sans but, contre tout effort conduisant à un suicide, ceux que l'excès des douleurs et des injustices souffertes rend impatients de la lutte : épées qu'on brise après le meurtre, dés sanglants dans la partie des faux tribuns et des ambitieux !... Ah ! je me sens le droit de le dire : quand je résolus de marcher hardiment devant moi, je ne fus le jouet d'aucune illusion. Je savais qu'une société vieillie dans la corruption ne se laisse pas discuter impunément ; je savais qu'un malade qui ne connaît pas son mal et n'y veut pas croire s'irrite si on lui en parle ; et la Fortune, en m'accablant, ne m'a point étonné.

Avant d'en venir aux actes du Luxembourg, j'exposerai, en peu de mots, les circonstances qui firent d'une enquête solennelle sur la question du travail une des nécessités de la situation.

Longtemps avant la révolution de février, un mal, qui avait son siége dans les profondeurs de la société, rongeait en France l'industrie, et appelait un remède décisif. En déployant une persévérance indomptable, en assujétissant la mer, en prenant possession des marchés lointains, et, pour tout dire, en conquérant le monde par son commerce d'une manière presque aussi complète que Rome le fit avec ses armées, l'Angleterre a pu parer aux dangers de la concurrence; mais, en France, l'action de ce principe se trouvait resserrée dans un cercle trop étroit pour ne pas amener des catastrophes. Le monde industriel était devenu un camp; l'industrie, un combat à mort; la production, un jeu de hasard joué avec un emportement fiévreux par des aventuriers, entre le chômage et la banqueroute; tous les intérêts étaient aux prises, et, comme dernier trait, la foule hâve des travailleurs sans pain, des travailleurs qui s'offraient au rabais et cherchaient en vain des acheteurs, formait comme une marée montante prête à tout engloutir. On ne l'a pas oubliée, cette devise terrible : *Vivre en travaillant, ou mourir en combattant!*

J'ai entre les mains un grand nombre de lettres que divers manufacturiers m'adressèrent, le lendemain de mon installation au Luxembourg. Rien de plus tragique : les uns offrent leurs établissements, qui ne peuvent se soutenir; les autres, en mettant à la disposition de l'État bâtiments, matières premières, machines, ne demandent, en échange, qu'une place dans un système nouveau; et tous réclament l'intervention de l'État en faveur de l'industrie qui se meurt, disent-ils, si on l'abandonne à elle-même. Un fait généralement ignoré, c'est que la nécessité d'un plan de réforme sociale fut suggérée par des sollicitations véhémentes, venues non-seulement de la classe ouvrière, mais de nombre de fabricants en détresse (1).

(1) En voici une preuve curieuse. Le 22 mars 1848, je reçus ce qui suit :

Cabinet du procureur général.

« Citoyen, membre du Gouvernement,

« M. L..., manufacturier à M... et à C..., me prie d'appeler votre at-

La révolution de 1848 ne produisit point la crise industrielle : elle ne fit que la déclarer. Imputer aux prédications du Luxembourg le délabrement des affaires, c'est le comble de l'ignorance et de la puérilité. Ceux qui attribuent à des réformes sociales, proposées mais non encore mises à l'essai, les embarras nés de la situation même qui les provoque, ressemblent à un malade qui, après avoir repoussé les prescriptions de la médecine, leur attribuerait l'aggravation de la maladie.

D'autre part, il ne faut pas croire que le socialisme ait pour date la révolution de 1848 : elle lui donna une scène éclatante, mais ne fut point son berceau. Depuis longtemps il se faisait, parmi le peuple, — non des campagnes, mais des grandes villes, — un travail souterrain, qui ne se révélait aucunement par la tribune parlementaire, et ne se manifestait qu'imparfaitement par les journaux et par les livres. Tandis que de vulgaires grands hommes agitaient leur ambition dans l'urne des votes et remplissaient le monde d'un tumulte vain, de pauvres ouvriers, qu'on croyait absorbés par les soucis de leur labeur quotidien, s'élevaient, du fond de l'atelier, à des préoccupations d'une portée immense, et vivaient dans la région des hautes pensées. A cette société corrompue et malade, ils composaient, en espérance, un lendemain radieux. Ils interrogeaient la loi des transformations sociales du passé, pour savoir si la civilisation n'avait pas encore un pas à faire ; et, se rappelant que les hommes du peuple avaient cessé d'être *esclaves*, puis d'être *serfs*, ils se demandaient, émus d'un noble espoir, si les hommes du peuple ne cesse-

---

tention particulière sur deux articles ci-joints, qui parlent de l'ordre observé dans les établissements, et sur sa proposition d'aliéner au profit du gouvernement, et en recevant du 3 p. 100 en payement, ces deux intéressantes entreprises de C... et de M. L'expérimentation qui pourrait être ainsi dirigée par votre pensée supérieure donnerait des résultats pratiques d'une haute importance, et la France n'aurait qu'à gagner à ces travaux modèles, qui ouvriraient une nouvelle et plus sûre voie à l'organisation du travail.

« Salut et fraternité
« AUG. PORTALIS.

« Paris, le 22 mars 1848. »

raient pas d'être *prolétaires*, le prolétariat n'étant que la dernière forme de l'esclavage.

Mais le moyen d'affranchissement, où le trouver? Il avait été indiqué à notre génération par cette formule d'un sens profond : *Liberté, égalité, fraternité*; il ne s'agissait que de bien définir les trois termes de cette belle devise. L'instinct populaire ne s'y trompa point.

Le Peuple comprit :

Que la liberté est, non pas seulement le *droit*, mais le *pouvoir*, pour chaque homme, de développer ses facultés, sous l'empire de la justice et la sauvegarde de la loi ;

Que, la diversité des fonctions et des aptitudes étant pour la société une condition de vie, l'égalité consiste dans la facilité donnée à tous de développer *également* leurs facultés *inégales* ;

Que la fraternité, enfin, n'est que l'expression poétique de cet état de solidarité qui doit faire de toute société une grande famille.

Ainsi :

Plus d'individualisme, parce que c'est l'abandon du pauvre, du faible, de l'ignorant, et que, *laisser passer*, c'est *laisser mourir*;

Plus de concurrence anarchique, parce que l'anarchie est un despotisme déréglé, et que la lutte entre le fort et le faible aboutit à l'oppression.

Plus de mobiles puisés dans l'antagonisme furieux des intérêts, parce que, là où le succès des uns représente la ruine des autres, la société porte dans ses entrailles la guerre civile.

Mais le travail intellectuel qui s'accomplissait au fond de la société, ceux qui en habitaient les hauteurs l'ignoraient. Les prétendus hommes d'État de la monarchie, les prétendus savants en politique et législation, les financiers habiles, les industriels renommés, ne se doutaient pas qu'ils marchaient sur un monde nouveau. Le moment devait donc arriver où ils se réveilleraient comme en sursaut, dans un coup de tonnerre. Ce moment arriva, et restera dans l'histoire, sous le nom de *Révolution sociale de février*.

I.

Nul doute qu'aux yeux des classes ouvrières, une révolution purement politique n'eût été, en 1848, une déception, et les scènes précédemment décrites montrent assez à quels formidables résultats une déception de ce genre eût pu nous conduire.

En une semblable occurrence, une Commission de gouvernement pour les travailleurs ayant été instituée, nous accusera-t-on d'avoir prétendu changer la société *du jour au lendemain*, ou d'avoir attenté au principe de la liberté, en essayant d'imposer nos idées *par la force* ?

Voici la réponse :

A peine installés au Luxembourg, nous adressâmes aux ouvriers, Albert et moi, la proclamation suivante :

« Citoyens travailleurs, la Commission de gouvernement, instituée pour préparer la solution des grands problèmes qui vous intéressent, s'étudie à remplir sa mission avec une infatigable ardeur. Mais, quelque légitime que soit votre impatience, elle vous conjure de ne pas faire aller vos exigences plus vite que ses recherches. Toutes les questions qui touchent à l'organisation du travail sont complexes de leur nature. Elles embrassent une foule d'intérêts qui sont opposés les uns aux autres, sinon en réalité, du moins en apparence. Elles veulent être abordées avec calme et approfondies avec maturité. Trop d'impatience de votre part, trop de précipitation de la nôtre, n'aboutiraient qu'à tout compromettre. L'Assemblée nationale va être incessamment convoquée. Nous présenterons à ses délibérations les projets de loi que nous élaborons en ce moment, avec la ferme volonté d'améliorer, moralement et matériellement, votre sort, projets de loi, d'ailleurs, sur lesquels vos délégués sont appelés à donner leur avis (1)... »

Ainsi, sonder les plaies sociales, d'une main prudente ; exposer avec bonne foi les résultats découverts ou entrevus ; prendre la discussion pour arme, et accepter l'opi-

---

(1) *Voy.* le *Moniteur* du 5 mars 1848.

nion publique pour juge, en l'appelant à se prononcer par l'organe d'une assemblée nationale, issue du suffrage universel, telle fut la marche que, dès l'abord, nous nous engageâmes à suivre, volontairement et solennellement.

Cet engagement fut rempli : la suite de ce récit le prouvera. Et, en réalité, nous nous bornâmes à proposer une série de mesures temporaires, adaptées à la situation, et susceptibles d'une application immédiate ; car nous n'ignorions pas que, dans ce long et douloureux acheminement de l'humanité vers le règne de la justice, il est de nécessaires étapes. Eh! qui donc pourrait, sans folie, songer à transporter, d'un coup, une société ignorante et frivole, dans des régions telles que les contemplent les grands cœurs et les esprits d'élite? Mais si celui-là est un insensé qui s'imagine pouvoir atteindre, d'un seul bond, le but d'un long voyage, non moins insensé est celui qui se met en route sans savoir où il va. Quand un mécanicien construit une machine, il n'a certes pas la prétention de la faire autrement que peu à peu, mais cela ne l'empêche pas d'en embrasser d'avance l'ensemble. Quand un auteur compose un drame, il en place les actes les uns après les autres, à coup sûr, mais il a eu soin, d'abord, de tracer le plan général de la pièce, et, au moment même où il écrit la première scène, il a en vue le dénoûment.

Il faut donc distinguer entre les doctrines qui, au Luxembourg, furent présentées comme le but ultérieur, définitif, à atteindre, et les mesures d'un caractère purement transitoire qui y furent proposées comme immédiatement applicables.

Les premières se peuvent résumer ainsi qu'il suit :

L'homme a reçu de la nature certaines facultés, — facultés d'aimer, de connaître, d'agir. Mais elles ne lui ont point été données pour qu'il les exerce solitairement; elles sont donc l'indication suprême de ce que chacun *doit* à la société dont il est membre; et cette indication, chacun la porte écrite dans son organisation en lettres de feu. Si vous êtes deux fois plus fort que votre voisin, c'est une preuve que la nature vous a destiné à porter un fardeau double. Si votre intelligence est supérieure, c'est un signe que votre mission est de répandre, autour de vous plus de lumière. La faiblesse est créancière de la force ; l'ignorance, de l'instruction. Plus un homme *peut*, plus il *doit* ; et c'est là le sens de ces belles paroles de l'Évangile : « Que le premier d'entre vous soit le serviteur des autres. » D'où l'axiome : *De chacun, selon ses facultés.* Là est le DEVOIR.

Mais, avec des facultés, l'homme a reçu, de la nature, des besoins : besoins intellectuels, moraux et physiques ; besoins du cœur, de l'intelligence, des sens, de l'imagination. Or, quel moyen que chacun remplisse la fonction pour laquelle la nature le créa, si les institutions sociales qui pèsent sur lui font obstacle à l'entier développement de son être, en lui refusant la satisfaction des besoins inhérents à son organisation particulière ? D'où — dans les limites des ressources communes, et en prenant le mot *besoins* dans sa plus large et plus noble acception — cet axiome, qui correspond au premier et le complète : *A chacun selon ses besoins.* Là est le DROIT.

Utopie ! ne manqueront pas de s'écrier les hommes superficiels, ou ceux à qui des investigations de ce genre sont tout à fait étrangères. Cependant, voyons un peu.

La première objection qui se présente aux esprits inattentifs, est l'impossibilité apparente de fixer la mesure d'un besoin. Objection étrangement futile ! La mesure d'un besoin est dans son degré d'intensité. Est-ce que nous ne cessons pas de manger quand nous n'avons plus faim ; de boire, quand nous n'avons plus soif ; de marcher, quand nous sommes fatigués ; de lire ou de jouer, quand nous n'éprouvons plus de plaisir à le faire ? Il n'est pas jusqu'aux besoins morbides qui n'aient leur limite naturelle et infranchissable. La difficulté n'est donc pas de trouver une mesure à nos besoins, mais d'arriver à un arrangement social tel que les prescriptions de la nature n'y soient contrariées par aucun obstacle conventionnel, né de cet arrangement même : comme, par exemple, dans la société actuelle, où l'on voit des paralytiques manquer de tout moyen de transport, tandis qu'il y a chevaux et carrosses à l'usage de gens à qui le mouvement serait bon pour la santé. Il est singulier que des faits où se trouve, manifestement, le germe des perfectionnements possibles de la société, se passent chaque jour sous nos yeux, sans que personne prenne la peine de les analyser. Dans la famille, est-ce que les enfants ne *donnent* pas proportionnellement à *ce qu'ils peuvent*, et ne *reçoivent* pas proportionnellement à *ce qu'il leur faut* ? Est-ce que celui d'entre eux qui est en état d'aider la famille par ses travaux, s'autorise de ses services pour confisquer la part de celui de ses frères qui n'est encore, pour la famille, qu'une charge ? L'action du double principe, posé plus haut, est ici bien évidente ; et, si l'on objecte qu'elle s'explique, en ce cas, par des liens naturels d'affection, impossibles à supposer entre des hommes inconnus les uns aux autres, le spectacle de ce qui a lieu dans un club, fournit une réponse décisive. Là, une fois admis, chaque membre a le libre usage des journaux, de la bibliothèque, du billard, de la salle où l'on fume, etc. Mais, dans le fait, chacun prend-il, de ces divers avantages, une part identique à celle de son voisin ? Non : tel membre fréquente, de préférence, la salle de billard ; tel autre la salle de lecture ; et celui qui ne fume pas paye volontiers sa cotisation pour l'entretien de la salle destinée aux fumeurs. *A chacun selon ses besoins*, voilà le principe sur lequel tout club anglais repose. Oui, au point de vue de la proportionnalité à établir dans la satisfaction des besoins de l'homme en société, un club est la mise en pratique du socialisme sur une petite échelle, son objet et son résultat étant de fournir à tous les membres qui le composent *l'égale* satisfaction de leurs besoins *inégaux*. Je pourrais multiplier les exemples, et montrer, par ce qui se voit journellement, combien est facile la réalisation de la doctrine en question, même pour ce qui touche les besoins intellectuels et moraux. Que sont en effet les cours gratuits, les bibliothèques publiques, les musées, les parcs tels que Hyde-Park, les jardins tels que les Tuileries, sinon d'admirables emprunts faits par la société actuelle à l'idéal de la société future ?

Mais où chacun recevrait de la société *ce qu'il lui faut*, il serait nécessaire et juste que chacun fît pour la société *ce qu'il peut*. Et c'est ce qui aurait lieu volontairement, sans effort, et, à part même le sentiment du devoir, par le seul attrait du travail, dans une société où l'accord établi entre les fonctions diverses et les aptitudes naturelles correspondantes aurait fait du travail un plaisir; car, de toutes les jouissances de l'homme, il n'en est point de plus vive que celle qu'il puise dans le libre, dans le volontaire exercice de ses facultés.

Si nous voyons aujourd'hui tant de paresseux, c'est la faute d'institutions qui font dépendre uniquement du hasard et de la misère la distribution des fonctions sociales, sans tenir compte, ni de la spécialité des vocations, ni de celle des aptitudes, et sans consulter les penchants. Tel était né poëte : la misère le force à être charpentier. Tel était né, comme Louis XVI, avec une propension et des aptitudes marquées pour la mécanique : le hasard de la naissance le condamne à être roi. Est-il surprenant que la haine du travail trouve place au milieu de ce déclassement universel des aptitudes et dans ce perpétuel étouffement des tendances naturelles? Qu'on préfère le repos à un travail auquel on ne se sent point propre, vers lequel on n'est point porté, qu'on n'accepte que comme une dure loi de la misère et dont les fatigues sont sans compensation suffisante, quoi de plus simple? Pour les nègres, à qui la servitude a inspiré l'horreur de tout travail, le repos absolu, c'est l'idéal de la liberté, et l'on conçoit de reste que la paresse soit fille de l'esclavage. Mais prenez un ordre social où les fonctions diverses seraient distribuées selon les facultés et les penchants... y aurait-il paresse générale, alors, dites-moi? Est-ce que les poëtes n'aiment pas à faire des vers, les peintres des tableaux, les mécaniciens des machines? est-ce qu'un véritable mathématicien ne se complaît pas à résoudre des problèmes et un véritable architecte à bâtir des maisons? est-ce que l'art de cultiver la terre n'a pas des charmes puissants quand il ne constitue pas un labeur contraint et excessif? Je connais des hommes qui, possesseurs d'une fortune colossale, travaillent jusqu'à douze heures par jour. Je connais des négociants qui, après s'être enrichis, restent dans les affaires afin de ne pas s'exposer au malheur de tomber dans l'ennui : tant il est vrai qu'on peut aimer le travail pour lui-même et indépendamment de ce qu'il rapporte, quand on l'a embrassé avec entière liberté et par choix ! De fait, les lois de la nature ne seraient-elles pas dignes de pitié et de mépris, si elle nous avait donné, avec des facultés, une répugnance instinctive à les exercer ; si, en nous donnant des yeux, elle nous avait rendu pénible l'action de voir ; si, en nous donnant des oreilles, elle nous avait rendu pénible l'action d'entendre ? Non, non : la paresse absolue n'est point pour l'homme un état normal, et elle lui serait un supplice le jour où elle deviendrait obligatoire. Rapp, fondateur d'une communauté civile et religieuse en Amérique, avait imaginé, comme châtiment à infliger aux paresseux, L'OISIVETÉ FORCÉE pendant un laps de temps déterminé ; l'efficacité du moyen en démontra bien vite l'excellence.

Inutile d'observer que la réalisation de la doctrine qui vient d'être exposée rapidement exclut toute idée d'antagonisme, toute opposition entre l'intérêt privé et l'intérêt public, en un mot tout ce qui n'est pas *association*. Or, si l'on considère, d'un côté, la puissance du principe d'association, sa fécondité presque sans bornes, le nombre des gaspillages qu'il évite, le montant des économies qu'il permet ; et, d'un autre côté, si l'on calcule l'énorme quantité de valeurs perdues que représentent, sous l'empire du principe contraire, les faillites qui se déclarent, les magasins qui disparaissent, les ateliers qui se ferment, les chômages qui se multiplient, les marchés qui s'engorgent, les révolutions industrielles qui naissent de l'intervention trop brusque des machines ou de leurs services monopolisés, les crises commerciales enfin qui, à des époques périodiques, éclatent comme la foudre, sans passer comme elle..., il faudra bien reconnaître que, par la substitution du premier principe au second, les peuples gagneraient en richesse ce qu'ils auraient gagné en moralité.

J'ai parlé du travail attrayant : le fait suivant donnera une preuve frappante des merveilleux effets qu'il est permis d'en attendre, et aussi du pouvoir qu'a l'éducation de pétrir en quelque sorte à son gré la nature de l'homme.

En mai 1848, je reçus la visite du directeur d'une école industrielle établie à Petit-Bourg, pour l'éducation d'un certain nombre d'enfants pauvres. M. Allier — c'était le nom du directeur — désirait me montrer son établissement ; M. et Mme Victor Hugo devaient être de la partie. Nous nous mîmes en route. A notre arrivée, M. Allier nous fit faire le tour des ateliers, où l'on enseignait aux enfants toutes sortes de métiers divers. La joyeuse ardeur des petits apprentis nous étonna. On eût dit, à les voir, qu'ils jouaient au travail; et notre surprise redoubla, lorsque, dans l'atelier de forge, nous aperçûmes, au milieu du bruit et de la fumée noire, un jeune gars occupé à frapper sur une enclume, d'un bras qui semblait infatigable. Il avait le sourire sur les lèvres, et l'œil aussi brillant que les étincelles qui volaient autour de lui. Il y avait là grand feu, et nous étions dans une chaude journée de mai! On nous conduit au jardin, où nous trouvons une bande de petits jardiniers qui s'employaient très-activement, les uns à cultiver les fleurs, les autres à soigner les plantes, d'autres à arroser. Les faces rayonnantes de ces enfants, la splendeur du jour, la beauté du lieu, situé sur des hauteurs d'où l'on jouissait d'une vue que je ne saurais mieux comparer qu'à celle de Sydenham, tout cela formait une scène charmante. Je pensai aux jeunes vulcains enterrés dans le Pandémonium que nous venions de quitter, et l'idée me vint naturellement qu'ils devaient envier le sort des habitants fortunés de l'Éden où nous nous trouvions : j'en fis la remarque. « Mais ceci est affaire de choix, s'écria aussitôt M. Allier d'un air de triomphe; ces enfants ne font que ce qu'ils ont déclaré préférer. Là gît tout le secret de l'ardeur qu'ils déploient. » Et il nous expliqua que l'usage de l'établissement avait été, dans les commencements, de distribuer les travaux sans autre règle qu'une appréciation à peu près arbitraire des diverses aptitudes. Mais le vice de cette méthode n'avait point tardé à se révéler : les enfants prenaient en dégoût la tâche qui leur avait été assignée ; ils s'y livraient avec répugnance, et demandaient continuellement à en changer.

« Alors, continua M. Allier, » nous essayâmes d'un autre

procédé. Quand un enfant arrive, nous lui donnons carte blanche, pendant un temps déterminé, pour aller partout, tout examiner : après quoi, il est lui-même appelé à choisir l'occupation qui lui convient, avec clause qu'il s'y tiendra. Le résultat de ce système est sous vos yeux. »

Qu'est-il besoin de commentaires ?

Autre circonstance, non moins instructive et plus piquante, que cette visite me rappelle et que je consigne ici, à l'adresse de ceux qui se hâtent de proclamer impossible tout ce qui sort du cercle, soit de leurs habitudes d'esprit, soit de leur expérience personnelle.

Comme nous continuions de visiter Petit-Bourg, on nous mena voir la salle de punition. Elle ne contenait qu'un prisonnier. Nous sollicitâmes sa grâce, cela va sans dire, au nom des droits de l'hospitalité, et n'eûmes pas de peine à l'obtenir. Au moment où l'enfant sortait, M. Allier lui dit : « Et que votre ami soit plus sage désormais. » Cette façon de gronder le petit coupable nous parut, on le pense bien, chose mystérieuse. L'explication fut celle-ci : « Chaque nouveau venu dans cet établissement est tenu, à l'expiration d'un certain délai, de se choisir un *ami* parmi ses camarades, et d'en faire publiquement la déclaration ; le but est de leur enseigner à tous les devoirs de l'amitié, de les former à la pratique du dévouement ; et voici de quelle manière : lorsqu'un enfant commet une faute, — vous allez rire, — ce n'est pas lui qu'on châtie, c'est son ami. » Conformément à la prédiction, nous nous mîmes à rire, et rappelâmes l'histoire de certaines petites majestés qui, pour chacune de leurs peccadilles, recevaient le fouet dans la personne de leurs amis plébéiens. « Oh! c'est bien différent ! répliqua M. Allier : il n'y avait pas réciprocité dans le cas dont vous parlez. » Sur quoi, il nous apprit que, depuis l'introduction de cet usage, si singulier et en apparence si injuste, de punir l'ami du coupable au lieu du coupable lui-même, le nombre des fautes commises avait considérablement diminué. Chacun mettait son honneur à ne point faire punir son ami ; celui auquel cela arrivait était couvert de honte, tandis qu'au contraire, celui sur qui tombait le châtiment matériel éprouvait une sorte de joie hautaine à l'endurer avec courage ; de sorte que, sous le rapport moral, c'était bien réellement le coupable qui subissait l'expiation encourue. En mentionnant ce curieux procédé, je ne prétends pas en recommander l'adoption ; mais quoi de plus propre à montrer jusqu'à quel point l'éducation peut influer sur le tour de nos idées, sur la direction de nos sentiments, et sur la nature des mobiles qui déterminent nos actes ?

Je reprends. Que les hommes ne naissent tous ni avec la même intelligence, ni avec les mêmes penchants, pas plus qu'ils ne naissent avec la même taille ou le même visage, nul ne songe à le nier. La société n'étant qu'un mutuel échange de services fondé sur la diversité des forces, des aptitudes, des besoins et des goûts, la nature a créé les hommes inégaux, précisément parce qu'elle a créé l'homme social. Aussi n'y eut-il jamais d'autre dogme professé, au Luxembourg, que celui de l'égalité *relative*, de l'égalité prise, non dans le sens d'*identité*, mais dans le sens de *proportionnalité* : de l'égalité qui consisterait, pour tous, dans *l'égal* développement de leurs facultés *inégales*, et dans *l'égale* satisfaction de leurs besoins *inégaux*. Hors de là, il ne saurait y avoir qu'iniquité et oppression. Et quel peut, je le demande, être le but de la formation des sociétés, sinon d'empêcher que l'inégalité naturelle qui règne parmi les hommes ne devienne une source de tyrannie et de souffrance ? Malheureusement, le but social est loin encore d'avoir été atteint, et cette société d'aujourd'hui, qui ne permet pas l'abus de la force physique, nous offre le triste spectacle d'une lutte permanente où l'ignorant et le pauvre sont écrasés. Si les lois de la justice et de la raison étaient obéies, il y aurait place pour tous, à l'époque de l'enfance, aux sources de l'intelligence, et place pour tous, dès l'entrée de la carrière active, au banquet de la vie ; la distribution des fonctions sociales ne serait plus abandonnée au hasard, mais déterminée par la spécialité des vocations ; et le travail du plus grand nombre cessant d'avoir sa raison d'être dans le despotisme de la faim, l'homme serait vraiment libre. Mais, hélas ! ce sont souvent les vérités les plus incontestables et les plus claires qui ont le plus de peine à prendre possession des esprits. Il y a dans les préjugés, il y a dans les erreurs qui datent du berceau une force de résistance prodigieuse. « Il ne faut pas être envieux du temps », disait Necker. Belle parole, mais qui serre le cœur, quand on songe à la lenteur poignante avec laquelle s'écoulent, sous le toit du prolétaire, les heures de l'agonie!

Un jour, dans ce pays où m'a jeté l'exil, je m'entretenais du grave sujet qui précède avec un Anglais de mes amis, homme dont l'esprit est hanté par des préjugés contre lesquels proteste en vain la générosité de son âme. Aux vues que je lui exposais, il fit mainte objection, insistant, non-seulement sur l'impossibilité d'une application immédiate, impossibilité que j'admettais, mais même sur l'erreur fondamentale, disait-il, qu'il y avait à faire, d'un pareil idéal, le but ultérieur à poursuivre.

Or, il arriva que, le lendemain, devait avoir lieu une partie de campagne dont nous étions, mon interlocuteur et moi. Il s'agissait d'aller dîner sur l'herbe dans l'île fameuse où fut signée la grande charte des libertés anglaises, *magna Charta*. Notre caravane se composait de personnes des deux sexes, fort différentes par la position sociale, la fortune, l'intelligence, mais que rapprochait un sentiment de bienveillance mutuelle et éclairée. Il y avait un chiffre de dépenses à atteindre, des provisions à rassembler : ce fut l'affaire de qui avait du vin dans ses caves et de l'argent dans sa bourse. A l'heure dite, nous étions tous au rendez-vous convenu. Des barques nous attendaient; nous y montâmes, nous partîmes. Ceux qui savaient ramer se mirent aux rames sans se faire prier, et, tandis qu'ils se fatiguaient joyeusement à conduire, les autres s'occupaient à regarder fuir les bords de la Tamise, à jouer avec les enfants ou à causer avec les dames.

Quand nous eûmes mis pied à terre et qu'il fut question de transporter à l'endroit désigné d'avance nos munitions... de paix, les plus vigoureux réclamèrent le privilège de se charger du précieux fardeau, chacun comptant bien, d'ailleurs, avoir son tour dans le bonheur d'être utile. C'est ce qui arriva. Aux dames échut de droit le soin de tout disposer pour notre festin champêtre, et les enfants trouvèrent parfaitement à s'employer, à leur grande joie. Il va sans dire que, pendant le repas, la bonne harmonie ne fut troublée par aucune prétention tirée, soit du plus ou moins de mérite de tel convive, soit de la différence des petits services rendus ou à rendre. Les rameurs, qui s'étaient donné tant de peine, n'auraient eu garde d'en prendre texte pour réclamer quoi que ce fût au détriment de ceux qui n'avaient point ramé. Les plus belles attirèrent davantage les regards, peut-être; mais il eût paru fort étrange, intolérable, qu'en raison de leur beauté elles exigeassent les meilleurs vins et les mets les plus délicats. Chacun mangea selon son appétit, but selon sa soif. Il fallut pourvoir ensuite à ce que la soirée fût agréablement remplie, et chacun y fit de son mieux. L'un chanta, l'autre joua de la guitare, un troisième récita des vers charmants de sa façon. Personne ne fut requis de faire ce qu'il ne savait pas, personne ne refusa de faire ce qu'il savait, et tous reçurent de cordiales félicitations, quoique tous n'eussent contribué aux plaisirs de la journée, ni au même degré, ni de la même manière. Bref, nous nous en revînmes enchantés d'avoir passé ensemble des heures si douces et nous promettant de recommencer le plus tôt possible.

Au moment où nous allions nous séparer, je pris à part mon interlocuteur de la veille et lui dis : « Eh bien, que vous en semble ? Vous avez vu aujourd'hui en action mes raisonnements d'hier. Pourquoi avons-nous été si heureux et sommes-nous restés si unis ? Parce que nous avons appliqué d'instinct la formule : *De chacun suivant ses facultés, à chacun suivant ses besoins.* — Mais ceci, répondit-il avec un léger embarras, n'était qu'une affaire de plaisir. — Eh ! qu'importe ? répliquai-je. La question est justement de transformer le travail en plaisir ; et vous avez pu remarquer quel charme ont prêté même à nos fatigues l'absence de toute contrainte et la liberté du choix. — C'est un cas exceptionnel. — Qu'importe encore ? Si la règle est loin de valoir l'exception, pourquoi, de l'exception, ne chercherions-nous pas à faire la règle ? O folie des hommes! »

Mon ami l'Anglais ne répondit pas; il me serra la main, et s'en alla tout pensif.

Lorsque, au mois de septembre 1848, le Droit au Travail fut discuté dans l'Assemblée nationale, M. Thiers donna de la liberté sociale la définition suivante : « Elle consiste, dit-il, à disposer de ses facultés comme on l'entend, à choisir sa profession (1). » Il est singulier que M. Thiers n'ait pas pris garde qu'en s'exprimant de la sorte, il prononçait contre l'ordre social actuel la plus dure des sentences, et proclamait implicitement la vérité de ce qu'on a appelé les *théories* du Luxembourg; car il faudrait un degré bien extraordinaire de hardiesse pour prétendre que la constitution actuelle de la société se prête à l'exercice de la liberté, telle que M. Thiers la définit. Sont-ils libres d'entrer dans la carrière de la magistrature, de s'appliquer aux lettres, d'aspirer aux grasses fonctions de la finance, en un mot de disposer de leurs facultés comme ils l'entendent et de choisir leur profession, ces pauvres enfants qui, forcés d'ajouter au salaire paternel le fruit d'un travail horriblement précoce, sont envoyés, dès l'âge de sept ans, dans une manufacture où la flamme de leur intelligence s'éteint, où la santé de leur âme se perd, où toutes leurs facultés s'épuisent à surveiller une roue qui tourne? Sont-ils libres de suivre le goût qui les entraîne vers l'agriculture ou le commerce, ces adolescents, fils du pauvre, que réclame le devoir militaire, dont les fils du riche se dispensent à prix d'or? Que dis-je! Sont-elles libres de devenir d'honnêtes mères de famille, ces pécheresses que le tragique ouvrage de Parent-Duchâtelet nous montre irrésistiblement poussées dans les impasses de la prostitution par l'excès de la misère? Qui ne voit que, le régime actuel donnant presque tout au hasard d'une naissance heureuse, c'est ce hasard, et non la loi naturelle des vocations, qui décide presque toujours du choix des carrières? On cite et l'on compte ceux qui, par un surcroît d'énergie, aidé de circonstances particulières, sont parvenus à dompter les obstacles dont le berceau du pauvre est

(1) Séance du 13 septembre 1848.

entouré. Le pauvre libre ! Eh ! nous ne laissons pas même à sa liberté la borne de nos rues et la pierre de nos chemins ; car nous punissons comme mendiant celui qui tend la main, faute d'emploi, et comme vagabond celui qui s'endort sur les marches d'un palais, faute d'asile. Non, le pauvre ne jouit pas de cette liberté sans laquelle il ne vaut pas la peine de vivre ; — et c'est tout au plus si, à son tour, le riche est appelé à en jouir, asservi qu'il est aux préjugés qui le rendent esclave de lui-même. Louis XVI, qui eût été un digne et heureux serrurier, a dû au hasard de sa naissance de mourir sur un échafaud ; et tel qui mourra sur un grabat, après avoir vécu dans une mansarde, avait en lui les germes d'une intelligence à gouverner un empire. En veut-on la preuve ? Elle est fournie par toutes les révolutions, qui, agitant la société de manière à en déchirer la surface, ont si souvent tiré de ses profondeurs de quoi étonner les hommes. Nul observateur impartial qui ne soit obligé de reconnaitre dans le principe qui sert de base à la société actuelle la négation même de la grande maxime, récemment proclamée en Angleterre avec tant d'éclat : *The right man in the right place.*

Il y a là un mal impossible à nier, et qui a sa racine dans la possession, transformée en privilége, de tous les moyens d'éducation et de subsistance, de tous les instruments de travail : état de choses qui fait qu'un grand nombre d'hommes trouvent, dès leur premier pas dans la vie, un obstacle invincible au développement de leurs facultés naturelles et à l'emploi de leurs véritables aptitudes.

Aussi, à qui les encouragerait au travail par l'espoir d'en recueillir les fruits, combien pourraient répondre :

Vous nous criez : « Travaille ? » mais nous n'avons ni un champ pour labourer ; ni du bois pour construire ; ni du fer pour forger ; ni de la laine, de la soie, du coton, pour en faire des étoffes. C'est peu : ne nous est-il pas interdit de cueillir ces fruits, de boire à cette fontaine, d'aller à la chasse de ces animaux, de nous ménager un abri sous ce feuillage ? Tout nous manque pour travailler et... pour vivre, parce qu'en naissant nous avons trouvé tout envahi autour nous; parce que des lois, faites sans nous et avant nous, ont remis cruellement au hasard le soin de notre destinée; parce qu'en vertu de ces lois, les MOYENS DE TRAVAIL dont la terre semblait avoir réservé l'usage à tous ses enfants sont devenus la possession exclusive de quelques-uns. A ceux-ci de disposer de nous, puisque nous ne pouvons disposer de nous-mêmes. « Travaille! » Nous sommes prêts, mais cela ne dépend-il que de notre volonté? « Travaille, et tu seras assuré de conserver le fruit de ton travail. » Eh! comment nous garantiriez-vous le fruit de notre labeur, quand vous ne pouvez ou n'osez nous garantir l'emploi de nos bras? Notre dénûment nous livre à la merci d'autrui, et ce qu'on nous offre, en échange de notre activité, ce n'est pas le produit créé, c'est seulement un salaire qui nous permettra de vivre en le créant, salaire dont la concurrence maintient le chiffre au niveau des plus strictes nécessités de la vie, et qui ne laisse presque jamais de marge pour des épargnes, que dévorerait, d'ailleurs, le premier jour de chômage ou de maladie. Ce n'est donc pas la perspective du bien-être futur de nos enfants qui nous stimule, nous : en fait de stimulant, nous ne connaissons que la faim. Comment se fait-il que ceux qui fécondent la terre soient en peine d'un morceau de pain? que ceux qui tissent les étoffes précieuses soient en peine d'un vêtement? que ceux qui bâtissent les palais ne sachent pas quelquefois où reposer leur tête?

Telles étaient les plaintes qui, le lendemain de la révolution de 1848, s'échappaient du fond des ateliers, nonseulement à Paris, mais dans toutes les grandes villes de France; et, pour mon compte, je n'aurais pu nier la légitimité de ces plaintes, sans manquer à mes convictions les plus intimes. Que faire donc? Présenter au Peuple, comme susceptible d'une application prochaine, la doctrine dont j'ai dû me borner à indiquer ici d'une façon toute sommaire la direction et l'esprit, c'eût été encourir le juste reproche d'encourager des rêves; et, comme membre du Gouvernement provisoire, comme homme politique ayant à tenir compte de la situation des choses, je n'aurais pu rien faire de semblable, sans commettre une faute dangereuse. La question était donc de montrer, loin dans l'avenir, l'idéal à réaliser, et de proposer, au point de vue de cet idéal, mais en évitant, soit d'alimenter des espérances chimériques, soit de provoquer de brusques secousses dont le Peuple aurait eu le premier à souffrir, une série de mesures partielles, progressives, et dont l'application immédiate n'offrît aucune difficulté sérieuse. C'est dans ces limites que le Luxembourg renferma son action.

J'avais eu souvent occasion de remarquer que, lorsqu'il s'agissait de petites expériences industrielles ou militaires, fussent-elles d'une utilité douteuse, fussent-elles d'un caractère meurtrier, les dépositaires du pouvoir n'y épargnaient ni le temps ni l'argent, tandis que rien n'était tenté pour découvrir ou constater quel mode de relations sociales offrirait aux hommes le plus de chances d'être heureux en devenant justes. Et il me sembla qu'une question de cette nature valait bien que ceux qui se parent si pompeusement et si volontiers du titre d'*hommes d'État* s'en occupassent un peu. Restait à savoir quel genre d'initiative promettait des résultats avantageux au Peuple.

Il importe ici de noter qu'en Angleterre l'usage d'aider les entreprises particulières au moyen d'avances tirées de la bourse du public, est loin d'être inconnu ; témoin les fonds avancés par le Conseil privé, sous la garantie d'un contrôle, et conditionnellement, à des personnes associées pour l'établissement et la direction d'un certain nombre d'écoles. Il est vrai que, dans la session de 1849, ce fut, de la part de sir Robert Peel et d'autres, le sujet d'une vive opposition. Mais pourquoi ? Parce que l'acte censuré émanait du seul pouvoir exécutif, auquel on déniait le droit de disposer d'une portion quelconque de l'argent appartenant au public, si ce n'est à la suite et en vertu d'un vote du parlement.

Eh bien, le plan du Luxembourg consistait à préparer l'émancipation du travail par une intervention de même nature que celle à laquelle on a eu recours en Angleterre dans l'intérêt de l'éducation, avec cette différence que les vues émises au Luxembourg n'étaient en aucune sorte sujettes aux objections élevées par sir Robert Peel ; car, d'une part, il s'agissait simplement d'un prêt gouvernemental à faire à des associations d'ouvriers, prêt hypothéqué sur la valeur de leurs établissements, et, d'autre part, rien ne devait être décidé à cet égard que dans l'Assemblée nationale, et par elle.

Voici, sous forme de projet de loi, le résumé des mesures qui, au Luxembourg, furent proposées :

Art. 1er. Il serait créé un Ministère du Travail, avec mission spéciale de préparer la révolution sociale, et d'amener graduellement, pacifiquement, sans secousse, l'abolition du prolétariat.

Art. 2. Le ministère du Progrès serait chargé : 1º de racheter, au moyen de rentes sur l'État, les chemins de fer et les mines ; 2º de transformer la Banque de France en Banque d'État ; 3º de centraliser, au grand avantage de tous et au profit de l'État, les assurances ; 4º d'établir, sous la direction de fonctionnaires responsables, de vastes entrepôts où producteurs et manufacturiers seraient admis à déposer leurs marchandises et leurs denrées, lesquelles seraient représentées par des récépissés ayant une valeur négociable et pouvant faire office de papier-monnaie ; papier-monnaie parfaitement garanti, puisqu'il aurait pour gage une marchandise déterminée et expertisée ; 5º enfin, d'ouvrir des bazars correspondant au commerce de détail, de même que les entrepôts correspondraient au commerce en gros.

Art. 3. Des bénéfices que les chemins de fer, les mines, les assurances, la Banque, rapportent aujourd'hui à la spéculation privée, et qui, dans le nouveau système, retourneraient à l'État, joints à ceux qui résulteraient des droits d'entrepôt, le Ministère du Travail composerait son budget spécial : le budget des travailleurs.

Art. 4. L'intérêt et l'amortissement des sommes dues par suite des opérations précédentes seraient prélevés sur le budget des travailleurs ; le reste serait employé 1º à commanditer les associations ouvrières, 2º à fonder des colonies agricoles.

Art. 5. Pour être appelées à jouir de la commandite de l'État, les associations ouvrières devraient être instituées d'après le principe d'une fraternelle solidarité, de manière à pouvoir acquérir, en se développant, un capital COLLECTIF, INALIÉNABLE ET TOUJOURS GROSSISSANT; seul moyen d'arriver à tuer l'usure, grande ou petite, et de faire que le capital ne fût pas un élément de tyrannie, la possession des instruments de travail un privilége, le crédit une marchandise, le bien-être une exception, l'oisiveté un droit.

ART. 6. En conséquence, toute association ouvrière, voulant jouir de la commandite de l'État, serait tenue d'accepter, comme bases constitutives de son existence, les dispositions qui suivent :

Après le prélèvement du prix des salaires, de l'intérêt du capital, des frais d'entretien et de matériel, le bénéfice serait ainsi réparti :

Un quart pour l'amortissement du capital appartenant au propriétaire avec lequel l'État aurait traité;

Un quart pour l'amortissement d'un fonds de secours destiné aux vieillards, aux malades, aux blessés, etc.;

Un quart à partager entre les travailleurs à titre de bénéfice, comme il sera dit plus tard;

Un quart, enfin, pour la formation d'un fonds de réserve dont la destination sera indiquée plus bas.

Ainsi serait constituée l'association dans un atelier.

Resterait à étendre l'association entre tous les ateliers d'une même industrie, afin de les rendre solidaires les uns des autres.

Deux conditions y suffiraient :

D'abord, on déterminerait le prix de revient; on fixerait, eu égard à la situation du monde industriel, le chiffre du bénéfice licite au-dessus du prix de revient, de manière à arriver à un prix uniforme et à empêcher toute concurrence entre les ateliers d'une même industrie.

Ensuite, on établirait, dans tous les ateliers de la même industrie un salaire, non pas égal, mais proportionnel, les conditions de la vie matérielle n'étant pas identiques sur tous les points de la France.

La solidarité ainsi établie entre tous les ateliers d'une même industrie, il y aurait, enfin, à réaliser la souveraine condition de l'ordre, celle qui devra rendre à jamais les haines, les guerres, les révolutions impossibles ; il y aurait à fonder la solidarité entre toutes les industries diverses, entre tous les membres de la société.

Deux conditions pour cela sont indispensables :

Faire la somme totale des bénéfices de chaque industrie, et cette somme totale, la partager entre tous les travailleurs.

Ensuite, des divers fonds de réserve dont nous parlions tout à l'heure, former un fonds de mutuelle assistance entre toutes les industries, de telle sorte que celle qui, une année, se trouverait en souffrance, fût secourue par celle qui aurait prospéré. Un grand capital serait ainsi formé, lequel n'appartiendrait à personne en particulier, mais appartiendrait à tous collectivement.

La répartition de ce capital de la société entière serait confiée à un conseil d'administration placé au sommet de tous les ateliers. Dans ses mains seraient réunies les rênes de toutes les industries, comme dans la main d'un ingénieur nommé par l'Etat serait remise la direction de chaque industrie particulière.

L'Etat arriverait à la réalisation de ce plan par des mesures successives. Il ne s'agit de violenter personne. L'Etat donnerait son modèle : à côté vivraient les associations privées, le système économique actuel. Mais telle est la force d'élasticité que nous croyons au nôtre, qu'en peu de temps, c'est notre ferme croyance, il se serait étendu sur toute la société, attirant dans son sein les systèmes rivaux par l'irrésistible attrait de sa puissance. Ce serait la pierre jetée dans l'eau et traçant des cercles qui naissent les uns des autres, en s'agrandissant toujours.

ART. 7. Les colonies agricoles seraient fondées dans le même but, d'après les mêmes principes et sur les mêmes bases.

Le but et les limites de ce livre ne comportant pas une analyse scientifique, approfondie, complète, des doctrines émises au Luxembourg, je renvoie à l'Appendice l'examen des principales objections soulevées (1). Mais je ne puis

(1) *Voy.* dans le n° 2 de l'*Appendice*, une lettre de moi à M. C...

m'empêcher de citer ici ce qu'a écrit pour la défense du Luxembourg, un homme que *l'Economist*, journal anglais très-influent et antisocialiste par excellence, a proclamé le premier écrivain d'économie politique de nos jours.

« En vérité, dit M. John Stuart Mill, il n'y a rien, dans ce qui a été proposé au Luxembourg, qui explique la terreur folle qu'excite, des deux côtés de la Manche, tout ce qui porte ce nom sinistre de socialisme. Il semble parfaitement juste qu'on demande au gouvernement de faciliter, par des avances de fonds, et cela dans des limites raisonnables, l'établissement de communautés industrielles, basées sur des principes socialistes. Dût l'entreprise échouer, elle devrait être tentée, parce que les ouvriers ne la croiront jamais de nature à échouer, si on ne leur en fournit une preuve de fait ; parce qu'ils ne seront convaincus que lorsque tout ce qui est possible aura été essayé ; parce que, enfin, une expérience nationale de ce genre, par les hautes qualités morales que développerait l'effort et par l'instruction qui rejaillirait de l'insuccès même, vaudrait bien les millions qu'on dépense pour les divers objets qui rentrent dans ce qu'on appelle communément l'éducation populaire (1). »

Voilà donc le plan qui a été l'objet de tant de commentaires venimeux, le point de mire de tant d'attaques injustes : il consistait simplement à jeter, au milieu du système social actuel, les fondements d'un autre système, le système coopératif, en donnant au dernier le caractère d'une grande expérience nationale faite avec l'aide et sous le contrôle de l'Etat.

Ainsi, deux modes de relations industrielles auraient été mis en présence :

L'un, partant du principe d'antagonisme ; l'autre, du principe de coopération ;

L'un, poussant chaque individu à poursuivre son but propre, éperdument, sans se préoccuper des autres, et même au risque de leur passer sur le corps ; l'autre, con-

---

(1) *Westminster and Foreign Quarterly Review*, April 1849.

duisant chacun à identifier son intérêt particulier avec l'intérêt commun ;

L'un, par essence, semant la discorde, l'envie, la haine: l'autre, donnant la concorde pour condition suprême au succès ;

L'un ressemblant à un duel, où le salut de celui-ci exige la mort de celui-là, et quelquefois amène la mort des deux ; l'autre, créant l'émulation véritable, celle qui aiguillonne l'intérêt personnel, sans le mettre en hostilité nécessaire avec la prospérité d'autrui ;

L'un, transformant la production en un terrible jeu de hasard ; l'autre, la réglant sur les besoins connus et les exigences de la consommation ;

L'un, faisant, du succès, le résultat d'une sagacité servie par la fortune, et bien souvent l'affaire d'un coup de dé ; l'autre assurant le succès à la science, à la sagesse et au travail.

En tout cas, l'expérience étant appelée à décider lequel des deux modes était le meilleur, celui en faveur duquel elle se serait prononcée aurait gagné du terrain peu à peu, sans violence, sans commotion, par la seule puissance de l'attrait, tandis que l'autre aurait tendu graduellement à disparaître comme conséquence naturelle de son infériorité, prouvée par le fait même, et, bientôt, généralement reconnue.

Il n'aura pas, sans doute, échappé au lecteur que des idées semblables ne faisaient briller qu'un espoir éloigné, aux yeux de la multitude ardente et victorieuse, à qui elles furent présentées au plus fort d'une tempête qui rendait cette multitude toute-puissante. Par quel héroïque effort de patience, par quel magnanime pouvoir sur elle-même, en vint-elle à ne point s'irriter des obstacles et à se plier volontairement au dur joug de la résignation ? C'est certainement là un spectacle unique dans l'histoire, et que jamais cœur digne de le comprendre ne contemplera sans admiration. « Quel autre peuple, « écrit un historien de nos jours, » a-t-on vu oublier ses misères pour écouter des thèses philosophiques et tromper sa faim par une pâture intellectuelle ? Quel autre gouvernement aurait osé se livrer lui-même comme matière à discussion, affronter l'esprit d'examen et la subtilité des paradoxes? Quel plus grand signe de sa force, de sa moralité; quelle plus haute conscience de son droit, que cet appel à un concile populaire chargé d'élaborer les articles du dogme nouveau? Quel autre temps a trouvé aux guerres civiles une pareille solution (1)? » Ah! ce sera l'éternelle gloire du peuple de Paris que semblable chose ait été possible. Mais l'heure du péril passée, combien peu on lui a tenu compte de sa modération, à ce grand peuple! et quel sujet de tristesse ineffable qu'un tel souvenir!

(1) *Histoire du Gouvernement provisoire*, par M. Élias Regnault, p. 127.

CHAPITRE NEUVIÈME

LE LUXEMBOURG. — LE SOCIALISME EN PRATIQUE.

Première séance de la Commission de gouvernement pour les travailleurs. — Organisation immédiate de la représentation de la classe ouvrière. — Demande, par les délégués, de la réduction des heures de travail et de l'abolition du marchandage. — Objections faites à la réalisation immédiate de cette demande. — Intervention de M. François Arago. — Efficacité de ses paroles. — Assemblée des patrons et des ouvriers. — Mesures arrêtées dans cette assemblée. — Composition définitive de la Commission. — Principes généraux adoptés par elle. — — Ouverture du parlement du travail. — Discours d'inauguration. — Ce qu'étaient les délégués du Luxembourg. — Leur touchante sollicitude pour Albert et pour moi. — Projet de création de cités ouvrières, etc. — Défaut de moyens d'exécution. — Complot pour faire avorter les efforts de la Commission, révélé, depuis, par M. Émile Thomas. — Décrets rendus successivement, à la demande de la Commission : pour l'institution de bureaux officiels rapprochant l'offre et la demande du travail ; pour la résiliation des marchés affermant le travail des prisons ; contre l'expulsion des ouvriers étrangers, etc. — Arbitrage de la Commission réclamé par les patrons et les ouvriers. — Grèves arrêtées, différends conciliés, questions de salaire résolues.

Ce fut le 1ᵉʳ mars 1848 que se tint, dans le palais du Luxembourg, la première séance de la Commission de gouvernement pour les travailleurs.

A neuf heures du matin, deux cents ouvriers environ, députés par les diverses corporations de Paris, ayant pris place sur les siéges que naguère encore occupaient les pairs de France, j'entrai avec Albert dans la salle où nous étions attendus, au cri de « Vive la République! » bientôt suivi d'un silence solennel; et, après quelques remarques sur la grandeur et la nouveauté du spectacle, j'expliquai que l'objet de la Commission de gouvernement pour les travailleurs était de soumettre les questions sociales à un examen approfondi ; de présenter les résultats de cet examen à l'Assemblée nationale qui sortirait du suffrage universel, et de recevoir, en attendant, les réclamations des travailleurs, notre mission et notre volonté étant de faire tout ce qui serait possible, tout ce qui serait juste.

Là-dessus, un ouvrier se leva, et, au nom de ses camarades, fit deux demandes auxquelles il déclara qu'il fallait une réponse immédiate. Ces deux demandes étaient : réduction des heures de travail, et abolition du *marchandage*.

Je fis observer qu'avant tout il y avait à organiser la représentation de la classe ouvrière au Luxembourg, et je proposai que chaque corporation désignât trois délégués, dont l'un prendrait part aux travaux journaliers de la Commission de gouvernement pour les travailleurs, et dont les deux autres assisteraient aux assemblées générales, où ils discuteraient les rapports présentés par elle. En d'autres termes, je proposai l'installation au Luxembourg d'un PARLEMENT DU TRAVAIL, proposition qu'accueillirent les plus vifs applaudissements.

Vint l'heure de l'épreuve. Les deux demandes déjà mentionnées furent reprises, et la solution séance tenante en fut exigée avec une véhémence où grondait la menace. Mais je dois à la justice de dire que rien n'était plus noble que le caractère des considérations mises en avant par les ouvriers. « Nous insistons, disaient-ils, pour la réduction des heures de travail, afin qu'un plus grand nombre de nos frères trouvent à s'employer, et afin que chacun de nous ait au moins une heure par jour à donner à la vie de l'intelligence, du cœur et du foyer. Quant à l'abolition du *marchandage*, nous la voulons, parce qu'il est odieux qu'entre le patron et l'ouvrier se glissent de rapaces intermédiaires qui exploitent le second, et, quel que soit le bon vouloir du premier, font descendre les salaires au niveau marqué par la faim. »

Il n'y avait rien là qui ne fût en parfait accord avec mes sentiments, rien que je n'eusse moi-même fait valoir dans mes écrits. Et cependant, il me sembla juste que la question ne fût point décidée en l'absence des patrons. Je m'en expliquai franchement, avec énergie, et j'appelai l'attention de l'assemblée sur les objections à prévoir, notamment en ce qui touchait la réduction des heures de travail. N'était-ce point porter atteinte aux forces productives, pousser au renchérissement des produits, resserrer la consommation, et courir le risque d'assurer aux produits du dehors, sur notre propre marché, une supériorité qui pouvait tourner au détriment de l'ouvrier lui-même? J'engageai les travailleurs à tenir compte de ces objections, ajoutant qu'il était de leur intérêt de modérer leurs désirs, les complications de l'organisation économique actuelle étant de telle nature, qu'on n'y saurait faire un pas sans se heurter à quelque obstacle et courir quelque danger.

Mes paroles, en cette occasion, ne furent pas reçues, je l'avoue, avec la même faveur qui leur fut accordée plus tard, quand nous nous connûmes mieux les uns les autres. Il se fit un silence qui annonçait un orage, et, en effet, deux ou trois minutes étaient à peine écoulées, que plusieurs ouvriers, se levant et parlant à la fois, déclarèrent que le travail s'arrêterait jusqu'à ce qu'il fût fait droit, sur les deux questions indiquées, aux réclamations du peuple. Pénible position que la mienne! Mon sentiment personnel, ou, plutôt, tout mon cœur, était du côté des ouvriers; mais ma conscience me criait qu'à cause de cela même, je devais me garder de tout entraînement, et montrer, dès l'abord, que j'étais résolu à ne servir d'instrument qu'à ce qui me paraîtrait rigoureusement juste. Je persistai donc à dire qu'aucune décision ne pouvait être prise, avant que tous les intérêts engagés dans la question eussent été consultés.

En ce moment, M. Arago entra. Il venait d'apprendre ce qui se passait, et, fidèle à la promesse qu'il m'avait faite à l'Hôtel-de-Ville, il accourait, prêt à me donner noblement son appui.

Quiconque a vu M. Arago, avec sa haute taille, ses yeux ardents ombragés par d'épais sourcils, sa tête de Jupiter Olympien, et sa belle figure, toute pâle alors des effets d'une maladie récente, se fera aisément une idée de l'impression que produisit l'intervention de cet homme illustre.

Singulièrement persuasives et douces furent les recommandations qu'il adressa aux ouvriers, et j'en pris texte pour faire, de mon côté, un vif appel à leur patriotisme et à leur confiance. Que des hommes qui avaient élevé des barricades, renversé un gouvernement défendu par des canons, et déployé un courage qui, sur les champs de bataille, ne fut jamais dépassé, aient cédé en un instant à quelques bonnes paroles venues du cœur, quelle preuve plus frappante de tout ce qu'il y a de généreux et d'élevé dans le Peuple de Paris? L'opposition se trouva être tombée comme par enchantement. Pas un murmure, pas une plainte ; et l'assemblée se sépara en criant : « Vive la République! »

Aussitôt, des citoyens à cheval furent envoyés aux représentants les plus connus des principales industries de Paris, pour les convoquer à une assemblée générale, laquelle se tint, le lendemain, dans une des salles du palais. Les patrons y vinrent en grand nombre. Les questions posées la veille furent mises en délibération, discutées avec calme, et, la majorité des patrons ayant reconnu la justice des demandes faites par les ouvriers, soit conviction sincère, soit crainte des inconvénients attachés à un refus, un décret fut rendu qui abolissait le *marchandage*, et réduisait les heures de travail de onze à dix dans Paris, et de douze à onze dans les départements. La nouvelle s'en répandit bien vite dans Paris, et, ce jour-là, le Luxembourg fut assiégé jusqu'à la nuit de députations d'ouvriers, qui en firent retentir tous les échos d'acclamations joyeuses.

A flagorner la puissance du grand nombre, la bassesse n'est pas moindre qu'à courtiser la puissance d'un seul ; et ceux-là n'aiment pas sincèrement le Peuple, qui ne savent pas, pour le servir, s'exposer au risque de lui déplaire : voilà ce qui fut compris, au Luxembourg, quoi qu'on en ait dit, et les détails qui précèdent, dont la confirmation existe dans les documents officiels (1), le prouvent de reste.

Quant à l'ivresse fatale où l'on prétend que les promesses d'or tombées de mes lèvres jetèrent la multitude, on verra plus bas jusqu'à quel point cette accusation est inique. Aux assertions fausses de lord Normanby, je répondrai par des faits irrécusables. Encore pourrais-je vraiment m'épargner cette peine, ayant ici à invoquer contre lui le témoignage d'un homme dont l'approbation, resserrée en trois lignes, pèse plus dans un des plateaux de la balance que deux gros volumes d'injures mis dans le plateau opposé. En parlant de mes discours au Luxembourg, M. John Stuart Mill dit : « On ne saurait imaginer rien de moins violent, de moins provocateur que son langage, rien de plus tempéré et de plus praticable que tout ce qu'il proposa comme susceptible d'une application immédiate (2). »

Le parlement du travail fut institué conformément aux indications que j'avais données ; et chaque corporation fut représentée au Luxembourg par trois délégués tirés de son sein. De cette manière, un levier puissant se trouva aux mains de la Commission de gouvernement pour les travailleurs ; et, au moyen d'une assemblée permanente composée de ses élus, le Peuple de Paris fut en état d'agir comme un seul homme.

Pour ce qui est de la Commission, elle s'empressa de s'adjoindre tous les hommes compétents, sans distinction d'école : M. Charles Duveyrier, par exemple, et M. Cazeaux ; M. Jean Reynaud, M. Toussenel, M. Victor Considérant, M. Wolowski. Si la place de quelques penseurs distingués y demeura vide, ce fut, ou parce qu'ils n'étaient pas alors à Paris, comme M. Pierre Leroux ; ou parce

---

(1) *Voy.* le *Moniteur* du 3 mars 1848. — Procès-verbal de la Commission de gouvernement pour les travailleurs.
(2) *Westminster and Foreign Quarterly Review*, for April 1849.

qu'ils refusèrent leur assistance, comme M. Émile de Girardin ; ou parce que, comme M. Enfantin, ils crurent leurs idées suffisamment représentées au sein de la Commission par ceux de leurs amis qui en faisaient partie.

Mais ce qu'il m'est commandé, par-dessus tout, de rappeler, c'est l'inappréciable appui que me prêtèrent M. Vidal, secrétaire général de la Commission, et M. Pecqueur, tous les deux hommes d'un mérite éminent, d'un vaste savoir, et profondément versés dans la science de l'économie politique.

A la suite d'une discussion approfondie des principes généraux par la Commission, nous convînmes, MM. Vidal, Pecqueur, Albert et moi, d'un plan qui comprenait : — l'établissement de colonies agricoles d'après le système coopératif; — la fondation d'institutions de crédit sur une vaste échelle ; — la centralisation des assurances de toute nature ; — l'établissement d'entrepôts et de bazars destinés à amener une réforme graduelle du commerce; — la création d'une banque d'État, avec succursales dans les départements ; — en un mot, une série de mesures, toutes conçues en vue du but définitif à atteindre, mais dont le caractère, essentiellement pratique, cadrait avec les exigences présentes de l'organisation économique qu'elles avaient pour objet de modifier en évitant tout choc ruineux et toute secousse trop brusque. L'exposition détaillée de ce plan et la discussion des objections que naturellement il provoque, réclameraient un livre à part. Je renvoie ceux de mes lecteurs qui désireraient l'étudier au beau rapport qu'en a fait M. Vidal. Ce rapport, présenté avec une clarté et une précision remarquables, a été publié, par fractions, dans le *Moniteur*, et rassemblé ensuite dans un livre, intitulé *la Révolution de février au Luxembourg* (1).

L'ouverture du parlement du travail eut lieu le 10 mars, et je ne saurais mieux répondre aux calomnies dont il a plu à lord Normanby de se faire l'organe, qu'en citant quelques passages du discours que je prononçai à cette occasion.

---

(1) Voir également *Vivre en travaillant! projets, voies et moyens de réformes sociales*, par François **Vidal**. — Paris, 1848.

« En vous voyant réunis dans cette enceinte que le privilége a choisie pour son sanctuaire, et où l'on a fait tant de lois sans vous, malgré vous, contre vous, je ne puis me défendre d'une émotion profonde. A ces mêmes places où brillaient des habits brodés, voici des vestes que le travail a noblement usées, qu'ont déchirées, peut-être, de récents combats. Vous vous le rappelez : du haut de la tribune où je parle, un tribun des aristocraties évoquait naguère contre l'idée républicaine les plus sinistres puissances du passé, et, à sa voix, les pairs de France se levèrent dans un indescriptible transport. Des législateurs à tête blanche déployèrent des passions qu'on croyait glacées. Ici même, la République de nos pères fut maudite; l'on osa défendre la République à nos enfants, et toutes les mains se levèrent pour jurer haine à l'avenir. Eh bien, le provocateur, au bout de quelques jours, avait disparu. Où sont-ils maintenant? Tout le monde l'ignore, et, à leur place, c'est vous qui siégez, élus du travail. Voilà comment l'avenir a répondu!... Des républicains, l'on disait qu'ils étaient des factieux, des hommes impossibles, des rêveurs. Eh bien, il s'est trouvé, grâce à la victoire du Peuple, que les factieux ont été chargés de la responsabilité de l'ordre, et que les hommes impossibles sont tout à coup devenus les hommes nécessaires. On les dénonçait comme les apôtres de la terreur; et, le jour où ils ont été poussés aux affaires, ils ont aboli la peine de mort, leur plus chère espérance étant de pouvoir, un jour, vous conduire sur la place publique, pour y brûler, dans l'éclat d'une grande fête nationale, jusqu'aux derniers vestiges de l'échafaud... Les questions à résoudre ne sont malheureusement pas faciles. En touchant à un seul abus, on les menace tous. D'une extrémité de la société à l'autre, le mal forme comme une chaîne dont il est impossible, sans l'agiter tout entière, d'ébranler un seul anneau... Vous savez quelle concurrence meurtrière et immorale les machines font au travail humain, et combien de fois, instruments de lutte dans les mains d'un seul homme, elles ont chassé de l'atelier ceux à qui le travail donnait du pain. Les machines sont un progrès, pourtant. D'où vient donc cette anomalie tragique? Elle vient de ce qu'au sein de l'anarchie industrielle qui règne aujourd'hui, et par suite de la division des intérêts, tout se transforme naturellement en arme de combat. Que l'individualisme soit remplacé par l'association, et l'emploi des machines devient aussitôt un bienfait immense, parce que, dans ce cas, elles profitent à tous, et suppléent au travail sans supprimer le travailleur. Vous le voyez, les questions que nous avons à étudier veulent être examinées dans leur ensemble. Le principe à faire triompher est celui de la solidarité des intérêts; et cette solidarité, il faut travailler à l'introduire dans le bien, car elle existe dans le mal. La société est semblable au corps humain, où une jambe malade interdit tout exercice à la jambe saine. Un lien invisible, mais réel et fatal, unit l'oppresseur à la misère de l'opprimé, et le moment vient tôt ou tard où cette solidarité éclate en expiations terribles... Oui, plaider la cause des pauvres, c'est, on ne le répétera jamais assez, plaider la cause des riches, c'est défendre l'intérêt universel. Aussi ne sommes-nous ici les hommes d'aucune faction. Nous aimons la patrie, nous l'adorons, nous avons résolu de la servir dans l'union de tous ses enfants. Voilà sous l'empire de quels sentiments la Commission de gouvernement pour les travailleurs a été constituée. On s'est dit que le temps était venu, pour les hommes qui auraient l'audace de commander, de se faire absoudre à force d'être utiles, et qu'il fallait enfin donner au pouvoir cette grande définition : Gouverner, c'est se dévouer... Quant au caractère de la mission qui nous a été confiée, je le préciserai en quelques mots. Le but de la Commission est d'étudier avec soin les questions qui touchent à l'amélioration, soit morale, soit matérielle, de votre sort, de formuler les solutions en projets de loi, et de les soumettre, avec approbation du Gouvernement provisoire, aux délibérations de l'Assemblée nationale. Ai-je besoin d'ajouter combien sera auguste une assemblée devant laquelle auront été portés les plus grands intérêts qui aient jamais ému les hommes (1)? C'est de l'abo-

---

(1) Et c'est ce qui aurait eu lieu si le Gouvernement provisoire, par une abdication plus honorable qu'intelligente et par un recours prématuré au

lition de l'esclavage, en effet, qu'il s'agit : esclavage de la pauvreté, de l'ignorance, du mal; esclavage du travailleur qui n'a pas d'asile pour son vieux père; de la fille du Peuple qui, à seize ans, s'abandonne pour vivre; de l'enfant du Peuple qu'on ensevelit, à dix ou douze ans, dans une filature empestée. Tout cela est-il tellement conforme à la nature des choses, qu'il y ait folie à croire que tout cela doit changer un jour? Qui oserait le prétendre et ainsi blasphémer le progrès? Si la société est mal faite, refaites-la ; abolissez l'esclavage! Mais, encore une fois, rien de plus difficile, rien qui exige des méditations plus profondes, une prudence plus attentive. La précipitation ici pourrait être mortelle, et, pour aborder de tels problèmes, ce n'est pas trop de la réunion de tous les efforts, de toutes les lumières, de toutes les bonnes volontés... »

Voyons, que lord Normanby réponde : était-ce là un appel à des impatiences farouches, un mot d'ordre donné à la colère, une sommation au Peuple de reprendre le mousquet et d'en finir ? Et ce langage empreint de tant de modération, ce langage qui recommandait une patience si difficile à des hommes mourant de faim, comment fut-il accueilli? Il faut laisser parler le *Moniteur*. « Toute la salle est debout; des ouvriers versent des larmes, en proie à une émotion inexprimable (1). » Et voilà les hommes pour qui lord Normanby n'a que paroles de mépris et d'insulte !

Moi qui les ai vus de plus près et mieux connus que n'a pu faire Sa Seigneurie, je dirai ce qu'étaient les délégués du Luxembourg.

Et d'abord, il importe de savoir que leurs services furent entièrement gratuits. Jamais, comme compensation de leur temps perdu, ils ne reçurent une obole, ni de moi, qui n'avais aucuns fonds à ma disposition, ni de personne. Ce n'est pas tout : la mission qu'ils avaient si généreusement acceptée devint, pour la plupart d'entre eux et pour leurs familles, la source des plus dures privations. Une persé-

---

suffrage universel, n'eût tout remis en question. Je reviendrai sur cette faute, qui, selon moi, fut décisive.

(1) *Voy.* le *Moniteur* du 11 mars 1848.

cution sourde les enveloppa. Aux uns leur emploi fut enlevé ; aux autres les avenues du travail furent fermées par des mains barbares. Cependant, ils ne firent pas entendre un murmure, il n'élèvèrent pas une plainte, et tous, sans regarder aux sacrifices, restèrent noblement au poste que la confiance de leurs camarades leur avait assigné.

Non moins digne de remarque est l'extrême attachement qu'il ne cessèrent de témoigner à des hommes qui, comme Albert et moi, ne pouvaient apporter à leurs maux aucun adoucissement immédiat, et auxquels avait été dévolue la tâche ingrate de calmer des ressentiments, après tout légitimes. De cet attachement, aussi désintéressé dans son principe que touchant dans ses manifestations, qu'il me soit permis de citer ici un exemple.

Nous avions coutume, Albert et moi, d'aller à pied. toutes les fois que l'extrême urgence des affaires ne nous forçait pas de prendre une voiture, laquelle, soit dit en passant, était une voiture de louage (1), et non un de ces véhicules princiers qui ont figuré dans la liste des calomnies royalistes. Un soir que nous nous rendions au ministère de l'intérieur à travers les noires petites rues qui serpentent dans le voisinage de l'église Saint-Sulpice, Albert crut remarquer qu'un homme armé nous suivait, sans perdre de vue chacun de nos mouvements. Pour nous assurer du fait, nous faisons plusieurs tours et détours : l'homme était toujours derrière nous, à peu de distance, et semblait guetter le moment de mettre à exécution quelque projet sinistre. Impatientés, nous nous retournons brusquement et marchons droit à lui. Nous l'interrogeons ; point de réponse, d'abord. Il paraissait extrêmement confus. Puis, ce furent des réponses évasives qui ne firent que nous confirmer dans nos soupçons. Enfin, se sentant pressé de questions difficiles à éluder, il tire de sa poche une carte de délégué du Luxembourg, et nous la montre, en disant : « J'étais ce soir de service. » Nous ne savions ce que cela voulait dire : il nous expliqua que plusieurs de ses camarades, effrayés de nous voir sortir ainsi seuls et sans armes,

---

(1) Je reviendrai plus bas sur ce point.

étaient convenus de veiller, à tour de rôle, à notre sûreté. C'est ce qu'ils avaient fait à notre insu, et ce que nous aurions toujours ignoré, sans la circonstance que je viens de dire.

Autre fait qui met vivement en relief cette exquise délicatesse de sentiment, si remarquable chez l'ouvrier parisien. Peu de temps avant mon départ de Paris, qui frémissait encore des émotions du mois de juin, je me trouvais passer dans un endroit solitaire des boulevards extérieurs, lorsqu'une vieille femme s'approcha de moi, me demandant l'aumône. Je porte la main à ma poche, et m'aperçois que j'ai oublié ma bourse. La vieille femme paraissait misérable à l'excès, et se mit à insister d'un ton navrant. La contrariété que je ressentis de ne lui pouvoir venir en aide parut-elle sur mon visage? C'est probable; car, en ce moment, un homme en *blouse*, qui m'observait sans doute, accourt, et, d'un son de voix, avec un embarras de manières, si touchants, que, quand j'y songe, les larmes me viennent aux yeux : « Citoyen, j'étais un des délégués du Luxembourg. Il ne sera pas dit qu'un être souffrant se sera en vain adressé à vous. Faites-moi la grâce d'accepter ceci, pour que cette pauvre vieille femme, elle aussi, vous bénisse. » Et il m'offrait respectueusement une petite portion de ce salaire de l'homme du Peuple, prix de tant de fatigues! Ce que j'éprouvai, les paroles ne sauraient le rendre. Je serrai la noble main qui m'était tendue, et je sentis qu'il n'y avait rien dont je dusse me plaindre dans tant de maux que je me suis attirés en servant la cause de pareils hommes.

Le 5 mars, la Commission de gouvernement pour les travailleurs s'étant réunie, je lui rappelai que notre tâche consistait, non-seulement à préparer, touchant la question du travail, des projets de loi destinés à recevoir la sanction de l'Assemblée nationale, mais aussi à prendre toutes les mesures d'urgence propres à apporter quelque soulagement aux souffrances du Peuple. En conséquence, je soumis à mes collaborateurs la proposition suivante, qui me semblait de nature à produire beaucoup de bien sans mélange d'inconvénients : Dans chacun des quartiers les plus populeux de Paris, on aurait formé un établissement modèle assez considérable pour loger environ quatre cents familles d'ouvriers, dont chacune aurait eu son appartement séparé, et auxquelles le système de la consommation sur une grande échelle aurait assuré, en matière de nourriture, de loyer, de chauffage, d'éclairage, le bénéfice des économies qui résultent de l'association : bénéfice équivalent à une augmentation de salaire. Dans ces établissements, il y aurait eu une salle de lecture, une salle pour les enfants en nourrice, une école, un jardin, une cour, des bains. D'après les devis qui me furent présentés par deux habiles architectes, MM. Nott et Daly, chaque établissement eût coûté à peu près un million. Pour couvrir cette dépense, le gouvernement aurait ouvert un emprunt ; des femmes se seraient mises en quête de souscriptions, et tous les rangs de la société eussent été appelés à fournir des agents pour le succès d'une négociation financière d'un caractère si nouveau et d'une portée si bienfaisante.

Considéré en soi, le projet n'avait certes rien d'impraticable, et il avait été réalisé en d'autres pays. Néanmoins, des objections furent faites ; et, par exemple, on prétendit que les avantages mêmes attachés à ces sortes d'établissements donneraient lieu à des demandes trop nombreuses pour qu'on pût les admettre toutes : à quoi il fut répondu que la préférence serait accordée aux personnes mariées sur les célibataires, et, parmi les premières, à celles qui seraient le plus chargées de famille. Ceci comme moyen de parer à la difficulté, *dans les commencements :* car il était bien compris que le projet à débattre n'était que l'inauguration d'un système destiné à s'étendre peu à peu et à se généraliser, en raison de son excellence pratiquement démontrée. La question fut examinée sous toutes ses faces, avec beaucoup de sagacité et de talent, par MM. Vidal, Dupoty, Dussard, Duveyrier et Malarmet, ce dernier, ouvrier en bronze, homme d'une haute intelligence, et très-versé dans la connaissance du sujet. La conclusion fut qu'un résumé serait fait des vues qui avaient obtenu l'assentiment de la majorité de la Commission, et que le tout serait soumis à l'approbation du Gouvernement provisoire

Ce projet, si important au bien-être de la classe ouvrière à Paris, est un de ceux qui auraient pu être sur-le-champ mis à exécution, si le ministère spécial dont j'avais demandé la création eût été institué. Malheureusement, dans l'état où étaient les choses, je ne pus que *présenter* la proposition; et la succession rapide des événements ayant bientôt changé la face de la situation, cette proposition fut écartée, comme tant d'autres!...

Je me crois en droit d'appuyer sur ce point, parce qu'on s'est étudié à répandre en Angleterre que les plans du Luxembourg échouèrent à cause de leur impraticabilité, jointe à mon « incapacité administrative, » et cela, malgré les « grandes ressources » que j'avais sous la main. C'est ainsi qu'un écrivain distingué, M. Saint-John, dit, en parlant de moi, dans sa *Biographie de Louis-Napoléon :* « Son remarquable talent d'écrivain ne fit que mettre plus vivement en relief son insuffisance comme administrateur (1). » Et un autre auteur anglais met aussi en doute mon habileté administrative, en songeant aux amples moyens (*ample means*) dont il suppose, fort gratuitement, que j'étais armé (2). Je voudrais bien savoir comment j'aurais pu *administrer* avec efficacité, là où il n'y avait *rien à administrer du tout;* et il est vraiment étrange que des écrivains qui prétendent connaître les choses dont ils parlent, se hasardent à faire sonner si haut mes *ample means*, lorsqu'il est notoire qu'au Luxembourg il n'y eut jamais ni caisse, ni bureaux, ni ombre d'organisation administrative.

On se rappelle qu'à l'Hôtel-de-Ville, ce fut seulement sur les vives instances de M. Arago que je me résignai à accepter la présidence de la Commission de gouvernement pour les travailleurs, c'est-à-dire à courir au-devant d'une responsabilité énorme, sans aucun des *moyens* d'y faire face : des révélations ultérieures n'ont jeté que trop de jour sur les motifs secrets qui portèrent certains mem-

---

(1) *Louis Napoleon : a Biography*, by Augustus Saint-John, p. 268. 1857.

(2) *Napoleon the Third. Review of his Life, Character and Politic*, etc., by a British officer, p. 141, 1857.

bres du Conseil à insister pour mon acceptation, et, parmi ceux-là je me hâte de déclarer que je ne range pas M. Arago, qui, en cette occasion, fut à son insu, j'en suis persuadé, l'instrument du complot raconté par M. Émile Thomas en ces termes :

« M. Marie me dit que l'intention formelle du Gouvernement était que cette expérience du Luxembourg se fît; qu'elle aurait un excellent effet, celui de démontrer le vide des théories inapplicables de Louis Blanc (et l'on commençait par m'ôter tout moyen de les appliquer); que, de cette manière, la classe ouvrière ne tarderait pas à se désabuser; que son idolâtrie pour Louis Blanc s'écroulerait d'elle-même; qu'il perdrait pour toujours son influence, son prestige, et cesserait d'être un danger (1). »

Il est vrai que l'événement trompa quelque peu cet espoir, si c'était là ce qu'on espérait. Non-seulement la confiance des délégués en moi demeura jusqu'au bout inébranlable, mais elle revêtit un singulier caractère de générosité et de grandeur. Le Peuple avait reconnu les siens.

Au reste, quelques précautions qu'on eût prises pour me lier les mains, je ne fus pas sans tirer de ma position des résultats pratiques dont le plus important fut l'impulsion donnée à l'établissement des associations ouvrières. L'histoire de leurs origines formera un chapitre à part. Je me contenterai ici de rappeler, en quelques mots, ce qui, en dehors même de ce grand mouvement, signala l'action du Luxembourg.

La difficulté pour les travailleurs de trouver de l'emploi, et pour les patrons de trouver à point nommé les travailleurs dont ils avaient besoin, était un des maux de la situation. Je fis rendre par le Gouvernement provisoire un décret ordonnant la création, dans chaque mairie, d'un bureau officiel dont l'objet était de rapprocher l'offre et la demande.

Il y avait un abus dont les ouvriers se plaignaient bien haut et avec justice : c'était la concurrence désastreuse,

---

(1) *Histoire des Ateliers nationaux*, par M. Émile Thomas, p. 47.

impossible à soutenir, que faisait au travail libre le travail des prisonniers nourris et entretenus aux frais de l'État. La Commission de gouvernement pour les travailleurs fit résilier immédiatement les marchés passés avec des entrepreneurs pour le travail des prisonniers, et décider que, s'il y avait lieu à indemnité, le montant en serait payé par l'État, après avoir été fixé, soit de gré à gré entre les parties intéressées, soit par les tribunaux compétents, sur rapport d'experts (1).

Même mesure fut appliquée aux travaux exécutés par des militaires en état de service, ou recevant de l'État la solde, l'entretien, la nourriture et le logement (2).

Les travaux d'aiguille ou de couture organisés dans les établissements dits de *charité* avaient tellement avili le prix de la main-d'œuvre, que les mères, femmes et filles des ouvriers ne pouvaient plus, malgré un labeur excessif et des privations sans nombre, faire face aux besoins de première nécessité. Sur la proposition de la Commission de gouvernement pour les travailleurs, le Gouvernement provisoire publia un décret qui mettait fin à cet intolérable abus (3).

J'aurais trop à dire si je voulais énumérer toutes les mesures que le Luxembourg prit pour obvier aux souffrances du moment ; mais je ne saurais passer sous silence un fait qui prouvera que, quelque ardentes que fussent ses sympathies pour la classe ouvrière, la Commission ne les fit jamais passer avant la justice.

Les Anglais ont su, par une multitude d'amers pamphlets, amèrement commentés, et, entre autres libelles, par celui de lord Normanby, qu'après la révolution de février, de violentes clameurs s'élevèrent contre la concurrence, devenue très-fâcheuse, que les ouvriers étrangers faisaient aux travailleurs indigènes (4). Cela est vrai : je l'avoue avec douleur. Mais à ce fait se lient des circon-

---

(1) *Voy.* le *Moniteur* du 25 mars 1848.
(2) *Ibid.*
(3) *Ibid.*
(4) *A Year of Revolution in Paris*, t. I, p. 178.

stances que lord Normanby s'est bien gardé de révéler à ses concitoyens, et qu'il est bon de mentionner.

A peine fus-je informé, au Luxembourg, de l'agitation qui régnait dans certains ateliers, que je résolus d'y parer. Et il n'y avait vraiment là, de ma part, aucun effort de courage ; car je connaissais trop les ouvriers parisiens, pour n'être pas sûr d'avance que tout appel au sentiment du droit et de l'honneur produirait sur eux un effet décisif. Je rédigeai, en conséquence, la proclamation suivante, pour laquelle je n'eus pas de peine à obtenir les signatures de tous mes collègues du Gouvernement provisoire, et qui parut dans le *Moniteur* du 9 avril 1848.

« Sur la proposition de la Commission de gouvernement pour les travailleurs,

« Considérant que le principe inauguré par la République triomphante est le principe de la fraternité ;

« Que nous venons de combattre, de vaincre, au nom et pour le compte de l'humanité tout entière ;

« Que ce seul titre d'hommes a quelque chose d'inviolable et d'auguste que ne saurait effacer la différence des patries ;

« Que c'est, d'ailleurs, l'originalité glorieuse de la France, son génie, son devoir, de faire bénir par tous les peuples ses victoires, et, quand il le faut, ses douleurs mêmes ;

« Considérant que, si elle nourrit en ce moment beaucoup d'étrangers, un nombre bien plus grand encore de nationaux vivent de leur travail en Angleterre, en Allemagne, en Suisse, en Amérique, sous les cieux les plus éloignés ;

« Que provoquer des représailles en repoussant loin de nous nos frères des autres pays serait une calamité en même temps qu'un déshonneur ;

« Le Gouvernement provisoire place sous la sauvegarde des travailleurs français les travailleurs étrangers qu'emploie la France, et il confie l'honneur de la République hospitalière à la générosité du Peuple (1). »

(1) *Voy.* le *Moniteur* du 9 avril 1848.

Il n'en fallut pas davantage : l'agitation tomba, comme par enchantement.

La vérité est que, pour exercer de l'influence sur ce peuple, le plus noble qui fut jamais, il suffisait de parler à sa raison et à son cœur. Et cela même n'était que rarement nécessaire. De leur aptitude à tirer de leur propre sein les mobiles généreux qui, si souvent, déterminèrent leurs actes, je pourrais citer mille exemples : qu'il me suffise de rappeler avec quelle touchante spontanéité ceux d'entre eux qui étaient employés offrirent au Gouvernement provisoire, du milieu de leur détresse, le montant d'une cotisation destinée à faire travailler leurs camarades sans emploi (1).

Mais non moins digne d'éloges fut la modération de leurs demandes et de leur langage en ces jours où ils étaient tout-puissants : témoin une déclaration qu'on lut sur tout les murs de Paris, signée d'un grand nombre d'ouvriers, et dans laquelle le Peuple était adjuré de se garder de toute prétention de nature à amener la ruine des patrons et la fermeture des ateliers (2).

C'est à ce mélange de modération et de bon sens dans la classe ouvrière que le Luxembourg dut de pouvoir intervenir d'une manière efficace, toutes les fois qu'il y eut quelque différend à régler entre les ouvriers et les patrons. — Et qu'on le remarque bien, cela n'eut jamais lieu qu'à la requête des deux parties intéressées.

J'ai dit combien le peuple de février, pris en masse, fut magnanime : pas de fait historique qui soit plus invinciblement établi. Toutefois, c'eût été miracle si une tempête sociale comme celle de 1848 eût passé sur la France sans y remuer beaucoup d'intérêts et de passions. Il arriva donc que les espérances éveillées par la Révolution s'échappèrent quelquefois en plaintes douloureuses, quelquefois en plaintes véhémentes. Là où les souffrances résultant du vice des institutions sociales se trouvèrent être absolument intolérables, les opprimés durent essayer de secouer

(1) Les ouvriers de M. Henry Leclerc donnèrent l'exemple. *Voy.* le *Moniteur* du 11 mars 1848.
(2) *Ibid.*

le joug. Alors se produisirent, de la part des privilégiés, d'injustes résistances, qui, à leur tour, provoquèrent des réclamations emportées dont l'excès eût pu devenir fatal aux réclamants eux-mêmes. On devine à quelles calamités de semblables conflits eussent donné naissance, si un haut tribunal arbitral, investi de la confiance publique, n'eût existé. La nature même des choses plaça ce tribunal au Luxembourg, dont on peut dire que les services, sous ce rapport, furent immenses.

Son intervention mit fin à des grèves désastreuses, comme dans le cas de la manufacture Derosne et Caill; d'ardentes disputes furent, ou calmées, ou prévenues; des conciliations sans nombre furent opérées, quelques-unes d'une importance telle, que la paix publique en dépendait.

Qui ne se rappelle l'aspect de Paris pendant les premiers jours de la Révolution? Partout des barricades, ou leurs débris. Le mouvement du commerce arrêté, les moyens de transport paralysés, demandaient impérieusement que les pavés qu'avait dérangés le combat fussent remis en place. Une grande difficulté s'éleva. Les paveurs mettaient à leur travail des conditions nouvelles, et, en cas de refus, se déclaraient résolus à rester les bras croisés. Quel dénoûment aurait eu la crise, si le Luxembourg n'eut été là? C'est à lui que, d'un commun accord, patrons et ouvriers s'adressèrent; un débat s'ouvrit, qui écarta la force pour ne laisser parler que la justice; les demandes des paveurs, reconnues légitimes, furent accueillies favorablement, et les rues reprirent leur aspect accoutumé (1).

Mais à peine les pavés étaient-ils remis en place, que, sur chaque point de Paris, les voitures s'arrêtèrent. Ce furent d'abord les omnibus, les favorites, etc..., puis les fiacres, les cabriolets, toutes les voitures publiques. Encore une question de salaire! La médiation du Luxembourg est sollicitée; cochers et entrepreneurs comparaissent devant ce tribunal, auquel, avec une égale anxiété, les uns et les autres ont eu recours; les délégués des parties sont contradictoirement entendus; un accord a lieu, à la sa-

---

(1) *Voy. l'Appendice*, n° 3.

tisfaction de tous, et la circulation reprend de toutes parts (1).

Une salle provisoire était à construire pour les delibérations de l'Assemblée nationale, l'enceinte de l'ancienne chambre des députés n'étant pas assez vaste pour la République. Au moment où les travaux devaient être poussés avec le plus d'activité, l'ouverture de l'Assemblée approchant, voilà, que tout à coup les couvreurs descendent du toit de l'édifice et se refusent d'y remonter, par suite d'un différend avec les entrepreneurs. L'intervention du Luxembourg est requise, et sur un simple appel à leur patriotisme, les couvreurs offrent de travailler gratuitement pour la République : générosité que la République ne pouvait accepter, mais qui ne la laissait pas moins débitrice d'un second salaire : la reconnaissance.

Longue serait la liste des conciliations opérées, s'il était nécessaire de tout dire. Mécaniciens, ouvriers en papiers peints, cochers, débardeurs, paveurs, chapeliers, plombiers-zingueurs, boulangers, maréchaux, blanchisseurs,... il est peu de professions où le Luxembourg n'ait ramené le travail en y rétablissant la concorde. Les procès-verbaux existent, revêtus des signatures des parties ! Déchire, qui en a le pouvoir, cette page d'histoire (2) !

Et ce qu'il ne faut pas oublier, c'est que, le plus souvent, les patrons furent les premiers à venir solliciter notre arbitrage (3). Patrons et ouvriers prenaient séparément le chemin du Luxembourg ; ils en sortaient presque toujours ensemble.

Une des conciliations ci-dessus mentionnées mérite d'arrêter l'attention du lecteur, parce qu'elle eut pour résultat de sauver Paris d'un danger imminent.

Le 29 mars, Paris courut risque de se réveiller sans pain. Le 25, la lettre suivante m'avait été adressée par les délégués du syndicat de la boulangerie :

---

(1) Voy. l'Appendice, n° 3.
(2) Ibid.
(3) Ibid.

« Citoyen représentant,

« Deux des représentants du syndicat de la boulangerie de Paris ont à vous faire une communication urgente, au sujet de graves appréhensions concernant la fabrication du pain ce soir ; ils ont eu hier deux conférences avec le citoyen préfet de police ; ils doivent retourner près de lui à une heure et demie. Peut-être vous trouverez vous à la conférence. C'est ce motif qui rend d'autant plus indispensable la communication qu'ils vous prient d'entendre, au nom de la tranquillité de Paris.

« Ils sont, etc...

« *Signé :* PART, CH. PÉCOURT.

« Samedi, 25 mars, onze heures trois quarts. »

Relativement aux suites qu'eut cette lettre, je laisse la parole au *Moniteur :*

« L'intervention officieuse de la Commission de gouvernement pour les travailleurs a encore été invoquée aujourd'hui, mais, cette fois, dans des circonstances exceptionnelles. Il s'agissait de l'une des industries (la boulangerie de Paris) dont les moindres perturbations peuvent avoir les plus graves résultats pour la subsistance de la capitale. Les ouvriers boulangers forment le corps d'état dont les souffrances appelaient les palliatifs les plus prompts et les plus efficaces. Le vif sentiment du sort douloureux qui leur était insensiblement échu au sein d'un régime de travail devenu généralement intolérable, les exaspérait enfin, et leur avait inspiré des résolutions extrêmes. Paris était menacé de manquer de pain dans quelques jours, demain peut-être. La conciliation, cependant, et une conciliation entière, a été aussitôt accomplie que demandée ; les délégués des patrons et ceux des ouvriers sont venus, ce matin, soumettre leur litige à l'arbitrage du président et du vice-président de la Commission. Un tarif nouveau est sorti d'une courte et amiable discussion contradictoire, et il a été consenti avec empressement par les deux parties. La masse des ouvriers boulangers stationnait dans la cour du Luxembourg, attendant avec une impatience pleine d'émotion l'issue de la démarche. M. Louis Blanc est venu lire la délibération, qui a été acclamée sans réserve et avec enthousiasme. Des témoignages de la plus sincère gratitude, apportés par les délégués des deux intérêts en présence, ont amplement récompensé la Commission de son infatigable sollicitude. Tandis que les patrons envoyaient remercier la Commission, un ouvrier, que ses camarades avaient délégué d'un mouvement spontané, s'approcha, vivement ému, de M. Louis Blanc, lui pressa chaleureusement la main, et lui offrit, en leur nom, deux francs sur la plus prochaine journée du travail de chacun d'eux, pour, le montant de ce don être mis à la disposition du Gouvernement provisoire. Ces faits ont une grande signification, car ils ne sont point isolés. Nous ne rappellerons pas les cas difficiles que la Commission a déjà arbitrés; la plupart ont été livrés à la publicité; hier encore, par d'opportunes démarches auprès de la Compagnie du chemin de fer de Lyon, la Commission applanissait les difficultés qui menaçaient de prolonger le chômage désastreux des ouvriers mécaniciens de l'établissement Farcot, de Saint-Ouen; et, ce matin, les ouvriers recevaient l'assurance qu'ils pouvaient reprendre leurs travaux et qu'ils allaient retrouver leurs salaires (1). »

C'est avec de pareils documents sous les yeux, que lord Normanby écrit : « Il n'y avait plus de farine dans la ville, et les boulangers avaient cessé de distribuer du pain. Nous devons aux heureux efforts de Lamartine d'avoir échappé, par l'enlèvement des barricades, à un danger plus sérieux, quoique moins apparent, qu'un massacre (2). »

On peut juger, d'après cet échantillon, de la valeur historique des compliments que, tout le long de son livre, Sa Seigneurie adresse à M. de Lamartine, aux dépens de la Révolution et du Peuple.

Pour avoir une idée exacte du fardeau qu'eut à porter le Luxembourg, le lecteur ne doit point perdre de vue que tout ce qui précède fut accompli — grâce, du reste, à l'as-

---

(1) *Voy.* le *Moniteur* du 28 mars 1848.
(2) *A Year of Revolution in Paris*, t. I, p. 145.

sistance, très-active et très-efficace, de M. Vidal, — dans le court espace de deux mois, pendant lesquels nous avions, en outre, à suivre les délibérations du Gouvernement provisoire. Je ne me rappelle pas avoir, à cette époque, travaillé moins de quatorze heures par jour. Albert, dont la constitution était d'airain, tint bon contre la fatigue ; il n'en fut pas ainsi de moi, et ma santé reçut alors une atteinte profonde.

Voilà nos crimes.

Et maintenant, réduit à tracer ces lignes en pays étranger... Mais quel soldat est reçu à se plaindre d'avoir été blessé en combattant ? Et d'ailleurs, que d'autres, bien plus méritants, ont bien plus souffert ! Quelque dur qu'il soit d'avoir été arraché, pour de longues années, pour toujours, peut-être, à ce qu'on avait de plus cher au monde ; quelque dur qu'il soit d'avoir à se traîner dans l'exil sous le double aiguillon de la calomnie et de la pauvreté, respirer l'air pur, après tout ; pouvoir embrasser du regard toute l'étendue des cieux : avoir l'espace devant soi ; se sentir libre ; c'est vivre. L'horreur, l'agonie, la mort avec la conscience qu'on vit dans la mort, c'est d'être plongé au fond d'un cachot où ne pénètrent ni les rayons du soleil ni les accents de la voix humaine ; c'est de traverser des prisons où l'on est confondu avec des voleurs et des assassins ; c'est de ne plus savoir de l'espace que ce que vous en révèle, sur la route d'un donjon à un autre donjon, le mouvement d'une voiture cellulaire, **c'est-à-dire le mouvement d'un tombeau. Pauvre Albert !**

CHAPITRE DIXIÈME

ASSOCIATIONS COOPÉRATIVES ÉTABLIES PAR LE LUXEMBOURG

Le délégué Bérard. — Association des ouvriers tailleurs. — Le Gouvernement lui accorde la fourniture de cent mille tuniques pour la garde nationale. — La prison de Clichy transformée en atelier. — Statuts et règlement de l'Association. — Résultats obtenus. — Désintéressement des associés. — Secours en travail donnés par eux à des ouvrières de divers corps d'état. — Associations des ouvriers selliers. — La confection d'une partie de selles militaires leur est adjugée par le Gouvernement. — Opposition du général Oudinot à cette mesure. — Association des fileurs, des passementiers, etc., etc. — Efforts de la réaction pour empêcher qu'elles ne se consolident. — Opinion de M. William Conningham sur le système coopératif. — Les associations ouvrières à l'Exposition de l'industrie. — Manœuvres et persécutions dirigées contre elles. — L'Union des associations se fonde, sur les bases indiquées par le *Nouveau-Monde*. — M. Delbrouck, son organisateur, traduit en justice et condamné. — Associations aujourd'hui survivantes.

Dans le chapitre suivant, je montrerai comment toute l'Europe a été amenée à mettre sur le compte du socialisme ces trop fameux Ateliers nationaux qui furent, au contraire, en haine du socialisme, établis et organisés par ses adversaires officiels; je me propose ici de parler d'un genre d'institutions tout autre : j'entends les associations coopératives, dont la fondation eut des résultats si frappants et si durables. J'ai confiance que ce sujet ne paraîtra dénué ni de nouveauté ni d'intérêt. C'est la mise en lumière des efforts tentés pour la réalisation d'un principe « qu'on peut considérer, dit la comtesse d'Agoult, dans sa belle et généreuse *Histoire de la Révolution de février*, comme le point de départ de l'organisation naturelle du prolétariat, comme l'origine d'une commune industrielle destinée, avec le temps, à devenir, pour les prolétaires du monde moderne, ce que fut la commune du moyen âge pour les bourgeois : la garantie des droits et la sécurité de l'existence par la combinaison et la confédération des forces (1). »

J'ai déjà expliqué que, suivant moi, l'établissement des associations coopératives d'ouvriers aurait dû se rattacher à l'initiative de l'État; et cette initiative eût produit des effets d'une portée incalculable, si le Gouvernement provisoire n'en eût repoussé jusqu'à l'idée par le refus de créer le ministère spécial que je proposais. Cette proposition, mes instances pour la faire accepter, l'appui que me prêtaient sur ce point les ouvriers, les objections élevées par la majorité du Conseil, l'offre de ma démission, l'ardeur avec laquelle on me pressa de la retirer, et les motifs qui, après une longue hésitation, m'y firent consentir, tout cela est connu du lecteur. Je me trouvai donc entièrement paralysé. Et toutefois, deux circonstances se produisirent, qui me donnèrent quelque espoir de pouvoir, malgré tant d'obstacles, mettre les associations ouvrières en mouvement, au moins d'une façon partielle.

En premier lieu, le Gouvernement provisoire avait rendu un décret provisoire qui incorporait dans la garde nationale tous les citoyens, et décidait qu'un uniforme serait fourni, aux frais de l'État, à quiconque serait trop pauvre pour en faire lui-même la dépense (2).

En second lieu, le Gouvernement provisoire avait aboli la contrainte par corps dans un décret motivé comme il suit :

« Considérant que la contrainte par corps, ancien dé-

---

(1) *Voy. l'Histoire de la Révolution de* 1848, publiée sous le pseudonyme de Daniel Stern, t. II, chap. VIII, pp. 205 et 206.
(2) *Voy.* le *Moniteur* du 16 mars 1848.

bris de la législation romaine, qui mettait les personnes au rang des choses, est incompatible avec le droit public ;

« Considérant que, si les droits des créanciers méritent la protection de la loi, ils ne sauraient être protégés par des moyens que repoussent la raison et l'humanité ; que la mauvaise foi et la fraude ont leur répression dans la loi pénale ; qu'il y a violation de la dignité humaine dans cette appréciation qui fait de la liberté des citoyens un équivalent légitime d'une dette pécuniaire... etc... (1). »

En conséquence, la prison de Clichy était devenue libre.

Ainsi donc, on pouvait : 1° fonder une association d'ouvriers, en lui confiant la confection des uniformes de la garde nationale ; 2° transformer la prison de Clichy en atelier.

Sur ces entrefaites, j'apprends qu'il y avait parmi les délégués de la corporation des tailleurs un ouvrier doué de qualités éminentes, et placé très-haut dans l'estime de ses camarades. Je lui fais dire que je désire le voir ; il accourt. Je n'oublierai jamais l'impression qu'il me fit, dès qu'il parut. C'était un homme entre deux âges et de moyenne stature. Sa physionomie était sereine, un peu triste néanmoins, et d'une extrême douceur. Son corps mince et frêle, ses joues creuses, son visage d'une pâleur maladive, et son front prématurément dégarni, disaient assez qu'il avait beaucoup souffert et qu'il ne vivrait pas longtemps. Mais il y avait dans le caractère général de son attitude et dans le calme profond de ses yeux bleus la révélation d'une âme qui avait dû porter courageusement le poids de la vie. Son nom était Bérard.

« Je vous ai envoyé chercher, lui dis-je, pour avoir votre opinion sur la possibilité de fonder une association parmi les ouvriers tailleurs.

— Avant tout, répondit-il, permettez-moi de vous demander si le Gouvernement provisoire est disposé à engager quelques fonds dans des entreprises de ce genre?

— Non ; c'est ce que j'aurais voulu, pour ma part ; et

(1) *Voy.* le *Moniteur* du 10 mars 1848.

c'est dans ce but que j'avais demandé la création d'un ministère spécial ; mais vous savez que ma demande a été repoussée.

— Je le sais, et mes camarades le savent. »

Ici, un sourire amer entr'ouvrit ses lèvres, et il s'arrêta. Je compris qu'il faisait effort pour refouler un reproche au fond de son cœur.

« Eh bien ? demandai-je.

— Eh bien, reprit-il d'un ton à la fois affectueux et ferme qui me frappa, les ouvriers de Paris ont été douloureusement surpris de vous voir céder, sûr comme vous l'étiez qu'ils vous soutiendraient jusqu'à la mort.

— Un jour — et ce jour n'est pas éloigné, j'espère — on appréciera équitablement les motifs de ma conduite... Mais venons à la question du moment. Croyez-vous que, dans votre profession, une association coopérative soit possible en dehors même de l'intervention de l'État ? »

Il hésita un instant. Puis :

« La grande difficulté, dit il, est dans le défaut d'instruments de travail et dans le défaut d'avances. Il y a dans Paris, à l'heure qu'il est, près de deux mille ouvriers appartenant à ma profession, qui ne demanderaient pas mieux que de se former en association. Mais il faut, pour cela, une certaine mise de fonds. Et où trouver l'argent nécessaire ? Est-ce à leurs économies que peuvent s'adresser des hommes dont la plupart, atteints par la crise commerciale, sont sans travail et sans pain ?

— Est-ce là, selon vous, l'unique difficulté ?

— Il en est une autre qu'on ne doit point perdre de vue, dans une profession telle que la mienne. Vous n'ignorez pas sans doute, monsieur, de quelle source les confectionneurs tirent le plus clair de leurs bénéfices : des associations fondées sur le principe de la fraternité humaine pourraient-elles, ainsi que les confectionneurs, battre monnaie avec le chômage et la misère ? pourraient-elles, en exécutant le travail à vil prix, faire tomber encore le taux, déjà si réduit, des salaires ? Il leur faudrait donc vendre plus cher ; et comment dès lors soutenir la concurrence ? Savez-vous, monsieur, combien une pauvre femme reçoit pour un gilet qui, souvent, exigera d'elle deux jours de travail? Quinze sous! oui, quinze sous! Voilà l'explication des gros bénéfices faits par certains spéculateurs. Ah! plutôt mourir de faim, que d'aller à la fortune le long de tels sentiers! Et ce sentiment est général parmi nous; car, à moins d'un franc et demi par jour, il est impossible qu'une femme vive, et il est affreux de penser à ces longues veilles où, courbées incessamment sur un travail si improductif pour elles, d'infortunées jeunes filles usent leur santé, et luttent contre le désespoir, dans une agonie dont, quelquefois, la prostitution seule est le terme. »

En parlant ainsi, l'honnête ouvrier était arrivé par degrés à une animation extraordinaire; une vive rougeur colorait les pommettes de ses joues, et l'émotion de son cœur brillait dans l'humide éclat de ses yeux.

— Mais, repris-je, si l'État vous faisait une commande considérable; s'il mettait un local à votre disposition?

— Oh! alors, ce serait différent, surtout si un prix raisonnable nous était offert pour la main-d'œuvre. Comme je vous l'ai dit, Paris renferme en ce moment un grand nombre d'ouvriers tailleurs en qui le principe d'association trouvera des partisans sincères, et, quant à moi, je suis prêt à me dévouer tout entier à son triomphe, croyant cela nécessaire et juste.

— Mais il m'est revenu que vous êtes très-habile dans votre état, et que vous comptez parmi ceux qui ont coutume de toucher un bon salaire. Vous allez affronter une rude tâche...

Il m'interrompit en s'écriant :

— Ah bah! j'en ai vu bien d'autres!

Le résultat de cette entrevue fut la formation d'une association d'ouvriers tailleurs, à la tête de laquelle figurèrent Bérard et les deux ouvriers qui, comme lui, avaient été délégués par la corporation. J'obtins pour eux la commande de cent mille tuniques; la prison de Clichy, devenue vacante, se changea en atelier (1); et les associés s'y installèrent, au nombre d'environ deux mille, sous l'em-

(1) *Voy.* le *Moniteur* du 17 mars 1848.

pire d'un règlement qui, fait par eux-mêmes, se rapportait aux principes développés, huit années auparavant, dans le livre intitulé *Organisation du travail* (2).

Dès le commencement, les associés se montrèrent profondément imbus de l'idée qu'ils avaient charge de contribuer à l'émancipation graduelle de leurs frères, en leur donnant une preuve pratique des avantages du système coopératif, conçu dans un esprit de solidarité. Pour être admis dans la famille — famille est vraiment le mot — les conditions furent : 1° possibilité d'employer des travailleurs additionnels ; 2° de la part du candidat, bonne conduite, bonne volonté, et connaissance suffisante du métier. Nulle autre autorité que celle de tous, représentée par des mandataires élus — serviteurs désintéressés de l'intérêt commun, et sûrs, comme tels, d'être aimés, respectés, obéis. Convaincus que, dans une association de frères, le faible ne doit jamais être sacrifié au fort ; qu'une répartition inégale des fruits du travail collectif tend à encourager l'égoïsme chez les uns, à éveiller l'envie chez les autres, à relâcher le lien de l'association, et à préparer de la sorte sa ruine ; que des hommes qui travaillent côte à côte, en vue d'un intérêt commun, sont naturellement accessibles au même sentiment d'honneur dont sont animés des soldats combattant côte à côte, en vue d'une commune victoire ; que l'atelier est au pouvoir de créer ce que le champ de bataille est au pouvoir de détruire, et qu'il est aussi honteux de reculer devant le travail que devant l'ennemi, les ouvriers de Clichy ne crurent nullement commettre une faute en adoptant le système de l'égalité absolue, soit dans la distribution des salaires, soit dans celle des bénéfices. Il fut, en outre, convenu qu'un fonds spécial serait destiné au soulagement des veuves, des orphelins, des malades, et que la somme des profits serait divisée en deux parts : l'une, à répartir entre les associés ; l'autre, réservée pour la formation progressive d'un capital collectif, indivisible, appartenant, pour ainsi dire, au principe de l'as-

(1) La première édition avait été publiée en 1840 : la neuvième le fut en 1850

sociation, et destinée à le fortifier, à le perpétuer, à l'étendre.

Il est étrange que ceux qui ont poussé de si vives clameurs contre le système de l'égalité des salaires, adopté à Clichy et, depuis, dans beaucoup d'autres associations ouvrières, n'aient pas pris garde que ce système est précisément celui qui est en vigueur dans une foule de métiers — dans l'armée — dans la marine — dans tous les ordres de fonctions publiques! Je ne puis me rappeler sans sourire que, dans l'Assemblée constituante de 1848, dont chaque membre recevait vingt-cinq francs par jour, et où, conséquemment les orateurs les plus renommés et les plus brillants grands se trouvaient, en fait de rémunération, juste au niveau d'hommes munis d'un fort léger bagage de mérite, j'ai entendu plusieurs de ces derniers tonner contre l'égalité des salaires, au nom des droits du talent; ces braves gens n'oubliaient qu'une chose, qui était de s'appliquer à eux-mêmes leur théorie. Et qu'auraient-ils donc répondu à qui leur eût demandé si tous les soldats — lesquels reçoivent une paye uniforme — sont également zélés, également actifs, également courageux? si, parmi les juges d'un même degré, il y a égalité d'intelligence et de savoir comme égalité de traitements? Et d'où vient que cela ne paraît monstrueux à personne? Dira-t-on que, dans l'un et l'autre cas, l'espoir de l'avancement, les perspectives ouvertes sur l'avenir, fournissent à l'activité individuelle de suffisants mobiles? Mais une association du genre de celle dont il est ici question fournit des mobiles absolument analogues, l'intérêt de chacun y étant lié à l'intérêt de tous, et le bénéfice collectif ne pouvant s'accroître, sans que la part afférente à chacun s'accroisse en proportion. Il y a mieux : on est fondé à soutenir que l'intérêt personnel ici est d'autant plus en jeu que la récompense est plus certaine, plus immédiate. Mais quelle certitude le soldat, par exemple, a-t-il devant lui? Esclave de ses chefs, victime de leurs injustes préférences ou jouet de leurs caprices, soumis à mille chances qui échappent à son contrôle, et lancé dans une vie de hasards qui sans cesse pousse la mort sur son chemin, en quoi, pour lui, l'espoir de l'avancement diffère-t-il du plus nuageux des rêves?

D'un autre côté, on ne saurait nier que, dans une association coopérative, il n'y ait, ainsi que dans un peuple ou une armée, cette force impulsive qui, sur une grande échelle, s'appelle *esprit public*, et, sur une petite échelle, *esprit de corps*. Et là aussi existe, en vertu du rapprochement des volontés, en vertu de la concordance des efforts, cette loi du « point d'honneur, » dont la puissance, quoique matériellement immesurable, est si grande. C'est le *point d'honneur* qui parle au soldat, lorsque, placé sous les yeux de ses camarades, il faut qu'il tue : pourquoi le « point d'honneur » ne parlerait-il pas aussi haut à l'ouvrier, lorque, placé de même sous les yeux de ses confrères, il aurait à produire? Il les vole si, appelé à partager leurs profits, il élude le devoir de partager leurs fatigues; et la honte d'être, sur le champ de bataille, un *lâche*, ne saurait être un frein plus efficace que celle d'être, dans l'atelier fraternel, un *voleur*.

Il est très-vrai qu'au système de l'égalité des salaires on peut objecter avec raison qu'il ne donne pas plus au père de famille qu'au célibataire. Mais combien plus pressante est l'objection contre le mode contraire, sous l'empire duquel un pauvre ouvrier, chargé de quatre enfants, gagnera moins, s'il est faible, que tel autre qui, habile ou robuste, mais garçon, n'a qu'une bouche à nourrir?

Au reste, il doit être bien entendu que ni les ouvriers de Clichy, ni ceux qui, depuis, les imitèrent, n'eurent garde d'adopter l'égalité des salaires comme le vrai principe de justice sociale; non, non. Ils en essayèrent, faute de trouver dans l'ordre de choses existant le moyen de réaliser la doctrine « A chacun selon ses facultés, de chacun selon ses besoins, » la seule, en effet, qui pose les bases d'une rétribution équitable, la seule qui se prête au complet développement de l'être humain en chacun de nous, la seule qui mette la société d'accord avec la nature. Malgré son imperfection manifeste et ses inconvénients possibles, le système de l'égalité des salaires fut adopté par l'unique motif que, de tous les procédés *transitoires* dont la constitution actuelle de la société permettait l'emploi, celui-là s'éloignait le moins de la science sociale qui a pour point de départ ce bel axiome : « Qui fait ce qu'il peut fait ce qu'il doit. »

Quant aux résultats, il est permis d'affirmer qu'ils furent, sous tous les rapports, remarquables.

Je me souviens qu'un jour deux Anglais de distinction, MM. Wilson et Moffatt, me firent l'honneur de me venir voir au Luxembourg. Ils désiraient une lettre d'introduction pour le gérant de l'association de Clichy. Je m'empressai de la leur donner; et je sais qu'ils n'oublièrent jamais ni la réception courtoise qui leur fut faite dans cet établissement, ni le mélange de dignité naturelle et de bonne grâce que leur parurent présenter les manières de leurs *ciceroni* en blouses, ni enfin l'impression qu'ils reçurent du spectacle de ces ateliers, où ils furent surpris de ne rencontrer rien qui n'annonçât l'ordre, la discipline, l'amour du travail et la concorde.

Ce qui est certain, c'est que tous les engagements de l'association furent remplis alors avec une probité scrupuleuse ; l'ouvrage commandé fut achevé en temps utile ; un prêt de onze mille francs, fait aux ouvriers associés par les maîtres tailleurs, se trouva remboursé au bout de peu de temps, et lorsque, à l'expiration du contrat passé avec la ville de Paris, l'association liquida, pour se reconstituer sur de moins larges bases, ce fut avec bénéfice (1).

Ce qui vaut aussi qu'on le signale, c'est l'exemple que les ouvriers associés de Clichy donnèrent à leurs frères, et comme citoyens, et comme hommes. La bonne volonté, voilà ce dont ils tinrent compte avant tout, entourant d'une protection délicate les plus faibles d'entre eux, les moins intelligents, et s'étudiant à leur aplanir la route. Parmi eux, rien qui ressemblât au favoritisme. Le poste de chacun lui était assigné par le libre choix de ses égaux. Là, tout emploi eut le caractère auguste d'un devoir, et toute dignité fut un fardeau. Là, on vit de pauvres ouvriers, sans autre législateur que leur conscience, réaliser cette profonde et touchante maxime de l'Évangile : « Le premier d'entre vous doit être le serviteur de tous les autres. »

(1) *Voy.* dans le *Nouveau Monde*, une lettre adressée par Bérard au *Constitutionnel*, 11 juillet 1849.

Quelques faits montreront de quel esprit l'association de Clichy était animée.

Dans un moment où le travail pressait à Clichy, une personne qui était à la tête d'un grand nombre d'ouvrières brodeuses, alors sans emploi, vint proposer à l'établissement de faire des grenades brodées pour les tuniques des gardes nationaux, à un prix qu'elle-même fixa, et qui fut immédiatement accepté. Peu de temps après, arrivent des brodeurs. Ils n'avaient pas connaissance de la démarche des ouvrières, et venaient offrir leurs services, à un prix très-réduit. L'association, sachant ce qu'entraîne d'immoral parmi les femmes l'avilissante tyrannie de la faim, n'hésita pas à refuser, en faveur du sexe le plus faible, la moins onéreuse des deux offres (1).

Il y avait, à cette époque, dans la capitale une foule de couturières manquant d'ouvrage, et les maires de Paris, qu'elles assiégeaient de sollicitations douloureuses, se hâtaient de les renvoyer à l'établissement de Clichy, où l'on supposait qu'elles pourraient trouver à s'occuper. Eh bien! jamais le travail qu'elles demandaient à l'association ne leur fut refusé, bien que quelques-unes d'elles y fussent si peu propres, qu'il fallait défaire et refaire tout ce qu'elles avaient fait. Grande perte de temps et d'argent! Mais pouvait-on acheter trop cher le bonheur d'arracher à la misère et à ses cruelles tentations quelques victimes de plus (2)?

Quand le marché avec la ville de Paris fut rompu, la masse du travail à exécuter cessa naturellement d'être en rapport avec le nombre des ouvriers employés. Eh bien, qu'arriva-t-il? Que, parmi ceux qu'il n'y avait plus possibilité d'occuper, beaucoup refusèrent de retirer leur part, ne voulant pas abandonner l'association, tandis que les autres, tous ouvriers capables, s'imposèrent de dures privations et se firent un devoir de laisser à la caisse commune le produit intégral de leur travail; ce qui permit de fon-

(1) *Voy.*, dans le *Nouveau-Monde*, une lettre signée de cinquante-neuf ouvriers, et adressée à la *Voix du Peuple*, en janvier 1850. La *Voix du Peuple* était un journal rédigé par M. Proudhon, et la lettre était écrite en réponse à d'iniques attaques auxquelles ce journal avait ouvert ses colonnes.
(2) *Ibid.*

der, dans le local même de l'association, une cuisine où près de trois cents hommes sans ouvrage vécurent plusieurs mois, à raison de trente centimes par jour (1).

Il me serait facile de multiplier les exemples; mais je n'écris pas un livre spécial, et l'abondance des matières m'avertit de hâter le pas.

La seconde association établie par le Luxembourg fut celle des selliers. On se rappelle le décret du Gouvernement provisoire qui avait pour but de protéger la classe ouvrière contre la concurrence écrasante des personnes nourries et logées aux frais de l'État : comme conséquence de ce décret, je fis adjuger une partie des selles qui se confectionnaient dans l'établissement militaire de Saumur, à un certain nombre d'ouvriers selliers de Paris, que cette commande mit en état de former une association. J'eus, cela va sans dire, des résistances à vaincre. D'où elles partirent, on le devine. Mais la France, en ce temps-là, marchait la tête haute, tenant en main le sceptre de la raison, et la justice n'était pas à la merci de l'épée ! Un jour, je vois entrer chez moi, au Luxembourg, les délégués de la corporation des selliers. Ils avaient le visage altéré, l'œil en feu. « Citoyen, s'écrièrent-ils, nous vous conjurons d'intervenir. Il s'agit d'annuler la décision prise relativement aux selles que l'on confectionne à Saumur, et c'est sur ce point qu'un général est en train de haranguer une foule immense, réunie, en ce moment même, rue Saint-Honoré, dans la salle Valentino. Venez, de grâce; venez! » Je monte avec eux en voiture, et nous partons. La salle Valentino était, en effet, remplie de peuple, et un homme que je reconnus à l'instant leur adressait un discours très animé. C'était — Rome frémit aujourd'hui, à ce nom! — c'était le général Oudinot. J'allai droit à lui : « Est-il vrai, général, que vous êtes ici pour vous opposer à l'exécution des ordres du Gouvernement provisoire? » Il répondit qu'il ne songeait à rien de semblable; qu'il avait cru devoir communiquer à l'assemblée des réflexions qui lui paraissaient justes, et il se confondit en protestations de bon

---

(1) Voir la lettre dans le *Nouveau-Monde*.

vouloir, en assurances de dévouement. La foule poussa de grands cris, et salua la retraite du général par des démonstrations de joie si vives, qu'il fallut en modérer l'excès.

Ainsi naquit l'association des selliers. Elle se développa sur une ligne parallèle à celle que suivait l'association de Clichy, et, lorsque, en août 1848, je quittai Paris, elle prospérait.

A l'action du Luxembourg se rapporte la naissance d'une troisième association, celle des fileurs. Je laisse la parole aux délégués de la corporation :

« Le décret qui ordonnait l'équipement de cent mille gardes nationaux fut l'origine de l'association des fileurs, le citoyen Louis Blanc ayant fait une démarche immédiate auprès du maire de Paris pour nous procurer la fourniture de cent mille épaulettes. Le citoyen Marrast ne voulait pas confier une affaire aussi considérable à des ouvriers sans mobilier industriel, sans capitaux, n'ayant que leur moralité à offrir pour garantie. Par l'intervention de Louis Blanc, fut signé, le 26, le traité de la ville avec une association qui ne pouvait se former sans cette importante commande, vu la quantité d'argent indispensable au fonctionnement d'une filature, et le peu d'espoir d'écouler les produits à cette époque.

« Louis Blanc nous mit alors en rapport avec les délégués des passementiers, qui formèrent dans leur corporation une société en commandite avec laquelle nous passâmes un traité pour la fabrication de l'épaulette. Nous devions lui fournir les laines dégraissées, triées, peignées, filées et teintes. Ainsi, par l'initiative du Luxembourg, plusieurs centaines d'ouvriers allaient, dès les premiers jours de la Révolution, mettre en pratique le principe d'association, qui reçoit aujourd'hui de si féconds développements.

« Une autre difficulté survint : malgré les garanties de solvabilité offertes par notre marché, aucun commerçant ne voulait nous vendre à terme, aucun prêteur d'argent ne voulait nous faire des avances. Nous nous adressâmes au président de la Commission des travailleurs : il était sans budget ; l'homme chargé d'organiser les associations n'avait pas à sa disposition un centime. Par son intermédiaire, néanmoins, nous obtînmes du comptoir d'escompte, le 10 avril, un prêt de 12,000 francs, qui nous permit de marcher.

« Quand la réaction l'emporta, notre marché fut suspendu, plus tard rompu brutalement, du droit du plus fort. On refusa de nous indemniser pour les cinquante mille paires d'épaulettes que nous avions encore à livrer. « Plaidez, » nous dit-on pour toute réponse; « le procès durera un an; pendant tout ce temps, pas d'argent. Transigez, « nous vous soldons l'arriéré et la retenue des trois di-« xièmes. » La faim donna raison aux hommes d'affaires de la ville (1).

« BOULARD et LEFRANC,
« *Ex-delégués des fileurs.* »

Voilà de quels efforts, sourdement contrariés dans les premiers jours, puis combattus à visage découvert, sortit le mouvement qui, dans le court espace de quelques mois, se trouvait avoir engendré plus de cent associations ouvrières, appartenant à toutes sortes de professions.

Ce n'est pas que, longtemps avant 1848, le système coopératif n'eût été le sujet de plusieurs écrits, activement répandus parmi le Peuple. Moi-même, dès le mois d'août 1840, j'avais traité la question très en détail; et l'année 1843 avait vu le principe fécond de l'union des intérêts et de la mise en commun des forces pratiqué avec succès par un groupe très-intelligent et très-laborieux d'ouvriers bijoutiers. Mais cette association, quoique constituée sur des bases solides, n'avait jamais compté au delà de dix-sept membres, et n'avait pas fait de prosélytes. Le nouveau principe avait existé en germe au fond des choses pendant plusieurs années; mais il ne devait se développer et paraître au grand jour que sous l'action puissante de la révolution de février.

Dieu sait par quels prodiges de vouloir et au prix de quels sacrifices de simples ouvriers parvinrent à conduire

(1) *Voy.* cette lettre dans le *Nouveau-Monde*, décembre 1849.

de grandes entreprises d'industrie ! Ce qu'ils accomplirent, abandonnés à leurs propres forces, montre de reste ce qu'ils auraient pu, aidés par l'État. Mais, loin de leur venir en aide, le gouvernement ne songea qu'à semer des obstacles sur leur route. Les réactionnaires ne furent pas plus tôt au pouvoir, qu'entre eux et les associations ouvrières une guerre à mort commença. A celles qui avaient eu le Luxembourg pour berceau des mains cruelles arrachèrent le fruit de contrats passés sous la garantie de tout ce qui rend une convention inviolable et sacrée; quand il fut question d'indemnité, il y eut refus pur et simple; ou bien, le consentement se réfugia derrière des délais presque aussi meurtriers que le refus même (1).

Et puis qu'on se figure les difficultés à vaincre ! Car, enfin, il ne s'agissait pas de moins que de donner vie à de nobles idées, en ayant raison de la routine, en tenant tête aux habitudes et aux préjugés du vieux monde, en luttant contre des passions furieuses dont l'hostilité disposait de ressources formidables, et en résistant à la coalition de tous les monopoles : monopole du pouvoir, monopole de la richesse, monopole de la science! Y eût-il eu défaite, en ce combat si lamentablement inégal, on n'en aurait certes pu rien conclure contre l'excellence intrinsèque du principe. Qui ne sait, d'ailleurs, que les tâtonnements et les fautes sont inséparables d'un premier début? Sur les mers orageuses du nouveau monde, que de vaisseaux perdus, avant que l'art de la navigation eût tracé des routes sûres au génie des voyages !

Mais quoi ! il était dit qu'en cette occasion, l'essai réussirait au delà de toute attente. Aux détracteurs de l'association, les ouvriers de Paris allaient répondre, à la façon de ce philosophe de l'antiquité qui, pour réfuter ceux qui niaient le mouvement, marcha. Eux, ayant à prouver que l'association était possible et fructueuse, s'associèrent, et, cela, sous l'impulsion des mêmes sentiments, sous la loi des mêmes idées, avec le même but devant les yeux : but héroïque qui était d'émanciper le travailleur par une sorte

---

(1) *Voy.* la lettre des délégués fileurs, citée plus haut.

d'assurance mutuelle, et d'élever tout être humain à la dignité d'homme.

Un fait révèle d'une manière frappante jusqu'où alla le succès des associations ouvrières de Paris : dans plusieurs quartiers de la ville, les billets émis par elles en guise de payement et qu'elles remboursaient à la fin de chaque mois, eurent cours dans le petit commerce, servant ainsi, et de papier-monnaie, et d'annonce (1).

Voici ce que, le 28 juillet 1851, M. William Conningham, alors membre du parlement d'Angleterre, racontait à un meeting nombreux :

« Le 24 avril, je partis pour Paris... Ayant toujours cru dans la valeur pratique du système coopératif, ce n'était pas sans surprise que j'avais lu maint rapport de journaux mentionnant la chute de diverses associations ouvrières, et la déconfiture de la dernière qu'eussent établie les cuisiniers. Quelle autre surprise, plus grande encore, fut la mienne, lorsque, à mon arrivée, je découvris que, semblables aux conversations de M. Landor, les rapports en question étaient purement imaginaires; que, loin d'avoir les jambes cassées, les cuisiniers associés se tenaient très-fermes sur leurs pieds; et que l'activité, non interrompue, de leurs marmites fraternelles, continuait d'être dénoncée au passant par le parfum qui leur est propre. La vérité est que je ne trouvai pas moins de quarante associations de cuisiniers dans Paris. De plus, je m'assurai que l'association fraternelle des tailleurs, fondée par M. Louis Blanc et devenue l'objet de tant d'attaques, loin d'être défunte, avait réalisé une somme de 70,000 francs, et ouvert, dans le faubourg Saint-Denis, une suite d'ateliers spacieux, bien éclairés et bien aérés, où les travailleurs, soustraits à la tyrannie du marchandage, n'avaient affaire qu'à des agents de leur choix, administrateurs habiles de la chose commune. Je dois ajouter, toutefois, que les statuts originaires

---

(1) Ce fait fut constaté à Paris, en avril 1851, par M. William Conningham, représentant de Brighton à la Chambre des communes, et il a eu occasion, depuis, de le citer, dans un discours public, comme une preuve signalée des conquêtes du système coopératif.

avaient subi de grandes modifications, et que le travail à la tâche avait été adopté (1). Bref, le principe coopératif était si peu mort, qu'il avait envahi jusqu'aux provinces, et que les plus intelligents parmi les ouvriers ne s'occupaient que de former des associations nouvelles, déployant dans cette entreprise un zèle au-dessus de tout éloge, et cette disposition au dévouement que le principe de la coopération fraternelle est seul capable d'enfanter. Par ce succès, la question se trouve désormais élevée du domaine de la théorie dans celui de la pratique, et s'impose forcément à l'attention du législateur (2). »

Lorsque l'association de Clichy fut établie, on s'en allait disant avec assurance, dans certaines hautes régions, qu'une expérience de ce genre était le comble de l'absurdité; que les ouvriers n'avaient ni assez d'esprit d'ordre ni assez d'intelligence pour se passer d'un maître. Le résultat a fait justice de ces affirmations tranchantes, et, si j'avais à écrire l'histoire du système coopératif en France, je ne serais vraiment embarrassé que du nombre des preuves. Dès le mois de décembre 1849, j'avais la satisfaction de pouvoir publier dans *le Nouveau Monde,* journal daté de l'exil, les renseignements suivants :

« Les *tailleurs de limes* ont obtenu, à l'exposition de l'industrie, une médaille d'argent pour leurs produits, sans rivaux dans le commerce. Fondée en décembre 1848, cette association a dû bientôt, pour satisfaire aux besoins de sa nombreuse clientèle, établir, dans le faubourg Saint-Antoine, une première succursale. A 25 pour cent de rabais, elle fournit aux travailleurs des instruments qui égalent tout ce qui se fait de mieux dans les fabriques anglaises. Encore un peu de temps, et la France sera délivrée du tribut qu'elle paye à nos voisins d'outre-Manche.

---

(1) De grandes modifications, non : ceci est une erreur. Quant à l'adoption du travail à la tâche, on verra plus loin que le changement fut déterminé par des raisons étrangères au plus ou moins de mérite de ce système.
(2) Public lecture delivered at Brighton by William Conningham, on the 28th july 1851.

« Les *cuisiniers* ont eu pour s'établir de grands obstacles à vaincre. Leurs premières associations s'ouvraient en plein état de siège, sous le régime des conseils de guerre et des transportations, après six mois d'un chômage universel qui réduisait aux maigres pitances de l'assistance publique les trois quarts des ouvriers de Paris. Nous nous rappelons que les fondateurs d'un de ces établissements durent, pour acheter les provisions de la journée d'ouverture, mettre au mont-de-piété montres, bijoux, habits, effets de toute sorte. Aujourd'hui, ils ont plus de quarante maisons florissantes, et leur inventaire constate, dès aujourd'hui, un courant d'affaires de *deux millions cinq cent mille francs* par an.

« Les associations culinaires ont révolutionné l'alimentation du peuple. A d'ignobles gargotes, véritables boutiques d'empoisonneurs, elles ont substitué des établissements propres, spacieux, commodes, où les ouvriers, au lieu d'aliments souvent disputés au ruisseau, trouvent une nourriture variée et toujours parfaitement saine. Des associations nouvelles se forment chaque jour ; il faut qu'elles évitent, par une trop grande vicinité, de se faire une nuisible concurrence. La création d'un syndicat général des associations culinaires est un événement de haute importance et qui produira de grands résultats.

« Les *formiers* commencèrent au nombre de cinq leur association ; ils sont aujourd'hui quarante-cinq, et ne peuvent suffire à la besogne. La perfection et le bon marché de leurs produits leur ouvriront par l'exportation de nouveaux débouchés. A Londres, à l'époque de la *saison*, ils pourraient, ainsi que les cordonniers, recueillir des commandes considérables.

« Les *ébénistes* exposent en ce moment dans leurs magasins la magnifique bibliothèque qui fut, à l'exposition de l'industrie, l'objet d'une admiration générale et qui leur a valu une médaille d'argent. Il y a des personnes qui s'imaginent encore que les ouvrages d'art sortis des ateliers de nos ébénistes et de nos orfévres sont de la main du patron dont le nom décore la boutique. Le chef-d'œuvre produit par les ébénistes associés leur cause un profond étonnement.

« L'association des *menuisiers en fauteuils*, formée primitivement de huit membres, en comprend aujourd'hui cent cinquante, et ses immenses ateliers auront bientôt envahi toute la cour Saint-Joseph. Le quart de la corporation fait partie de l'Association, les trois autres quarts sont inscrits pour remplir les places vacantes. »

Maintenant, que parmi tant d'associations qu'on vit en si peu de temps naître et prospérer, quelques-unes aient péri dans l'effort même de l'enfantement, et d'autres à la suite d'une brillante mais courte carrière, c'est certain; mais la cause en doit être cherchée ailleurs que dans le vice du principe.

Et d'abord, il faut se souvenir que les associations n'eurent pas toutes la même origine. Voyant que, partout où resplendissait le mot magique, le peuple accourait en foule, et qu'après un mois d'existence, quelques-uns de ces établissements se trouvaient avoir pris un développement colossal, certains industriels, en voie de banqueroute, effacèrent tout à coup leurs enseignes, arborèrent le triangle, symbole de l'association fraternelle, et, un masque sur le visage, trompèrent le public, en continuant de rançonner leurs ouvriers. Chez eux, il n'y avait de fraternel que le nom. La fraude ne tarda pas à être découverte; les chalands disparurent; la spéculation croula; et les détracteurs du système coopératif ne manquèrent pas de le rendre responsable des suites d'une contrefaçon misérable.

D'un autre côté, loin de tendre aux associations ouvrières une main amie, le gouvernement mit tout, absolument tout en œuvre, pour les miner et les détruire.

Il est bien vrai qu'en 1848, sous la pression des idées récemment émises par le Luxembourg, la majorité de l'Assemblée constituante ne crut pas pouvoir refuser aux associations fraternelles un crédit de trois millions. Mais ni cette majorité, dominée par les orléanistes, ni le gouvernement, composé alors de républicains appartenant à l'école de l'ancienne économie politique, n'étaient animés du désir de pousser à des réformes sociales de quelque portée; de sorte que le crédit voté ne fut, en réalité, que l'appât dont on se servit pour amener certaines associations à modifier leurs statuts et à sacrifier à leur intérêt particulier le but général.

Et, pendant ce temps, tous ceux qui, par des motifs divers, soupiraient après la ruine du nouveau principe, s'étudiaient à attirer les ouvriers hors du droit chemin. Affectant pour leur bien-être *matériel* une vive sollicitude, ils s'appliquaient à relâcher peu à peu le lien *moral* que je m'étais efforcé de nouer entre les associations. Que le système de l'égalité des salaires fût très-défectueux au point de vue économique, personne assurément ne le savait mieux que moi ; mais sa portée sociale consistait à introduire, à développer, au sein de la classe ouvrière, le germe d'une alliance étroite entre le fort et le faible, alliance destinée à faire insensiblement, de tous les deshérités, une armée pacifique mais compacte et imposante.

Dans ma pensée, l'important était d'accoutumer les travailleurs à ne regarder, parmi eux, les efforts de *chacun* que comme un moyen d'arriver à l'affranchissement de *tous*. C'était créer une *force*, sous la forme d'un *devoir*, et transformer le principe de la fraternité humaine en instrument de délivrance... Les hommes du passé ne s'y trompèrent pas, et ils ne négligèrent rien pour diviser, par l'attrait d'avantages personnels, particuliers, momentanés, les membres de la grande famille des travailleurs. Ardents à détacher de la cause commune les plus habiles d'entre eux, il firent appel à leurs moins nobles instincts, tonnant contre l'injustice qu'il y avait à ne leur pas assurer une rémunération proportionnée à leur degré d'habileté ou d'intelligence, comme si la mise en pratique de la justice distributive était le trait dominant de l'ordre social actuel, où l'on rencontre à chaque pas la sottise en voiture éclaboussant le mérite à pied, et autour de princes au maillot des millionnaires en bourrelets, et tant d'heureux qui, pour être tels, n'ont eu qu'à « se donner la peine de naître ! »

Quoi qu'il en soit, le principe coopératif demeura longtemps debout dans certaines professions, et ne reçut dans d'autres, que des atteintes partielles. Mais, à côté des apôtres fervents d'une idée, à côté des initiateurs courageux qui s'étaient engagés dans les routes nouvellement ouvertes, avec un cœur préparé aux sacrifices, il y avait ceux que tentait l'espoir d'un succès immédiat, et qu'animait une égoïste impatience. A ceux-là combien de fois n'avais-je pas dit : « Prenez garde! Ce n'est pas à vous qu'il est donné d'atteindre la terre promise, et l'on n'y va point, d'ailleurs, le long de riants sentiers. Ne vous bercez pas d'illusions, au bout desquelles vous risquez de ne trouver que désappointements amers. Toute conquête exige patience et courage. Rappelez vous que vous avez, non à *accepter* le bonheur, mais à le *conquérir* (1). » Malheureusement, un semblable langage n'était pas de nature à être partout et toujours compris. Beaucoup déployèrent une constance admirable; mais il y en eut qui fléchirent.

Et puis, aux manœuvres souterraines, s'ajouta l'effet d'une persécution sauvage. La police enveloppa de son abject réseau les associations ouvrières; sous prétexte qu'elles n'étaient que des sociétés politiques déguisées, on les persécuta de toutes les façons imaginables; pour mieux ruiner leur crédit, pour leur enlever leur clientèle, la presse de la réaction n'eut pas honte d'annoncer faussement, jour par jour, la chute de celles-là mêmes dont la prospérité défiait toute calomnie. A l'association de Clichy s'adressèrent les plus venimeuses attaques. Fille aînée du Luxembourg, elle portait au front la marque du péché originel, et aucune amertume ne lui fut épargnée. Que de fois le pauvre Bérard n'eut-il pas à repousser les flèches lancées des quatre points cardinaux contre l'association! que de fois n'eut il pas à tenir tête au *Constitutionnel*... que dis-je! à *la Voix du Peuple* de M. Proudhon (2)? Est-il, je le demande, un pays civilisé où il soit licite de renverser une entreprise industrielle, à force de saper son crédit par de publiques et mensongères attaques? Eh bien, voilà ce

---

(1) C'est ce que j'avais dit, au Luxembourg, ainsi que le *Moniteur* en témoigne, et ce que je ne cessais de dire du fond de mon exil, comme on en peut voir un exemple dans le numéro du *Nouveau-Monde* du mois d'août 1849.

(2) *Voy.* dans le *Nouveau-Monde*, 1850, une lettre adressée à M. Proudhon par cinquante-neuf ouvriers.

qui fut, sous le régime qui succéda à celui du Gouvernement provisoire, non-seulement permis, mais encouragé.

J'étais alors en exil, et tout ce que je pouvais pour les ouvriers était de leur dire ce que je pensais, lorsqu'ils me faisaient l'honneur de me consulter. En août 1849, à une lettre que quelques-uns d'entre eux m'écrivirent, je répondis :

« Il est un point, mes chers amis, sur lequel je ne saurais trop vivement appeler votre attention. Gardez-vous de tracer autour de vos associations un cercle infranchissable ou même difficile à franchir. Ce serait revenir au tyrannique et odieux système des jurandes et des maîtrises.

« Si les associations, au lieu d'être ouvertes à tous, devenaient des réunions d'individus en nombre fixe et déterminé, rassemblés par le commun désir de s'enrichir aux dépens de leurs frères, elles n'auraient plus rien qui les distinguât de certaines sociétés commerciales qui pullulent autour de nous, et constitueraient de nouvelles bandes d'exploiteurs.

« Au temps du Gouvernement provisoire, plusieurs associations avaient reçu de l'État de grands travaux. Un des premiers actes de la réaction au pouvoir fut de refuser brutalement l'exécution de ces marchés, passés dans toutes les formes qui rendent un contrat obligatoire et sacré. C'était ruiner d'un coup des associations qui, comptant sur des traités en règle, avaient déjà fait des frais considérables. Quand il fut question d'une indemnité pour certaines associations, on différa, on traîna en longueur, dans l'espoir que les associations, frappées si cruellement, seraient mortes avant le payement. Il est même arrivé qu'une fois l'indemnité a été refusée tout court. Voilà tout l'appui qu'ont reçu du gouvernement les travailleurs associés.

« Autre cause d'insuccès : Dans ces associations créées pour arriver sans secousse à la suppression du régime de concurrence, la concurrence est venue s'établir. A côté d'une maison qui s'ouvrait dans un quartier bien situé, on a vu s'installer une seconde association, puis bientôt une troisième. La clientèle, ainsi dispersée, n'était plus suffisante pour faire vivre trois établissements. Ils tombaient tous les trois là où un seul aurait prospéré. Ce résultat ne se fût pas produit si la distribution, l'agencement des associations eussent été confiés à des mains prévoyantes, au lieu d'être livrés au hasard et au caprice ; si l'on eût suivi partout un plan méthodique, un plan arrêté à l'avance au sein d'une réunion compétente.

« Le fait est que les associations ne peuvent vivre que par la solidarité. Il faut qu'il s'établisse entre elles toutes le même lien qui existe entre les divers membres de chacune d'elles. Isolées les unes des autres, elles échoueraient infailliblement dans leur lutte contre les possesseurs des priviléges. Bien unies, s'étayant les unes les autres et se prêtant un mutuel appui, elles formeront une masse compacte, et seront en mesure de braver les crises de la politique, celles de l'industrie, jusqu'au jour où l'État mettra au nombre de ses plus impérieux devoirs de s'occuper du sort des travailleurs.

« Le premier pas a été fait dans la voie de l'émancipation sociale : les associations existent. Il s'agit maintenant de les solidariser. C'est là le but vers lequel doivent tendre aujourd'hui tous vos efforts. Voici, à cet égard, la marche qui pourrait être suivie :

« Il serait établi, sous le nom de Comité central des Associations ouvrières, un conseil où seraient représentées toutes les associations basées sur le principe de fraternité.

« Ce conseil aurait pour mission :

« De centraliser tous les efforts individuels ;

» De traiter les grandes questions de la production et de la répartition ;

« D'aider à la formation des associations qui se créent, au développement de celles qui existent ;

« De contrôler les rapports mutuels des associations pour l'échange des produits, les prêts, les avances, les adjudications, les bons d'échange et de circulation, etc.

« Le Comité des Associations ouvrières s'occuperait des institutions qui sont le complément de l'association naturelle, comme entrepôts, bazars, cités ouvrières, caisses de retraite, maisons d'asile.

« Il exercerait sur l'ensemble des associations une surveillance fraternelle et leur imprimerait cette uniformité de mouvement qui est si désirable.

« Des associations existent en province et dans les pays étrangers : le Comité se chargerait d'ouvrir des relations entre elles et les associations parisiennes.

« Enfin, il s'occuperait de créer des débouchés aux produits par l'exportation, cette source de travail si indispensable pour l'alimentation continue des grands ateliers.

« En dehors de ce Comité, les associations conserveraient leur direction spéciale, ainsi que la disposition et le maniement de leurs capitaux.

« Tel est, mes amis, le plan que je soumets à vos méditations (1). »

Ces sentiments étaient en si parfaite harmonie avec ceux du Peuple, qu'un comité ne tarda pas à se former qui, sous le titre d'Union des associations, prit à tâche de centraliser les efforts. Il se composait de vingt-trois membres, et acquit en peu de temps une influence considérable. Je ne saurais, sans dépasser les limites que j'ai dû m'assigner, entrer ici dans le détail des opérations industrielles du Comité : qu'il me suffise de dire qu'elles signalèrent tout d'abord la présence d'une institution vaste, fonctionnant dans l'intérêt des travailleurs, et faisant pour eux, avec leur aide, ce que l'État avait refusé de faire ou même cherchait à empêcher. Bientôt l'importance de cette institution devint telle, que le gouvernement en prit ombrage, et, comme la légalité lui faisait défaut, il eut recours à un misérable subterfuge. Parmi les papiers du Comité, on découvrit une lettre de moi ; elle n'avait trait qu'à l'industrie, n'importe : un des prétextes dont on avait besoin était trouvé ; les membres du Comité étaient les directeurs d'une société politique, quoi de plus clair ? On ne voudra jamais croire, en Angleterre, que des poursuites aient pu

(1) Cette lettre se trouve dans le *Nouveau Monde*, numéro du mois d'août 1849.

être intentées sur des motifs aussi scandaleusement frivoles. C'est ce qui arriva cependant ; et, à la suite d'un discours admirable de bons sens, de modération, de saine logique, où le but de l'institution, son caractère, ses moyens d'action, étaient expliqués de manière à jeter dans l'embarras la mauvaise foi la plus effrontée, M. Delbrouck, l'organisateur du mouvement, se vit condamné, par un abus monstrueux de la force, à quinze mois d'emprisonnement, cinq cents francs d'amende, et cinq ans de privation des droits civils. « Mais, dit un écrivain d'ailleurs très-peu favorable aux essais de socialisme tentés sur une grande échelle et dans des vues d'avenir, cette défense ne fut pas perdue pour le socialisme pratique, ayant montré combien il y a de modération et d'élévation d'esprit dans ceux qui s'y dévouent (1). »

On a vu comment et pourquoi l'association de Clichy était devenue le point de mire des ennemis du socialisme ou de ses faux amis (2). Quelques-uns des associés arri-

---

(1) Voy. *l'Association ouvrière, industrielle et agricole*, par M. Feugeray, p. 126. Paris, 1851.

(2) Il est douloureux d'avoir à rappeler ici qu'un des hommes qui, pendant le Gouvernement provisoire, attaquèrent le Luxembourg et l'association de Clichy avec le plus de violence, le plus de fureur, et donnèrent cours aux erreurs les plus lamentables, fut... M. de Lamennais.

Dans le *Peuple constituant*, il osa avancer, en avril 1848, que le délai fixé pour la livraison des fournitures était expiré depuis vingt jours ; et le contrat des ouvriers avec la Ville portait que la livraison totale devait être effectuée seulement le 15 mai !

Il osa prétendre qu'il y avait perte de 8 francs sur chaque vêtement ; et les ouvriers lui prouvèrent, leur inventaire à la main, que, déduction faite de tous les premiers frais indispensables et de l'achat d'un matériel de 1,100 francs, ils avaient, au bout de vingt-cinq jours de travail, réalisé un bénéfice de 734 francs !

Il risqua l'inconcevable assertion que le Luxembourg donnait deux francs par jour à chaque ouvrier de Clichy ; et le Luxembourg n'eut jamais à sa disposition un centime !

Il ne craignit pas d'assurer que les associés perdaient leur temps à ne rien faire ; et ils lui prouvèrent que, pour être bien sûrs de tenir leurs engagements, ils s'étaient volontairement imposé la loi de travailler douze heures par jour, et de travailler le dimanche !

M. de Lamennais a dans son histoire des pages qui rachètent celle-là, et l'héroïsme de sa mort m'inspire un respect qui m'interdit ici toute amère remarque. Je m'arrête donc, et je m'abstiens de reproduire la lettre éloquente et terrible que lui adressèrent, le 29 avril 1848, au nom de quinze cents ouvriers travaillant en famille, les citoyens dont les noms suivent : Edmond Frossard, *agent de la Commission de gouvernement pour les tra-*

vèrent à croire qu'une modification des statuts originaires pourrait, peut-être, calmer la violence d'une persécution à laquelle il était au-dessus de la patience humaine de résister plus longtemps. Par une inspiration de délicatesse dont je fus très-touché, Bérard ne voulut rien décider qu'après m'en avoir écrit. Je lui répondis que lui et ses camarades étaient les meilleurs juges de ce que la pression des circonstances exigeait; que, quelle que fût leur décision, mes sympathies leur resteraient fidèles; mais que, selon moi, la modification de leurs statuts ne les sauverait pas d'injustes attaques, le crime de l'association de Clichy aux yeux de ses ennemis, étant son origine, et ce qu'ils ne lui pouvaient pardonner étant... de vivre.

La justesse de cette appréciation ne se vérifia que trop. Ce n'est point par des concessions timides qu'on désarme l'esprit de parti et la haine. La guerre continua contre un établissement dont on avait juré la perte, guerre contre laquelle nulle maison de commerce, quelque solide qu'on la suppose, n'eût été capable de tenir. Bérard, d'ailleurs, avait les vertus d'un apôtre, non les qualités d'un homme d'affaires ; la hauteur de son âme n'avait point dans la force de son caractère un suffisant appui ; et il se trouva inférieur à son rôle, le jour où il n'eut plus à diriger une œuvre de pur dévouement. L'entreprise à laquelle il s'était consacré, avec une ardeur à la fois si héroïque et si modeste, succomba enfin ; et lui, mourut, frappé au cœur par le spectacle de ses espérances en ruine et de la réaction victorieuse.

Mais ce qu'en dépit de tout, la réaction n'était point parvenue à tuer, c'était le principe d'association, lequel a survécu à tant d'épreuves, et reçoit, aujourd'hui encore, des applications qui attestent sa puissance. Longtemps après l'époque rappelée ici, il me fut donné d'avoir sous les yeux un document où figuraient, dans un état de prospérité que décrivaient des chiffres d'une irrésistible éloquence, l'association des menuisiers, — celles des maçons,

---

tailleurs; Bérard, Leclerc et Châlons, *délégués de l'association des tailleurs*; Mamoz, Lefebvre, Dieudonné, Lenoir, Martougen, *membres du Comité de l'association*. On peut lire cette lettre dans le *Moniteur* du 1ᵉʳ mai 1848.

— des formiers, — des ébénistes, — des tourneurs, — des ferblantiers, — des brossiers, — des lunetiers, — des forgerons, — des graveurs; — des charrons, — des fabricants de machines, — des fabricants de pianos, etc., etc.

Il ne faut pas demander si lord Normanby s'est seulement douté de l'existence de ce grand mouvement social qui s'opérait devant lui. Des ferblantiers, des tourneurs, des forgerons, qu'est-ce que cela? Et quel intérêt pouvait avoir un ambassadeur d'Angleterre à savoir que des formiers qui avaient deux francs à mettre en commun, arrivèrent par l'association à faire pour 79,000 francs d'affaires, ou que des maçons, avec une mise de fonds de 38 francs, acquirent en quelques années un capital de 237,000 francs, au moyen duquel, en 1857, ils faisaient des affaires pour un million? Ce sont là des misères qui ne sauraient fixer l'attention de nos hommes d'État. D'ailleurs, Sa Seigneurie ayant cru devoir dire tant de choses qui étaient à omettre, il ne faut pas s'étonner qu'en revanche elle ait cru devoir omettre beaucoup de choses qui étaient à dire. Et pourtant, vous ne pouviez ignorer, milord, que la question de l'industrie coopérative a été, même en Angleterre, de la part de certains esprits éminents, le sujet de profondes méditations ; et, si c'est par modestie que vous avez hésité à prendre place en aussi bonne compagnie, il ne nous reste plus qu'à regretter pour vous cet excès de timidité, et à exprimer le vœu qu'on ne vous classe pas au nombre de ces observateurs officiels dont un écrivain tory de grand renom parle en ces termes :

« Les astronomes de l'économie politique ne vont pas manquer de braquer leurs lunettes d'approche sur les premiers essais du système coopératif, et je les entends d'ici prédire le résultat avec leur assurance habituelle ; mais, franchement, je n'ai pas foi dans l'infaillibilité de ces *stargazers*. Pendant qu'ils s'amusent à prophétiser, à nous l'humble tâche d'étudier le progrès de cette expérience et d'en attendre l'issue. C'est peu de chose encore — un nuage tout au plus grand comme la main. Se dissipera-t-il, vapeur inutile, ou bien se répandra-t-il en rosée rafraîchissante sur la portion brûlée et fanée des sociétés humaines ? Dieu seul le sait, et c'est ce que seul le temps révélera (1). »

Depuis que ces lignes ont été tracées, le temps a commencé ses révélations, et le nuage est devenu de plus en plus visible.

Ajoutons que, parmi ceux que Southey nomme ironiquement des *star-gazers*, il s'est trouvé de vrais, d'illustres astronomes; mais il est à remarquer que ce sont précisément ceux-là qui ont compris et signalé l'importance du système coopératif. Dans ses principes d'économie politique, M. John Stuart Mill dit :

« Il est très-désirable que toutes les tentatives de ce genre soient encouragées. Il n'en est presque pas qui ne présentent des caractères qui appellent l'épreuve de l'expérience. Aussi bien, pas d'autre moyen de corriger ce que peut avoir d'exagéré l'attente qui aujourd'hui, chez tous les grands peuples, tient en éveil des multitudes de jour en jour plus nombreuses. La Révolution de février, ce semble, avait d'abord ouvert à de telles tentatives un champ favorable, et leur avait assuré, dans une juste mesure, tous les avantages inhérents à l'appui d'un gouvernement qui désirait sincèrement leur succès (2). Il est infiniment regrettable qu'on ait fait avorter les projets qui furent alors conçus, et que la réaction de la classe moyenne contre les doctrines hostiles à la propriété ait créé une aversion déraisonnable, aveugle, à l'égard des idées, même les plus inoffensives et les plus justes, pour peu qu'elles aient une saveur de socialisme. C'est là une disposition d'esprit dont les classes influentes, et en France, et ailleurs, sentiront

---

(1) *Quarterly Review*, n° 98. Article sur les sociétés coopératives, pp. 359-371.
Nous n'hésitons pas à attribuer cet article à Southey, qui a exprimé les mêmes idées dans son ouvrage bien connu : *Colloquies with sir Thomas Moore, or Prospects and Progress of society.*

(2) Si M. Mill entend parler ici de *ceux des membres du Gouvernement* qui se mirent à la tête de ces essais, il a raison ; mais s'il parle du gouvernement tout entier, il se trompe ; car ce fut précisément le défaut d'unité d'action sur ce point qui entrava le progrès des associations.

tôt ou tard la nécessité de se défaire. Le socialisme a pris irrévocablement place parmi les principaux éléments de la politique européenne. Il a soulevé des questions qu'on se flatterait bien en vain de rejeter dans l'ombre, rien qu'en refusant de les aborder : elles ne cesseront d'agiter les esprits que par une réalisation de plus en plus complète du but que le socialisme a indiqué, en tenant compte de ceux des moyens qu'il propose qu'on peut employer avec profit (1).

Ce qui grandit l'importance de ce remarquable passage, n'est que, loin d'avoir échoué, comme M. Mill pouvait le croire lorsqu'il écrivit son livre, le système coopératif a, au contraire, produit des résultats qui étonneront, si l'on songe à l'immensité des obstacles dont le récit qui précède n'est lui-même qu'un pâle tableau.

(1) *Principlis of Political Economy*, by John Stuart Mill, t. II, ch. VII, p. 320.

CHAPITRE ONZIÈME

ATELIERS NATIONAUX DE M. MARIE, ÉTABLIS CONTRE LE LUXEMBOURG (1).

Persistance de la calomnie à mon égard. — Décret du Gouvernement provisoire qui charge M. Marie, ministre des travaux publics, d'organiser les Ateliers nationaux. — Le nom et la chose. — M. Marie adversaire déclaré du socialisme. — Décret constitutif des Ateliers nationaux, signé de lui seul. — Par qui et sous quelle inspiration fut rédigé ce décret. — M. Émile Thomas, inconnu de moi et opposé à mes idées, est nommé directeur des Ateliers. — Preuve qu'il était chargé d'agir contre moi, résultant de ses dépositions devant la Commission d'enquête. — Déposition de M. François Arago. — Opposition complète entre le régime industriel exposé dans l'*Organisation du Travail* et le système établi dans les Ateliers nationaux. — Révélations ultérieures de M. Émile Thomas. — Une armée en réserve contre le socialisme. — Subvention et encouragement de toute nature aux Ateliers nationaux. — Persécutions incessantes contre les délégués du Luxembourg et les associations fondées par eux. — Aveux de M. de Lamartine. — L'opinion publique trompée par les contre-révolutionnaires.

Que l'opinion publique en Europe m'ait accusé d'avoir établi et organisé les Ateliers nationaux, accusation réfutée d'une manière si péremptoire : par mes écrits, mes discours et mes actes, — par une série de documents officiels insérés dans le *Moniteur*, — par les témoignages

(1) Ce livre contient, sur les *Ateliers nationaux*, le 17 mars, le 16 avril, quelques pages déjà publiées par moi, mais que j'ai dû introduire ici pour ne pas laisser de lacunes dans mon récit et pour le compléter.

produits devant la Commission d'enquête qui fut créée en 1848, — par l'*Histoire des Ateliers nationaux*, de M. Émile Thomas, leur directeur, — par les déclarations publiques de MM. Arago, Lamartine, tous membres du Gouvernement provisoire, — par mes démentis publics éclatants, mille fois répétés, — enfin, par les propres aveux de ceux-là mêmes auxquels le fait était imputable... c'est là certainement l'exemple le plus extraordinaire du pouvoir de la calomnie, devenue l'arme commune de diverses passions s'acharnant de concert à la destruction d'une idée, dans la personne d'un homme. Qu'on me pardonne donc de m'arrêter à cette triste page de nos annales contemporaines. Au fond, ce qui a donné tant de retentissement et assuré un succès si monstrueux à la calomnie que je signale (1), c'est qu'on la savait de nature à décrier le socialisme. De sorte qu'il m'est commandé ici de me défendre, sous peine de déserter la cause que je sers.

Le 27 février 1848, avant qu'il fût question du Luxembourg, le décret suivant fut publié dans *le Moniteur* :

« Le Gouvernement provisoire décrète l'établissement d'Ateliers nationaux. Le ministre des travaux publics est chargé de l'exécution du présent décret (2). »

Le ministre des travaux publics, à cette époque, c'était M. Marie.

On se rappelle quelle fut, après la grande commotion de février, la situation de Paris. D'une crise aussi violente et aussi soudaine, il résulta naturellement que le monde industriel fut troublé, que la panique se mit parmi les capitalistes, et qu'un nombre considérable d'ouvriers, privés tout à coup d'emploi, furent jetés dans les rues, la pâleur de la faim sur le visage, et un fusil à la main. Le Gouvernement provisoire fut saisi d'inquiétude : de là le décret qui précède.

---

(1) Je dois à lord Normanby cette justice que, dans son livre, il ne s'est pas fait l'écho de cette calomnie; mais puisqu'il parle des Ateliers nationaux, il aurait dû dire que je n'en étais pas l'auteur, et quels en étaient les auteurs. Pourquoi son silence, sur ce point?

(2) *Voy.* le *Moniteur* du 27 février 1848.

Mais qu'allaient être ces *Ateliers nationaux?* Aurait-on recours à un misérable expédient, ou se déciderait-on à un noble et vigoureux essai d'organisation du travail? Le *Moniteur* avait prononcé le *nom* : comment fallait-il comprendre la *chose?*

Mieux que personne, M. Marie connaissait ou devait connaître mes opinions. Peu de jours avant la Révolution de février, je m'en étais clairement expliqué dans une réunion de députés et de journalistes qui eut lieu chez lui ; et j'ajouterai que mon adversaire le plus décidé avait été précisément M. Marie. Et cependant, ce fut à lui, l'ennemi avoué du socialisme, ce fut à lui seul, que la majorité du Gouvernement provisoire voulut confier et confia, comme partie de ses attributions au ministère des travaux publics, l'organisation des Ateliers nationaux.

Si, le 28 février, lorsque le Peuple inondait la place de Grève, demandant à grands cris la création d'un Ministère du Travail, cette demande eût été admise, j'aurais pu m'occuper immédiatement de la mise en pratique des idées que M. Marie repoussait, et auxquelles, moi, j'ai consacré ma vie. J'ai dit plus haut quelle résistance je rencontrai ; et comment ma démission, vivement offerte, fut repoussée ; et comment l'image sanglante de la guerre civile apparut dans le débat ; comment, enfin, au lieu d'un ministère spécial, on créa une simple commission d'enquête, sans ressources administratives, sans agents officiels, sans budget, sans autres moyens d'action que... la parole !

Les Ateliers nationaux devinrent ainsi l'affaire exclusive de l'adversaire le plus animé du socialisme, M. Marie ; et le décret du 6 mars 1848, qui ne porte qu'une signature, la sienne, est là pour attester la vérité de mes affirmations (1).

Il importe de remarquer que ce décret du 6 mars, constitutif des Ateliers nationaux, fut rédigé, par suite d'une délibération qui eut lieu, non pas dans le Conseil, ainsi que cela aurait dû être, mais en dehors du Conseil. MM. Buchez, Flottard, Barbier, Trémisot, Robin, Michel,

---

(1) *Voy.* le *Moniteur* du 7 mars 1848.

Baude, Onffroy de Bréville, telles furent les personnes qu'on appela à résoudre le problème terrible qui portait dans ses flancs l'insurrection de juin. M. Marie était là, cela va sans dire ; et M. Garnier-Pagès, maire de Paris, présidait. Quant à moi, non-seulement je ne fus pas consulté, mais on ne m'informa même pas de la réunion (1) : on savait trop bien qu'il n'y avait rien de commun entre mes idées et le plan qu'il s'agissait d'adopter.

Un autre point à noter, c'est qu'on eut soin de charger de la direction des Ateliers nationaux un homme que je ne connaissais même pas de vue, que dis-je ? un homme dont le principal mérite, aux yeux de M. Marie, était son opposition ardente à mes doctrines. Les déclarations de M. Émile Thomas devant la Commission d'enquête lèvent à cet égard tous les doutes. Dans sa déposition du 28 juillet 1848, il dit : « Je n'ai jamais parlé à M. Louis Blanc dans ma vie ; je ne le connais pas. » Et encore : « Pendant que j'ai été aux Ateliers, j'ai vu M. Marie tous les jours, souvent deux fois par jour ; MM. Recurt, Buchez et Marrast presque tous les jours ; j'ai vu une seule fois M. de Lamartine ; jamais M. Ledru-Rollin, jamais M. Louis Blanc, jamais M. Flocon, jamais M. Albert(2). » Dans sa déposition du 28 juin 1848, le directeur des Ateliers nationaux s'était déjà exprimé en ces termes : « J'ai toujours marché avec la mairie de Paris contre l'influence de MM. Ledru-Rollin, Flocon et autres. J'étais en hostilité ouverte avec le Luxembourg. Je combattais ouvertement l'influence de M. Louis Blanc (3). »

Le 3 juillet 1848, M. François Arago, ex-membre du Gouvernement provisoire, est appelé devant la Commission d'enquête ; on l'interroge sur les Ateliers nationaux, et il répond : « C'est M. Marie qui s'est occupé de l'organisation des Ateliers nationaux (4). »

Qu'opposer à ces dépositions officielles, si nettes et si

---

(1) Voy. l'*Histoire des Ateliers nationaux*, par M. Émile Thomas, pp. 45-57.
(2) Voy. le rapport de la Commission d'enquête, t. I, pp. 352 et 353.
(3) *Ibid.*, p. 352.
(4) Rapport de la Commission d'enquête, t. I, p. 228.

décisives ? Y a-t-il eu, par hasard, quelque déposition contraire ? Non, pas une, pas une seule. Qu'on parcoure les trois volumes de l'enquête. Dans ce laboratoire des haines de la contre-révolution, dans cet arsenal où toutes les armes empoisonnées qu'il fut possible de rassembler contre moi étaient admises avec joie, on ne trouvera pas une déclaration sur laquelle on se puisse appuyer pour faire de moi, soit le créateur, soit l'organisateur, soit l'approbateur des Ateliers nationaux.

Et qu'on n'objecte pas que, s'ils furent organisés sans ma participation, ils le furent, du moins, d'après mes principes. C'est justement le contraire qui est vrai.

On a vu, par les propres paroles de M. Marie, combien il était opposé à mes doctrines, et avec quelle vivacité de désir il en poursuivait secrètement la ruine. Comment imaginer qu'il eût, de gaieté de cœur, employé les trésors de l'État à en essayer l'application ?

Aussi, rien de plus opposé au régime industriel développé dans *l'Organisation du Travail* que le régime, si justement flétri, des Ateliers nationaux, dirigés par M. Émile Thomas, sous la responsabilité de M. Marie.

Les *Ateliers sociaux*, tels que je les avais proposés, devaient réunir, chacun, des ouvriers appartenant tous à la même profession.

Les *Ateliers nationaux*, tels qu'ils furent gouvernés par M. Marie, montrèrent, entassés pêle-mêle, des ouvriers de toute profession, lesquels, chose insensée ! furent soumis au même genre de travail.

Dans les *Ateliers sociaux*, tels que je les avais proposés, les ouvriers devaient travailler à l'aide de la commandite de l'État, mais pour leur propre compte, en vue d'un bénéfice commun, c'est-à-dire avec l'ardeur de l'intérêt personnel, uni à la puissance de l'association et au point d'honneur de l'esprit de corps.

Dans les *Ateliers nationaux*, tels qu'ils furent gouvernés par M. Marie, l'État n'intervint que comme entrepreneur, les ouvriers ne figurèrent que comme salariés. Or, comme il s'agissait ici d'un labeur stérile, dérisoire, auquel la plupart se trouvaient nécessairement inhabiles, l'action de l'État, c'était le gaspillage des finances ; la rétribution, c'était une prime à la paresse ; le salaire, c'était une aumône déguisée.

Les *Ateliers sociaux*, tels que je les avais proposés, constituaient des familles de travailleurs, unis entre eux par le lien de la plus étroite solidarité, familles intéressées à être laborieuses et, partant, fécondes.

Les *Ateliers nationaux*, tels qu'ils furent gouvernés par M. Marie, ne furent qu'un rassemblement tumultueux de prolétaires qu'on se contenta de nourrir, faute de savoir les employer, et qui durent vivre, sans autres liens entre eux que ceux d'une organisation militaire, avec des chefs appelés de ce nom, si étrange à la fois et si caractéristique : Brigadiers !

Je pourrais m'arrêter à cette limite ; mais je tiens à prouver plus encore, à prouver que les Ateliers nationaux furent organisés contre moi.

On a lu plus haut la déposition de M. Émile Thomas, extraite du *Rapport de la Commission d'enquête* et conçue en ces termes : « J'étais en hostilité ouverte avec le Luxembourg. Je combattais ouvertement l'influence de M. Louis Blanc. » A cet aveu si naïf et si précis, l'ancien directeur des Ateliers nationaux a joint des développements fort curieux, qu'il importe de faire connaître.

Et d'abord, il déclare formellement que, si mon système resta à l'état de théorie, ce fut grâce à la résistance de la mairie de Paris (1), c'est-à-dire du pouvoir avec lequel, d'après son propre aveu, M. Émile Thomas s'entendait pour diriger les Ateliers nationaux.

Au fond, ils n'avaient été créés que pour mettre à la disposition des adversaires officiels du socialisme une armée qu'on pût, au besoin, lui opposer. Après avoir raconté, dans son livre, en quels termes M. Marie se plaignit, un jour, à lui de l'influence que j'exerçais sur le Peuple, au moyen du Luxembourg, l'ancien directeur des Ateliers nationaux écrit :

(1) *Voy. l'Histoire des Ateliers nationaux*, p. 200.

« M. Marie me fit mander à l'Hôtel-de-Ville. Après la séance du Gouvernement, je m'y rendis, et reçus la nouvelle qu'un crédit de cinq millions était ouvert aux Ateliers nationaux et que le service des finances s'accomplirait dès lors avec plus de facilité. M. Marie me prit ensuite à part et me demanda fort bas si je pouvais compter sur les ouvriers. « Je le pense, répondis-je ; cependant, le nombre
« s'en accroît tellement, qu'il me devient bien difficile de
« posséder sur eux une action aussi directe que je le souhai-
« terais. — Ne vous inquiétez pas du nombre, me dit le
« ministre. Si vous les tenez, il ne sera jamais trop grand;
« mais trouvez un moyen de vous les attacher sincèrement.
« Ne ménagez pas l'argent ; au besoin même, on vous ac-
« corderait des fonds secrets. — Je ne pense pas en avoir
« besoin ; ce serait peut-être ensuite une source de diffi-
« cultés assez graves ; mais dans quel but autre que celui
« de la tranquillité publique me faites-vous ces recomman-
« dations ? — Dans le but du salut public. Croyez-vous
« parvenir à commander entièrement à vos hommes ? Le
« jour n'est peut-être pas loin où il faudrait les faire des-
« cendre dans la rue (1). »

Ainsi, je n'avais pas un centime au Luxembourg, et, pour créer à l'ancien directeur des Ateliers nationaux une puissance qu'il déclarait vouloir me rendre hostile, on lui offrait, fort bas, une prime sur les fonds secrets!

Ainsi, au pouvoir tout moral qui résultait, pour Albert et moi, de la confiance sans bornes que nous inspirions aux délégués du Luxembourg, on s'étudiait à opposer une influence poursuivie par des voies occultes, aux dépens du trésor public, à prix d'or !

Ainsi, pendant que nous ne laissions tomber, du haut de la tribune du Luxembourg, que des paroles de paix, que des exhortations au calme et à la concorde (2), on disait fort bas au directeur des Ateliers nationaux : « Ne ménagez pas l'argent... Croyez-vous parvenir à commander entiè-

(1) Voy. l'*Histoire des Ateliers nationaux*, pp. 146 et 147.
(2) Voy. les discours reproduits textuellement dans le *Moniteur* du 10 mars, du 11 mars, du 26 mars, du 7 avril, du 2 mai 1848.

rement à vos hommes? Le jour n'est peut-être pas loin où il faudrait les faire descendre dans la rue ! »

Ce n'est pas tout : pour se ménager un moyen permanent d'action sur la population ouvrière des Ateliers nationaux, M. Marie et M. Émile Thomas essayèrent de l'établissement d'un club.

« L'idée émise par l'un des délégués, de la fondation d'un club, raconte M. Émile Thomas, resta dans l'esprit du ministre, qui, lorsque les délégués furent partis, m'en reparla et demanda ce que je pensais. Je lui répondis que la chose pouvait avoir de bons résultats... Je voyais à ce projet l'immense bénéfice de dresser un autel contre celui du Luxembourg (1). »

Mais l'autel nouveau demeura sans fidèles. La popularité se donne, elle ne se vend pas. Ceux qui avaient la main dans le trésor public, ceux qui, pouvant ouvrir ou fermer à leur gré les portes des Ateliers nationaux, disposaient de l'existence de plusieurs milliers de familles, voulurent vainement faire violence aux sympathies populaires ; vainement ils en sollicitèrent la faveur : le Peuple garda son cœur à ceux qui n'avaient eu, pour le gagner, que des pensées généreuses, servies par une parole libre.

Qu'on ne l'oublie pas : les délégués du Luxembourg n'ont jamais reçu une obole. Leur mission fut toujours et entièrement gratuite ; elle devint même pour eux la source des privations les plus dures, des plus poignantes douleurs. La plupart d'entre eux se virent renvoyés de l'atelier par leurs patrons furieux. Avocats de la commune misère, on se ligua pour leur refuser le pain du travail. Et puis, on n'eut pas honte de se faire contre eux un argument de leur détresse même.

« Eh bien, leur disait-on, que vous revient-il de tant de théories décevantes ? On vous parle de l'organisation du travail ; on vous vante les bienfaits de l'association ; l'abolition du prolétariat vous est montrée dans le lointain !

---

(1) *Histoire des Ateliers nationaux*, pp. 156 et 157.

Promesses de rhéteur que tout cela ; rêves d'utopiste, fantômes brillants à la suite desquels on vous promène, nus et affamés, dans le pays des chimères ! Revenez à vous, malheureux ! Laissez là ces tribuns aux paroles dorées et stériles. Rappelez-vous que la pauvreté est, pour le grand nombre, un hôte inévitable. Est-ce que jamais vos souffrances furent aussi vives ? Comprenez mieux le cri de vos enfants et interrogez la pâleur de leurs mères ! »

Oui, voilà ce que disaient certains hommes qui, par calcul, enfouissaient leurs capitaux, ruinaient le crédit à force d'en déplorer bruyamment la ruine, suspendaient le travail commencé, repoussaient le travail offert. Ils entretenaient ou agrandissaient le mal, afin de prouver l'impossibilité de le détruire ; ardents à montrer que les idées nouvelles étaient irréalisables, ils s'autorisaient du résultat des manœuvres employées par eux-mêmes pour en empêcher la réalisation ; ils semaient la tyrannie dans la misère !

Mais le Peuple n'y fut pas trompé. Menaces, promesses, conseils artificieux, détresse prolongée outre mesure, rien n'ébranla les représentants des corporations ; rien n'altéra la sérénité avec laquelle ils tenaient, au Luxembourg, les grandes assises de la faim.

Et nous, témoins de cet héroïsme de toutes les heures, de ce dévouement sans faste et sans repos, de ces vertus dont la récompense n'était que dans les joies d'une sorte d'enthousiasme sacré, comment n'aurions-nous pas été saisis d'attendrissement et de respect ! Hommes magnanimes, recevez ce témoignage que vous envoie, du fond de l'exil, un cœur dont vous avez connu tous les battements. Au sein des maux qui m'ont visité et dans cette amère solitude qui s'est faite autour de moi, un bonheur me reste que ne m'ont pu ravir ni mes ennemis ni la fortune : c'est la douceur, c'est la gloire d'être aimé par des hommes tels que vous (1) !

---

(1) Voici la lettre que je reçus des membres composant la Commission des délégués du Luxembourg, lors du procès de Bourges. A ceux qui insultent au Peuple en insistant toujours sur la mobilité de ses sympathies, cette lettre, si noble, si expressive et si touchante, montrera quels

Veut-on que j'épuise cette démonstration ?

Voici, au sujet des Ateliers nationaux, les aveux que M. de Lamartine est obligé de faire dans son *Histoire de la Révolution de février*, où il s'est montré à mon égard — je regrette d'avoir à faire la même remarque, relativement au livre de M. Garnier-Pagès — d'une malveillance

trésors d'affection et de souvenir peut contenir et conserver le cœur des hommes du Peuple :

DÉLÉGUÉS DU LUXEMBOURG

« Paris, 9 mars 1849.

« Cher citoyen,

« Nous avons été heureux d'apprendre que vous ne viendriez pas vous livrer à une juridiction exceptionnelle, créée, non pour rendre justice, mais pour satisfaire aux passions haineuses d'un parti politique. Vous avez bien fait de prendre cette détermination ; car se livrer à ses ennemis dans une semblable circonstance n'est point, selon nous, un courage civique, c'est une suprême duperie. D'ailleurs, vous servirez plus efficacement la cause du socialisme à l'étranger que sous l'oppression d'un pouvoir liberticide qui déshonore la France. Sans doute, l'exil a ses douleurs, et, depuis votre éloignement, nous sentons plus que jamais combien il est pénible d'être séparé de ceux qui vous sont chers ; mais, quels que soient les chagrins que vous éprouviez loin de vos amis et de votre pays, nous préférons cent fois votre séjour en Angleterre au séjour que, dans leur aveugle haine, nos communs ennemis vous réservent. Votre absence, croyez-le bien, citoyen, ne fait qu'accroître les sentiments d'amitié et de dévouement que vous avez su nous inspirer. Ayez bon espoir, l'époque n'est peut-être pas éloignée où nous pourrons vous exprimer verbalement toute notre gratitude, et vous montrer tout ce que nous avons pour vous dans nos cœurs.

« Le 18 de ce mois, nous donnons un banquet pour fêter l'anniversaire de la création de la délégation du Luxembourg ; voulant donner à cette réunion son véritable caractère, votre concours nous est indispensable. Nous vous prions donc de vouloir bien nous envoyer un discours pour cette solennité, à laquelle nous regrettons amèrement de ne pouvoir vous convier.

« Le toast qu'à Londres vous avez porté aux délégués du Luxembourg, nous a fait le plus grand plaisir. Ce n'est pas (nous vous l'avouons franchement) sans un certain sentiment d'orgueil que nous avons appris cette bonne nouvelle ; nous avons bien reconnu là l'ami sincère dont le cœur sympathique répond au battement des nôtres ; ce témoignage éclatant de votre affection est pour nous un titre précieux dont le souvenir ne s'effacera jamais de nos cœurs. Entre vous et nous, Louis Blanc, la fraternité ne sera jamais un vain mot ; entre vous et nous, c'est à la vie et à la mort.

« *Les membres de la Commission,*

« GAUTIER, BRASSELET, PERNOT, AUG. BLUM, DUBUC, LOUIS LAVOYE, A. LEFAURE. »

assez exceptionnelle et assez habile pour que son témoignage ne paraisse pas suspect :

« M. Marie temporisait avec les travaux publics trop suspendus et trop routiniers. Une des solutions politiques et sociales de la crise eût été, selon quelques membres du Gouvernement, un large recrutement des hommes oisifs soudainement jetés sur quelques grands travaux de fécondation du sol français. Lamartine pensait comme eux à cet égard. Quelques socialistes, alors modérés et politiques, depuis irrités et factieux, réclamaient dans ce sens l'initiative du Gouvernement. Une grande campagne à l'intérieur, avec des outils pour armes, comme ces campagnes des Romains ou des Égyptiens pour le creusement des canaux ou pour le desséchement des marais Pontins, leur semblait le palliatif indiqué à une République qui voulait rester pacifique et sauver la propriété en protégeant et en relevant le prolétaire. C'était la pensée de l'heure. Un grand ministère des travaux publics aurait été l'ère d'une politique appropriée à la situation. Ce fut une des grandes fautes du Gouvernement que de trop attendre avant de réaliser ces pensées. Pendant qu'il attendait, les Ateliers nationaux, grossis par la misère et l'oisiveté, devenaient de jour en jour plus lourds, plus stériles et plus menaçants pour l'ordre public.

« En ce moment, ils ne l'étaient point encore. Ils n'étaient qu'un expédient d'ordre et une ébauche d'assistance publique commandés, le lendemain de la Révolution, par la nécessité de nourrir le Peuple, et de ne pas le nourrir oisif pour éviter les désordres de l'oisiveté. M. Marie les organisa avec intelligence, mais sans utilité pour le travail productif. Il les embrigada, il leur donna des chefs, il leur inspira un esprit de discipline et d'ordre. Il en fit, pendant quatre mois, au lieu d'une force à la merci des socialistes et des émeutes, une armée prétorienne, mais oisive, dans les mains du pouvoir. *Commandés, dirigés, soutenus par des chefs qui avaient la pensée secrète de la partie anti-socialiste du Gouvernement,* les ateliers contrebalancèrent, jusqu'à l'arrivée de l'Assemblée nationale, les **ouvriers sectaires du Luxembourg et les ouvriers séditieux** des clubs. Ils scandalisaient par leur masse et par l'inutilité de leurs travaux les yeux de Paris ; mais ils protégèrent et sauvèrent plusieurs fois Paris à son insu. *Bien loin d'être à la solde de Louis Blanc, comme on l'a dit, ils étaient inspirés par l'esprit de ses adversaires* (1). »

Après cela, qu'on soit arrivé à me rendre victime d'une accusation dont tout concourait à démontrer la fausseté, c'est, je le répète, un des épisodes les plus extraordinaires que puisse fournir l'histoire de la calomnie. Les Ateliers nationaux épuisaient le trésor en pure perte ; ils humiliaient l'ouvrier, réduit à recevoir en guise d'aumône du pain qu'il demandait à gagner; ils calomniaient l'intervention de l'État en matière d'industrie ; ils mettaient à la place d'associations de travailleurs, des bataillons de salariés sans emploi, étrange armée qu'il faudrait tôt ou tard licencier, au risque de la guerre civile ! Les logiciens du laisser faire, ses prôneurs aux abois, trouvaient donc un avantage immense à nous imputer de pareils désordres. Quelle bonne fortune pour les tenants de la vieille économie politique, s'ils parvenaient à donner le change à l'opinion, s'ils parvenaient à présenter comme l'application suprême de l'organisation du travail, ces Ateliers nationaux qui n'en ont été qu'une ignoble parodie! L'imposture ici avait une incontestable portée ; elle donnait à nos adversaires, à bout d'arguments, l'occasion de dire :
« A quoi bon tant raisonner ? Contre toutes vos théories, nous avons un fait. »

Mais les associations qui avaient leur origine au Luxembourg : celle des tailleurs, par exemple, celle des fileurs, celle des passementiers, celle des selliers, lesquelles différaient si radicalement des Ateliers nationaux, n'était ce pas assez pour faire tomber la calomnie la plus impudente qui fut jamais ? Il aurait dû en être ainsi, ce semble ; mais les agents de cette conspiration du mensonge mirent à tout obscurcir tant d'acharnement et d'audace, qu'aujourd'hui encore, beaucoup de gens confondent avec les Ate-

(1) *Histoire de la Révolution de février*, par M. de Lamartine, t. II, p. 120.

liers nationaux, qui n'existent plus, les associations ouvrières, dont l'origine se rapporte à l'action du Luxembourg

Il y a de quoi frémir vraiment quand on pense à tout ce qu'un mensonge peut contenir de haines, d'injustices, d'atrocités.

C'est comme organisateur des Ateliers nationaux, organisés contre moi, que j'ai eu des légions d'ennemis.

C'est comme organisateur des Ateliers nationaux, organisés contre moi, qu'aux yeux de l'immense foule des ignorants, je suis devenu comptable des angoisses de l'industrie et des malheurs du siècle.

C'est comme organisateur des Ateliers nationaux, organisés contre moi, que j'ai été maudit par quiconque sentait sa fortune crouler.

C'est comme organisateur des Ateliers nationaux, organisés contre moi, que je me suis vu un instant attribuer l'insurrection de juin, née de ces ateliers, si follement dissous, après avoir été si follement établis.

C'est comme organisateur des Ateliers nationaux, organisés contre moi, que j'ai eu à lutter contre deux lâches tentatives de meurtre : la première, sur le seuil même de l'Assemblée ; la seconde, en plein jour et en plein boulevard.

Vous cherchez un synonyme à calomniateur ? Le voici : Assassin.

CHAPITRE DOUZIÈME

POLITIQUE EXTÉRIEURE DU GOUVERNEMENT PROVISOIRE

Principe de l'intervention en faveur des peuples opprimés. — Comment l'entendaient la Convention et les Montagnards. — Article de la Constitution de 1793 consacrant ce principe. — Le manifeste à l'Europe, de M. de Lamartine. — Attitude de la République vis-à-vis des gouvernements étrangers. — Rôle historique de l'Angleterre en fait d'intervention. — Contradictions de lord Brougham. — Paragraphe du manifeste relatif aux traités de 1815. — Amendement introduit par la minorité du Conseil. — Indiscrétion de lord Normanby. — Le manifeste attaqué à la fois par les deux opinions extrêmes. — Que commandait la situation. — *Italia fara da se.* — Protestation du gouvernement sarde contre la présence d'un corps d'armée français au pied des Alpes. — Lettre de Mazzini à M. Jules Bastide, repoussant l'intervention. — Ressources militaires de la France, au 24 février. — Conseil de généraux opposé à toute guerre immédiate. — Déclaration analogue du Comité de défense. — 1793 et 1848. — La force de l'exemple. — Réveil des nationalités.

Les républicains français ont été accusés de réclamer pour leur pays le droit de secourir toute nation foulée aux pieds par une tyrannie étrangère : à Dieu ne plaise que je repousse cette accusation glorieuse! Oui, je le reconnais, et bien haut, et avec orgueil, le parti dont je suis, estime que la force de la France appartient à l'humanité, et que la France se doit de mettre la défense d'un peuple opprimé sur la même ligne que sa conservation propre. Et un des principaux griefs des républicains français contre le gouvernement monarchique est que la nature de ce gouvernement le porte à sacrifier à des intérêts purement dynastiques ce qu'ils considèrent, eux, comme le plus sacré des devoirs et comme la politique vraiment nationale. Témoins de l'ardeur avec laquelle les gouvernements despotiques s'appuient les uns les autres, les républicains français ne voient pas pourquoi un peuple libre n'irait pas au secours d'un peuple ami qu'on opprime, et c'est pourquoi, sous le règne de Louis-Philippe, leur indignation fut si vive, lorsqu'ils entendirent Casimir Périer s'écrier du haut de la tribune parlementaire : « Le sang français n'appartient qu'à la France. »

Mais autant ils sont disposés à secourir les nationalités opprimées, soit en offrant leur médiation, soit en offrant leur argent, soit, quand il le faut, en tirant le glaive, autant ils sont opposés à toute guerre n'ayant d'autre mobile que l'ambition, d'autre principe que la gloire des armes, d'autre but que la conquête. La nécessité de la guerre en certaines circonstances n'est, à leurs yeux, qu'une preuve douloureuse de l'état d'enfance où se trouve encore le monde ; ils regardent le système des armées permanentes comme incompatible avec la liberté, et ils n'ignorent pas combien il est facile à un général victorieux de se transformer en tyran.

En 1792, quel fut l'homme par qui la guerre fut conjurée avec le plus de véhémence? Robespierre. Ce fut en dépit de sa résistance, secondée par celle des Jacobins, que la France s'arma contre l'Autriche. Il est très-certain, il est historiquement établi — quoique le fait ne soit pas universellement connu — que la Convention, en 1793, fut *forcée* à la guerre par les provocations répétées et systématiques de Pitt, qui voulait la guerre à tout prix (1). Et il ne faut pas oublier que la Constitution de 1793, œuvre des Montagnards, contient cette clause : « Le peuple français ne s'immisce point dans le gouvernement des autres nations. Il ne souffre point que les autres nations s'immiscent dans le sien (2). »

---

(1) Quiconque désirerait avoir une connaissance approfondie de tout ce qui se rapporte à ce grand événement, n'a qu'à consulter mon *Histoire de la Révolution*, t. VIII, chapitre intitulé *Pitt et la Convention*.
(2) *Ibid.*, t. IX, p. 29.

Mais, dans la pensée de Robespierre et des Montagnards, ce principe n'était applicable qu'aux circonstances ordinaires, et, en le posant, ils n'entendaient ni renoncer au droit ni se dispenser du devoir d'intervenir là où se produirait un acte de tyrannie entraînant une violation *manifeste* des lois éternelles de l'humanité et de la justice. Car une autre clause de la Constitution de 1793 est celle-ci : « Le peuple français est l'allié naturel des peuples libres; » et, quant à Robespierre, il n'hésita point à dire dans sa déclaration des Droits de l'Homme : « Celui qui opprime une seule nation se déclare l'ennemi de toutes. »

Telles étaient les idées du parti républicain concernant la politique extérieure, lorsque, le 2 mars 1848, le Gouvernement provisoire fut appelé à discuter le manifeste à l'Europe, rédigé par M. de Lamartine.

Trois questions étaient à résoudre :

Affirmerait-on, au nom du peuple français, le droit d'aider militairement les nationalités opprimées à s'affranchir du joug de l'étranger ?

Répudierait-on les traités de 1815 ?

Exprimerait-on le désir de conserver la paix ?

Sur le premier point, pas de difficulté ; et le passage suivant du manifeste de M. de Lamartine passa sans opposition :

« Nous le disons hautement : si l'heure de la reconstruction de quelques nationalités opprimées en Europe ou ailleurs nous paraissait avoir sonné dans les décrets de la providence ; si la Suisse, notre alliée fidèle depuis François Ier, était contrainte ou menacée dans le mouvement de croissance qu'elle opère chez elle pour prêter une force de plus au faisceau des gouvernements démocratiques ; si les États indépendants de l'Italie étaient envahis ; si l'on imposait des limites ou des obstacles à leurs transformations intérieures ; si on leur contestait à main armée le droit de s'allier entre eux pour consolider une patrie italienne, la République française se croirait en droit d'armer elle-même pour protéger ces mouvements légitimes de croissance ou de nationalité des peuples (1). »

(1) *Voy.* le *Moniteur* du 5 mars 1848.

Il convient d'observer que la question était très-délicate. Les cas d'usurpation nationale ayant, en général, un caractère plus ou moins relatif et pouvant fournir matière à controverse, il est difficile, sinon impossible, de tracer d'avance une ligne invariable de démarcation entre le devoir d'intervention et la règle de non intervention. C'était donc une politique judicieuse que celle qui réservait à la France l'appréciation des causes, l'examen des circonstances et le choix du moment.

Cependant, même renfermée dans ces limites, l'affirmation du droit proclamé par le manifeste a donné naissance, contre le Gouvernement provisoire, aux attaques les plus extraordinaires. Nous avons entendu des hommes qui admirent Pitt pour avoir fomenté mainte révolte royaliste dans le but avoué de détruire la Convention, assemblée issue du suffrage universel, nous avons entendu ces hommes nous dénoncer comme d'audacieux violateurs du « droit des gens. » Nous avons entendu lord Brougham nous reprocher, avec une rage injurieuse et sotte, d'avoir professé la même doctrine que l'Angleterre professait, il y a quelques mois à peine, dans ses efforts pour délivrer Naples, non pas du joug d'un conquérant étranger, mais — tentative bien plus hardie — du despotisme d'un tyran indigène ! Si le principe de non-intervention est décidément inviolable, d'où vient, comme l'a très-bien fait remarquer M. Mill (1), que les gouvernements de l'Europe l'ont violé à trois reprises différentes, en intervenant, d'abord entre la Grèce et la Turquie, à Navarin ; puis, entre la Hollande et la Belgique, à Anvers ; puis, entre la Turquie et l'Egypte, à Saint-Jean-d'Acre ? Si la loi des nations, telle que lord Brougham la comprend, s'oppose d'une manière absolue à ce qu'un peuple se mêle des affaires d'un autre peuple, d'où vient qu'on a permis aux Russes de se joindre à l'Autriche pour accabler la Hongrie ? Serait-ce qu'un principe, faux quand il protége les opprimés, devient vrai et sacré quand il favorise l'oppression ?...

Touchant les traités de 1815, le projet soumis au Gou-

---

(1) Dans la brochure admirable où il a écrasé lord Brougham.

vernement provisoire était loin d'être explicite. M. de Lamartine craignait évidemment que son manifeste ne retentît en Europe comme un bruit de clairon. Je protestai contre cet excès de prudence, et montrai le danger de laisser indécise une question aussi importante que celle des traités de 1815. On peut dire sans exagération qu'au souvenir de ces traités, il n'est fibre de la France qui ne tressaille. Ils nous furent imposés par la conquête ; ils furent signés, en notre nom, par un gouvernement dont nous ne voulions pas ; ils furent conclus, avant que l'ennemi eut quitté notre territoire, au milieu des circonstances les plus propres à nous faire monter le rouge au front, et dans le but, proclamé à voix haute, de mettre la France aussi bas que possible. Au fond, c'était de l'emprisonner qu'il s'agissait. « Tandis que l'Angleterre, la Prusse, la Russie, se pouvaient vanter d'avoir, durant les dernières cinquante années, considérablement élargi leur domaine, il fallait que la France, elle, se résignât à être moins grande qu'elle ne l'avait été sous Louis XV (1). » La France devait-elle, pouvait-elle, se considérer comme liée pour toujours par des engagements de cette espèce? Une pareille prétention eût été folle, de la part des autres parties contractantes, lesquelles ne s'étaient jamais fait scrupule de violer ces mêmes traités, toutes les fois qu'elles y avaient eu intérêt. Après ce qui s'était passé à Cracovie, en Italie, en Hongrie, comment voir dans les traités de 1815 autre chose qu'un chiffon de papier que nos ennemis eux-mêmes s'étaient accordés à mettre en lambeaux? Je n'hésitai donc pas à proposer qu'on les déclarât hardiment non-avenus. Et, je dois le dire, ce sentiment était celui de tous les membres du Conseil. Seulement la minorité, dont j'étais, se montrait moins préoccupée que la majorité, de la crainte d'offenser les gouvernements étrangers, et, par là, de compromettre la paix. Pour trancher la difficulté, on eut recours à un compromis qui consistait : d'une part, à répudier solennellement les traités de 1815 en tant qu'obligatoires ;

---

1) Ainsi s'exprime un écrivain anglais, dans l'explication qu'il donne du sentiment qu'inspirent en France les traités de 1815. Voy. *Edinburgh Review*, t. LXXXVII, p. 585.

et, d'autre part, à accepter les arrangements territoriaux existants, comme faits à modifier, soit par voie de négociation, soit par l'adoption de mesures plus énergiques, selon les circonstances. De là, l'adoption du passage suivant :

« Les traités de 1815 n'existent plus en droit, aux yeux de la République française ; toutefois, les circonscriptions territoriales de ces traités sont un fait qu'elle admet comme base et comme point de départ dans ses rapports avec les autres nations. Mais, si les traités de 1815 n'existent plus que comme faits à modifier d'un commun accord, et si la République déclare hautement qu'elle a pour droit et pour mission d'arriver régulièrement et pacifiquement à ces modifications, le bon sens, la modération, la conscience, la prudence de la République existent, et sont pour l'Europe une meilleure et plus honorable garantie que les lettres de ces traités, si souvent violés ou modifiés par elle (1). »

Je lis dans le livre de lord Normanby :

« 3 mars. Lamartine m'a dit aujourd'hui qu'il désirait me faire connaître la substance de son manifeste à l'Europe, discuté hier en Conseil, et qui sera publié dans deux ou trois jours. « Vous n'ignorez pas, m'a-t-il dit, « quel a été, pendant ces trente dernières années, le senti- « ment de la France au sujet des traités de 1815, et com- « bien cette humiliation est restée vivante dans les souve- « nirs. » Il a ajouté qu'il *aurait désiré n'avoir pas à en parler du tout, mais que cela avait paru impossible. Il serait obligé* de faire allusion à la manière dont ils avaient été violés (2). »

Je refuse de croire, pour l'honneur de M. de Lamartine, que la mémoire de lord Normanby, en cette occasion, ne se soit pas trouvée en défaut. Comment comprendre une

(1) *Voy.* le *Moniteur* du 5 mars 1848.
(2) *A Year of Revolution in Paris*, t. I, pp. 164, 165.

indiscrétion pareille ? Si M. de Lamartine avait effectivement ressenti la répugnance que lord Normanby lui attribue, est-il vraisemblable qu'il en eût confié le secret à un diplomate étranger ?

La question de savoir si la République française exprimerait le désir de conserver la paix ne provoqua aucune discussion. Néanmoins, j'ai lieu de croire que, sur ce point, la rédaction du manifeste ne répondait pas tout à fait aux sentiments de la minorité du Conseil. Pour ma part, j'aurais voulu plus de réserve dans le langage. Je trouvais que c'était dépasser le but que de dire, par exemple : « La République française désire entrer dans la famille des gouvernements institués, » sans compter que de pareils mots n'étaient guère d'accord avec ceux-ci, beaucoup plus de mon goût : « La République n'a pas besoin d'être reconnue, pour exister. » Quoi qu'il en soit, la modification relative aux traités de 1815 une fois adoptée, il était difficile de nier qu'à tout prendre, le manifeste de M. de Lamartine ne fût l'éloquente déclaration de la seule politique qui fût alors possible.

Cette politique, cependant, a été fort attaquée, et par des hommes partant de deux points de vue opposés. Les uns nous ont reproché d'avoir déchaîné sur l'Europe l'esprit de désordre aveugle et d'anarchie ; les autres de n'avoir pas appuyé suffisamment les agitations fécondes de la liberté.

Ce que pèse le premier chef d'accusation, on vient de le voir : le second n'est pas mieux fondé.

Quelle était la situation ? En 1792, l'Europe entière s'était levée en armes contre nous : en 1848, rien de tel n'était à craindre ; nulle coalition militaire ne menaçait et ne pouvait menacer le berceau de la République ; soit enseignement de l'expérience, soit pression des difficultés intérieures, les gouvernements étrangers paraissaient bien décidés à s'abstenir, pourvu qu'on ne les attaquât point. L'Angleterre, qui avait été l'âme des premières coalitions contre nous, promettait une alliée à la France, en cas de paix, tandis qu'en essayant de mettre le feu au monde, nous risquions de l'avoir pour ennemie. Et, d'ailleurs, quelle certitude qu'en se pressant d'étendre une protection armée sur des nations non encore préparées à une lutte décisive, la France n'aurait pas éveillé leurs défiances plutôt que leur sympathie? Les Allemands gardaient un souvenir amer de l'occupation révolutionnaire de Mayence et de Francfort par les Français; la fameuse chanson du Rhin n'était pas oubliée chez eux, même parmi les démocrates; et, quant aux patriotes italiens, leur idée dominante était, nous le savions à n'en pas douter, qu'un peuple est indigne d'être indépendant, qui ne sait pas conquérir son indépendance. Une armée franchissant les Alpes n'eût été vue qu'avec un sentiment mêlé d'inquiétude et d'orgueil blessé. Quoi de plus clair que l'avertissement contenu dans ce mot d'ordre italien : *Italia fara da se?*

Au reste, de la généreuse sollicitude du Gouvernement provisoire envers les peuples opprimés et des obstacles qu'elle rencontra de la part de ceux qui semblaient appelés à en recueillir le bénéfice, il existe de nombreux, d'irrécusables témoignages.

On se rappelle qu'à la suite de l'insurrection sicilienne, Milan s'agita, et que, la Révolution de février éclatant sur ces entrefaites, les symptômes d'un soulèvement prochain se manifestèrent en Lombardie. Promettre à ce soulèvement l'appui de la France, par une démarche éclatante, c'était braver l'Autriche; et dans quel moment? Dans un moment où, comme je le dirai tout à l'heure, nous n'avions à notre disposition qu'une armée désorganisée et un trésor vide. Le Gouvernement provisoire n'hésita point cependant; et un de ses premiers actes fut de réunir au pied des Alpes un corps de 30,000 hommes, chargé de protéger, au besoin, les mouvements de l'indépendance italienne. Mais qu'arriva-t-il? Milan n'eut pas plutôt forcé le maréchal Radetzky à la retraite, et Venise n'eut pas plutôt chassé l'étranger, qu'à la lueur de la traînée de poudre allumée à Pavie, à Brescia, à Crémone, à Bergame, Charles-Albert, roi de Piémont, se jeta en Lombardie, l'épée à la main. Réclama-t-il, en cette occasion suprême, l'appui de la

France? Loin de là! Comme il agissait beaucoup moins en Italien qu'en monarque; comme la question, pour lui, était beaucoup moins de soustraire l'Italie à la domination autrichienne que de ranger les villes lombardes sous la sienne propre ; comme il craignait, surtout, que la France républicaine, fidèle à son principe, ne fît passer les Alpes à la République..., il mit tous ses soins à conjurer l'intervention française. La présence, sur la frontière du Var, du petit corps d'armée que nous y avions formé, pour y servir, selon l'expression de M. Bastide, d'arrière-garde à la Révolution italienne, devint, de la part du gouvernement piémontais, l'objet d'alarmes dont l'expression toucha quelquefois à l'insulte. Le ministre de Sardaigne à Paris, marquis de Brignoles, se plaignit, protesta, menaça, disant « que l'épée de Charles-Albert suffisait à protéger l'Italie ; que, si nous franchissions les Alpes, ce ne pourrait être, aux yeux des gouvernements et des *populations*, que dans un but d'ambition et de conquête ; qu'en conséquence, les Italiens ne feraient nulle différence entre les Autrichiens et nous, et que les canons du fort Damian étaient déjà prêts à nous recevoir (1). »

Voici deux dépêches qui peignent au vif la situation ; je les emprunte de l'ouvrage de M. Jules Bastide, intitulé *la République française et l'Italie en* 1848 :

---

(1) Ce sont là les propres expressions qu'emploie, en rapportant le langage du marquis de Brignolles, M. Jules Bastide, ancien ministre des affaires étrangères sous le général Cavaignac. Le passage qui précède est extrait d'un livre très-intéressant que M. Bastide publia sous ce titre : *la République française et l'Italie en* 1848. On y trouve un recueil de documents diplomatiques de la plus haute importance, et dont nous ne saurions trop recommander la lecture à quiconque veut bien connaître l'époque dont il est question.

A la suite d'un passage de mon livre (édition anglaise), qu'il a bien voulu citer dans le sien, M. Jules Bastide écrit : « Je suis heureux de pouvoir citer ici, à l'appui de mon opinion, celle d'un homme digne de toute sorte d'estime et à qui le malheur du temps a pu faire croire un jour que j'étais son ennemi. » J'ai pu le croire, en effet : mais, même alors, le chagrin que j'en ai ressenti a été sans aucun mélange d'amertume. Serviteur de cette cause de la République à laquelle M. Jules Bastide a dévoué sa vie, je connaissais trop la noblesse de son caractère et sa loyauté républicaine, pour attribuer ce qui nous a un moment séparés à autre chose qu'un de ces malentendus, résultat presque inévitable des grandes commotions politiques.

Le marquis de Pareto à M. de Rici.

« 24 mars.

« Ce soir, le roi (Charles-Albert) s'est décidé à intervenir militairement en Lombardie. Cette détermination de Sa Majesté était impérieusement exigée par les circonstances actuelles de l'Italie, où le sentiment de l'indépendance nationale est porté au plus haut degré. Il y avait aussi à craindre que les nombreuses associations politiques existant en Lombardie et la proximité de la Suisse ne fissent proclamer un gouvernement républicain. Cette forme aurait été fatale à la cause italienne, à notre gouvernement, à l'*auguste dynastie de Savoie.* »

Le marquis de Pareto à sir Abercromby.

« Turin, 30 mars.

« J'ai écrit à M. le ministre de Brignoles, pour qu'il engage le Gouvernement provisoire à tenir ce rassemblement (le corps de 30,000 hommes réuni derrière les Alpes) éloigné de la frontière, *afin qu'il ne puisse venir dans l'esprit de nos populations que la France veut s'entremettre de quelque manière dans nos affaires,* car nous tenons absolument à ce qu'on sache que l'Italie veut *fare da se* (1). »

En pareille occurrence, que pouvait faire le Gouvernement provisoire? Fallait-il qu'il allât aider à Charles-Albert à étouffer en Lombardie les germes d'une République? ou bien que, sans y être invité par personne, il déclarât du même coup la guerre au Piémont et à l'Autriche, en train de se déchirer; mît contre lui à la fois Vienne et Turin, et, envoyant des soldats français prendre « les canons du fort Damian, » versât à flots le sang italien par amour pour l'Italie?

(1) *Voy.* le livre de M. Bastide, pp. 38 et 39.

Encore si les républicains de l'autre côté des Alpes nous eussent tendu les bras ! Mais non. Partisans et adversaires de la monarchie s'accordaient à vouloir nous tenir à distance.

Le 31 juillet — la date est remarquable, car c'était le moment où Radetzky reprenait le dessus, et où l'indépendance italienne se débattait au bord de l'abîme — M. Mazzini écrivait à M. Bastide : « Je pense qu'il est de notre devoir de nous sauver par nous-mêmes. J'ai toujours invoqué une guerre européenne, *jamais une intervention dans la question italienne* (1). »

Mais pourquoi, cette guerre européenne, ne l'avoir pas allumée, et couru de la sorte au triomphe de la République universelle à travers l'embrasement du monde ? — Pourquoi ? Parce qu'avant de se lancer dans une aventure où il y va du sort de plusieurs millions d'hommes, on est tenu de consulter ses ressources. Or, les nôtres étaient tellement disproportionnées à l'entreprise gigantesque dont il s'agit, que s'y précipiter de gaieté de cœur eût été un acte de folie sans exemple dans l'histoire.

Et tout d'abord, les moyens militaires faisaient défaut, Louis-Philippe ayant légué à ses successeurs une armée désorganisée et hors d'état d'entrer en campagne. Je me souviens que, presque le lendemain de la Révolution, il y eut un conseil de généraux que le Gouvernement provisoire interrogea sur l'étendue des forces. Hommes d'épée, on ne les pouvait soupçonner de nourrir un amour immodéré de la paix. Eh bien, leur réponse formelle fut que l'état des choses ne permettait pas à la France d'entrer en guerre sur-le-champ, et que, si elle s'y décidait, elle n'avait devant elle aucune chance raisonnable de succès. Un comité de défense fut formé, avec mission spéciale de constater les ressources militaires du pays. Eh bien, ce comité, composé des généraux Pelet, Oudinot, Pailloux, Bedeau, Vaillant, Lamoricière, de M. Deniée, un des chefs du commissariat, et du major Charras, fit un rapport duquel il résultait qu'il n'y avait pas de régiment qui pût

---

(1) *La République française et l'Italie en* 1848, pp. 44 et 45.

fournir : dans l'infanterie, plus de deux bataillons effectifs de cinq cents hommes chacun, et, dans la cavalerie, plus de quatre escadrons effectifs, montant ensemble à cinq cent vingt-cinq hommes (1). De fait, d'après l'estimation du Comité, le nombre total des hommes disponibles n'excédait pas 101,000 hommes ; et, dans le cas où il y aurait eu à lutter contre une coalition monarchique, le nombre de soldats requis pour border nos frontières, sans dégarnir l'Afrique, ne pouvait être au-dessous de 514,000 !

Il est vrai qu'on avait la ressource d'ordonner de nouvelles levées ; mais, ce qui manquait de la manière la plus absolue — on en jugera par le chapitre suivant — c'était, outre le temps nécessaire pour former des recrues, l'argent nécessaire pour les entretenir. La monarchie de Louis-Philippe, en fait de finances, n'avait légué à la République que... la banqueroute ; et comment s'adresser au crédit? La commotion révolutionnaire l'avait tué. On verra plus loin à quels moyens le Gouvernement aurait dû, suivant moi, recourir pour faire face à la situation ; mais il n'y avait pas de plan financier, si ingénieux qu'on le suppose, qui pût alors nous mettre en état d'appeler sur nous le choc de l'Europe entière. La République ayant ce grand fleuve de sang à traverser, s'y fût noyée très-probablement. Et la France?

Je sais qu'il est, dans la vie des nations, des heures héroïques où la sagesse consiste à beaucoup oser. Moi-même, avec une émotion dont mon cœur ne perdra jamais la trace brûlante, j'ai raconté les prodiges d'audace auxquels nos pères durent, en 1792 et 1793, de tenir tête à l'Europe conjurée. Mais enfin, quoique trempés d'acier, ils acceptèrent la lutte, ils ne la cherchèrent pas ; et où les conduisit-elle, après tout, de victoire en victoire, de miracle en miracle? A la dictature d'un soldat!

Les circonstances, d'ailleurs, avaient bien changé, depuis. Que de choses devenues impossibles! que de ressorts brisés pour jamais, sans parler de la terreur, qui permit

(1) Rapport de M. Arago à l'Assemblée nationale, séance du 8 mai 1848.

aux hommes de 1793 de dompter les résistances intérieures pendant qu'ils combattaient l'ennemi du dehors! Prendre la hache pour rendre moins difficile la rude besogne de l'épée, voilà ce que les hommes de 1848 n'auraient voulu faire à aucun prix. Est-ce un de leurs crimes?

Et pourtant, les obstacles qui, à l'intérieur, les entouraient étaient immenses. Le plus pressé, pour la République de 1848, fut, non de s'étendre, mais de s'établir. Ses ennemis, en province, étaient nombreux; ils étaient riches; ils étaient influents. Les partis monarchiques, étourdis par le coup de tonnerre de Février, avaient bien vite repris courage : la confusion née d'un embrasement universel leur eût précisément fourni l'occasion après laquelle ils soupiraient. La bourgeoisie avait la guerre en horreur; la classe ouvrière se montrait absorbée par le désir, assurément très-légitime, de son émancipation sociale : était-ce le moment de jouer sur un coup de dé sanglant les destinées de la République, et d'attirer en France une troisième invasion?

Aussi bien, il était naturel de penser que la force morale de l'exemple, et la seule perspective d'une assistance efficace, offerte en cas de nécessité, suffiraient pour commencer l'affranchissement des peuples asservis. Et c'est, en effet, ce qui arriva. Il n'y eut pas un despote en Europe qui ne sentît son trône chanceler; de toutes parts, et spontanément, des insurrections éclatèrent. Que si elles furent étouffées, il importe de ne point perdre de vue que ce ne fut ni sous l'administration du Gouvernement provisoire, ni par suite de sa politique. Si les principes posés dans le manifeste à l'Europe eussent été respectés jusqu'au bout; si tous ceux qui les proclamèrent fussent restés au pouvoir quelques mois de plus, jamais la République romaine n'eût été assaillie par des troupes étrangères, encore moins par des soldats français, et jamais la Russie n'eût impunément jeté son glaive dans la balance où se pesaient les destinées de la Hongrie. Le Gouvernement provisoire résigna ses pouvoirs trop tôt; il n'attendit point que, par une incessante diffusion des idées républicaines, les départements eussent été mis au pas de la capitale; là fut le mal, le mal irréparable ; et on ne saurait l'imputer à ceux qui, comme moi, firent tout ce qui était en eux pour obtenir l'ajournement des élections.

Encore un mot. Les républicains, en 1848, tendirent à l'Angleterre une main amie : qu'elle s'en souvienne, et qu'elle sache bien qu'à leurs sympathies seules est liée la chance d'une véritable et longue alliance entre les deux peuples!

CHAPITRE TREIZIÈME

LA CRISE FINANCIÈRE

Le dernier budget de la monarchie. — Le déficit. — Encaisse existant dans les coffres de l'État le 24 février. — M. Goudchaux, ministre des finances. — Sa panique et sa démission. — Fausse interprétation donnée à sa retraite. — M. Garnier-Pagès lui succède. — M. Duclerc, sous-secrétaire d'État. — Création des comptoirs d'escompte. — Prêts sur dépôts par l'État. — Insuffisance de ces mesures. — Émeute de négociants pour demander la prorogation à trois mois de toutes les échéances. — Indulgence de lord Normanby pour ces agitateurs en habit noir. — Situation commerciale de Paris. — Conspiration des capitalistes et des riches pour paralyser le crédit public. — Dévouement et offrandes des classes populaires. — Les dépôts des caisses d'épargne convertis par Louis-Philippe en bons du trésor. — Affluence des demandes de remboursement. — Impossibilité d'y pourvoir. — Le ministre des finances fait décréter un emprunt de 100 millions. — Un mauvais vouloir systématique fait échouer la souscription. — Intensité de la crise. — M. Delamarre propose un impôt forcé sur les riches. — Plan financier présenté par le Luxembourg. — Théorie des banques. — Avantages d'une banque d'État. — Il était possible d'en créer une en 1848. — Moyens d'exécution. — Opposition de la routine. — Décret du 15 mars donnant cours forcé aux billets de banque. — Cet expédient ne sauve que la Banque de France. — Impôt des 45 centimes. — Discussion de cette mesure, au sein du Conseil. — Elle est adoptée et décrétée. — Ses désastreux effets. — Appel à l'équité de l'histoire.

Dès le lendemain de la Révolution, le Gouvernement provisoire se trouva au bord d'un gouffre béant.

Le budget de 1848 — c'était le dernier de la monarchie, et non, comme beaucoup de gens l'ont cru, le premier de la République — présentait, tout compris, un déficit de 652 millions 525,000 francs (1).

Les ministres de Louis-Philippe ayant, dans le court espace de sept années de paix, ajouté une somme de 912 millions 329,328 francs au capital de la dette publique, ce capital, qui, le 1er janvier 1841, n'excédait pas 4 milliards 267,315,402 francs, s'élevait, le 1er janvier 1848, à 5 milliards 179,644,730 (2).

Le Gouvernement monarchique s'était mis à aller à la banqueroute d'un pas si rapide, que, durant les derniers 268 jours de son existence, il avait dépensé, en sus du revenu ordinaire, 294 millions 800,000 francs, c'est-à-dire plus d'un million par jour (3).

Les bons du trésor avaient atteint le chiffre, jusqu'alors sans exemple, de 325 millions, et la dette flottante ne s'élevait pas à moins de 872 millions (4).

Maintenant, que contenaient, dans la matinée du 25 février, les coffres de l'État?

57 millions, en valeurs de portefeuille, et, en numéraire, 135 millions, dont 127 millions à la Banque. Encore fallait-il distraire 73 millions de cette somme, pour le paiement du semestre de la rente 5 pour cent.

Ainsi, comme l'a dit, avec toute l'autorité de faits et de chiffres incontestables, le ministre des finances du Gouvernement provisoire, M. Garnier-Pagès : « Pour faire face aux échéances d'une dette flottante fabuleuse; pour couvrir les dépenses courantes, qui s'élevaient à environ 125 millions par mois; pour continuer les travaux publics; pour secourir les ouvriers; pour soutenir l'industrie et le commerce; pour réorganiser nos forces de terre et de mer, le Gouvernement de la République trouvait en tout dans les caisses de la monarchie, quoi? *Soixante-deux millions* (5). »

---

(1) *Rapport sur la situation financière de la République.* Voy. le *Moniteur* du 10 mars 1848.
(2) *Ibid.*
(3) *Ibid.*
(4) *Ibid.*
(5) *Ibid.*

L'héritage avait de quoi effrayer. L'homme auquel on en confia d'abord le fardeau était un homme d'intégrité et de courage, mais le type de ces républicains formalistes qui résistent avec hardiesse à toute idée hardie et combattent énergiquement toute mesure énergique. Si la République n'avait dû être qu'un roi de moins, nul n'aurait été plus propre que M. Goudchaux à occuper, sous le Gouvernement provisoire, le poste de ministre des finances; car à une haute probité il joignait de grandes connaissances financières et ce qu'il devait à sa longue expérience comme banquier. Malheureusement, — du moins, selon moi, — d'autres qualités encore étaient nécessaires, au lendemain d'une Révolution qui exigeait la destruction de tant d'abus et venait ouvrir à l'esprit humain tant de perspectives nouvelles. Dominé à son insu par le génie de la routine, et peu préparé par la nature de ses occupations quotidiennes à embrasser d'un regard calme l'étendue des besoins sociaux, la nouvelle que des conférences allaient avoir lieu au Luxembourg effraya M. Goudchaux outre mesure, et ses alarmes se convertirent en panique, lorsqu'il fut question de supprimer certains impôts devenus intolérables, et notamment le droit de timbre, taxe absolument inconciliable avec la liberté de la presse, et dont la portée funeste se peut définir par ces mots amers de Lamennais : *Silence au pauvre !*

Le 3 mars, dans une réunion à laquelle assistaient tous les membres du Gouvernement privisoire, sauf M. Flocon, alors malade, M. Goudchaux traça un émouvant tableau de la détresse financière du pays. Sa voix brisée, l'expression de son visage, le caractère sombre des détails où il entra, produisirent un tel effet de découragement, que M. de Lamartine, se penchant à l'oreille de M. Garnier-Pagès, lui dit avec une anxiété visible : « Est-ce donc vrai, Garnier-Pagès? Sommes-nous donc perdus (1)? »

A la suite d'une délibération vraiment tragique, il fut décidé que, d'un cœur viril, on tiendrait tête au danger.

---

(1) On trouvera là confirmation de ce fait dans la brochure de M. Garnier-Pagès, *un Épisode de la Révolution de* 1848, p. 63.

Mais, le 5 mars, M. Goudchaux donna sa démission, et, comme la majorité du Conseil hésitait à l'accepter, il déclara que, si l'on insistait, il se brûlerait la cervelle. On le savait résolu ; on craignit la réalisation de cette menace : il fallut céder.

Il a été prétendu par les amis de M. Goudchaux et, je crois, par M. Goudchaux lui-même, dans sa déposition devant la Commission d'enquête — de ceci je ne suis pas sûr, n'ayant pas le document sous la main — qu'une des causes de la démission du ministre fut la frayeur née de la promulgation audacieuse des doctrines du Luxembourg. Un simple rapprochement de dates prouvera combien cette allégation est erronée.

La démission de M. Goudchaux eut lieu le 5 mars (1).

Mon premier discours au Luxembourg est du 30 (2).

Il est difficile de concevoir comment la détermination de M. Goudchaux aurait pu être le résultat d'une propagande qui n'avait pas commencé quand cette détermination fut prise !

La réduction des heures de travail et l'abolition du marchandage, voilà les deux seules mesures par où se manifesta, antérieurement au 5 mars, l'action du Luxembourg. Or, on doit se rappeler que ces deux mesures furent adoptées — M. Arago, membre de la majorité du Conseil, et moi agissant ici de concert — dans une assemblée où les patrons vinrent s'asseoir à côté des ouvriers, après un examen de la question par les uns comme par les autres, et de leur accord mutuel. Les circonstances, du reste, étaient à cet égard si impérieuses, que, *même avant l'ouverture des conférences du Luxembourg*, les propriétaires du chemin de fer du Nord avaient dû réduire les heures de travail (3). Et ce fait, c'est lord Normanby qui le constate.

La vérité est que, lorsque M. Goudchaux se retira, il venait d'avoir recours, avec les meilleures intentions du monde, à un expédient qui trompa ses espérances. Pour dissiper

(1) *Voy.* le *Moniteur* du 7 mars 1848.
(2) *Ibid.*, 11 mars 1848.
(3) *A Year of Révolution in Paris*, t. I, p. 212.

les inquiétudes qu'éveillait dans le public l'état des finances, et voiler, autant que possible, les difficultés du moment, il avait annoncé que le Gouvernement payerait, dès le 6 mars, le semestre des rentes, dû seulement le 22 (1). Cet empressement à offrir ce qu'on ne demandait point parut suspect : les appréhensions, au lieu de s'évanouir, redoublèrent.

Le ministère des finances ayant été offert à M. Garnier-Pagès, il accepta aussitôt, avec cette confiance en lui-même qui est un de ses traits caractéristiques, mais qui, dans la circonstance, dénotait un courage moral, véritablement noble.

Ainsi que le général Cavaignac, M. Garnier Pagès devait en partie sa position politique au grand rôle qu'un frère, enlevé par la mort, avait joué dans les luttes qui marquèrent le règne de Louis-Philippe. Quoique le bruit eût couru — bruit auquel il opposa un démenti formel et constant — qu'on l'avait vu, le 24 février, pencher du côté de la régence, nul doute qu'il ne fût sincèrement républicain ; mais il appartenait, lui aussi, à la catégorie de ceux qui, prenant le moyen pour le but, s'arrêtent à la République, ne comprenant point que, par elle, c'est à la régénération de la société elle-même qu'il s'agit d'arriver. Une aussi fausse appréciation du but définitif à atteindre ne pouvait qu'exercer une influence funeste sur les mesures à prendre. Mais le mérite de ces mesures mis à part, il est juste de reconnaître que M. Garnier-Pagès déploya dans l'exercice de ses difficiles fonctions une force de volonté, une activité soutenue, et, si je puis parler ainsi, une intrépidité intellectuelle qu'on aurait à peine attendues de lui, à en juger par l'expression maladive de son visage dans le cadre de ses longs cheveux, par sa taille frêle et par certains accès de vivacité nerveuse où se révélait l'ardeur de son tempérament excitable.

M. Duclerc, intelligence élevée, froide et ferme, fut appelé au poste de sous-secrétaire d'État, et eut à soutenir,

---

(1) *Un Épisode de la Révolution*, etc., p. 65.

en cette qualité, de concert avec M. Garnier-Pagès, l'édifice croulant des finances.

Le premier acte du ministre eut pour objet de venir en aide à la bourgeoisie, qui retira effectivement de cet acte quelque bénéfice, et en eût retiré un plus considérable, si l'intervention de l'État ne se fût confinée dans des limites trop étroites.

Au milieu d'une crise que des circonstances antérieures à la Révolution avaient engendrée, mais que la Révolution accéléra, des catastrophes commerciales étaient inévitables. Il advint donc qu'on put parler partout de faillites imminentes. Des établissements, jusqu'alors réputés fort solides, chancelaient ; des maisons de banque avaient déjà disparu dans la tourmente ; d'autres luttaient contre le torrent, mais avec des efforts qui semblaient n'attester que l'énergie du désespoir ; manufacturiers, commerçants, marchands de tous les degrés, étaient frappés de stupeur, et, les yeux tournés vers le Gouvernement provisoire, criaient au secours !

La Banque de France n'escomptant que des effets de commerce revêtus de trois bonnes signatures, et le résultat le plus immédiat de toute crise étant une excessive contraction du crédit, impossible que le commerce ne se trouvât point dans un état de paralysie. Comme moyen de remédier au mal, on proposa d'établir des comptoirs nationaux pour l'escompte des effets de commerce à deux signatures, ces comptoirs n'étant point, d'ailleurs, autorisés à émettre des billets ayant cours de monnaie, et le papier escompté par eux devant être réescompté par la Banque de France. Cette proposition, adoptée, donna lieu au décret suivant :

« Dans toutes les villes industrielles et commerciales, il sera créé un comptoir national d'escompte, destiné à répandre le crédit et à l'étendre à toutes les branches de la production.

« Ces comptoirs auront un capital dont le chiffre variera suivant le besoin des localités.

« Ce capital sera formé dans les proportions suivantes :

« 1° Un tiers en argent par les associés souscripteurs ;

« 2° Un tiers en obligations par les villes;
« 3° Un tiers en bons du trésor par l'État (1). »

Il est à noter que les bons du trésor et les obligations des villes ne figuraient ici qu'à titre de garanties, réalisables seulement dans le cas d'un déficit. Conséquemment, le capital avec lequel les comptoirs nationaux allaient se mettre en mouvement devait, au fond, leur être fourni par des souscripteurs, en d'autres termes, par la classe même qu'il s'agissait de secourir ; et, sous ce rapport, il semble qu'on pouvait accuser d'inconséquence les auteurs de la mesure. La contradiction, cependant, était moins réelle qu'apparente. Quelque étendue que fût la crise, elle n'avait pas atteint toutes les fortunes ; à côté de ceux qui enfonçaient, il y avait ceux qui surnageaient ; et la question était d'amener ceux-ci à sauver ceux-là sans s'exposer à trop de risques.

Ce qu'on faisait à l'égard du papier, on était naturellement conduit à le tenter à l'égard des marchandises. Des magasins généraux furent ouverts, et les détenteurs de produits furent invités, s'ils avaient besoin de secours, à aller déposer leurs marchandises dans ces magasins : dépôts dont la valeur vénale, une fois expertisée, devait servir de garantie au prêt d'une valeur équivalente, consenti par le comptoir national en faveur du déposant.

Ici encore l'intention était bonne, mais le but fut manqué, faute d'ampleur dans les vues, et par suite de cette crainte aveugle, tranchons le mot, de cette crainte puérile qu'on avait de pousser jusqu'au socialisme. Il ne suffisait pas, en effet, d'autoriser les comptoirs nationaux à faire, s'ils le jugeaient à propos, des avances de fonds remboursables à une échéance déterminée, et cela sur dépôt de marchandises. Les déposants qu'on avait en vue seraient-ils en état de rembourser, le moment venu, les avances dont on leur offrait le bénéfice ? La plupart d'entre eux n'étaient-ils pas alors d'une solvabilité au moins douteuse ? S'ils ne payaient point aux échéances fixes, quelle autre ressource

(1) *Voy.* le *Moniteur* du 8 mars 1848.

aurait le comptoir prêteur que de vendre aux enchères publiques les produits déposés? Et qu'attendre de cette ressource, lorsque chacun sait combien, même en temps ordinaire, les ventes aux enchères avilissent la marchandise qui en est l'objet?

Ces appréhensions étaient trop naturelles pour ne point paralyser l'action des comptoirs nationaux. Ils mesurèrent leur secours d'une main avare, et aux propriétaires de quelques produits privilégiés seulement; de sorte que, si l'institution n'avorta pas complétement, son utilité, en tout cas, fut très-disproportionnée aux besoins et sans rapport avec les exigences de la situation.

Tout autre eût été le résultat, j'en suis convaincu, si, comme cela fut proposé par le Luxembourg, le Gouvernement provisoire eût ouvert au public des entrepôts et des bazars destinés à la vente des produits déposés, et correspondant les uns avec les autres dans toute la France, « chaque producteur, chaque manufacturier, admis à apporter à l'entrepôt les marchandises ou denrées, aurait reçu en échange un *récépissé* ou *warrant*, détaché d'un registre à souche et indiquant la nature de l'objet déposé, la quantité, la qualité, la valeur expertisée. Ce récépissé, transmissible par endossement, aurait donné droit à la propriété du dépôt, dont l'État aurait répondu, s'obligeant soit à le représenter en nature au porteur du titre, soit à en payer la valeur. Les ventes se seraient faites au comptant, à prix fixe, ou à crédit en cas de consentement formel de la part du déposant, qui aurait eu alors à répondre des frais de vente et de magasinage. Les récépissés, comme les titres de vente, auraient pu être donnés à la Banque en garantie des sommes avancées; ils seraient devenus eux-mêmes une valeur négociable, un excellent papier-monnaie, le billet étant couvert par un gage positif, déterminé et expertisé, par un gage d'un prix courant très-facilement appréciable; en réalité, ils auraient joué dans la circulation le même rôle que les warrants des *docks* en Angleterre. Pour se couvrir des frais, l'État aurait perçu, conformément à un tarif déterminé, un droit d'entrepôt, source féconde de revenus ouverte au trésor. Enfin, on aurait établi des bazars, organisés d'après des vues identiques, et qui eussent été aux entrepôts ce qu'est la boutique du détaillant au magasin du marchand en gros (1). »

Les industriels soustraits à la tyrannie des spéculateurs, — un écoulement facile assuré aux produits de bonne qualité et d'un prix raisonnable, — les bases du crédit élargies, au moyen des récépissés, sur un terrain solide, — le consommateur délivré de la rançon ruineuse que lui impose la multiplicité des intermédiaires, — l'acheteur garanti contre la chance d'être trompé sur la qualité ou sur le prix, — l'avidité des fournisseurs de mauvaise foi déjouée par la connaissance que le public acquerrait du prix courant de chaque marchandise, — les opérations du commerce associées à une exposition permanente des richesses de l'industrie, tels étaient quelques-uns des avantages à recueillir de l'adoption du plan dont je viens de crayonner à la hâte les lignes principales. Mais l'adopter, ce plan, c'eût été entrer d'un pas résolu dans les voies d'une réforme sérieuse ; c'eût été tirer des embarras mêmes du présent le principe de grandes améliorations à venir ; et, par malheur, la majorité du Gouvernement provisoire ne l'entendait pas ainsi. Au lieu de chercher à régénérer le commerce, à le purifier, à l'ennoblir, M. Garnier-Pagès ne songea guère qu'à écarter de la classe commerçante les conséquences logiques d'un ordre de choses dont la Révolution était venue éclairer d'une lumière si vive les vices et les dangers.

Or, pendant qu'il s'ingéniait de son mieux à porter secours à la bourgeoisie, des hommes appartenant à la bourgeoisie étaient en train de préparer une émeute financière, tendante, chose incroyable ! à imposer au Gouvernement un décret qui autorisât la prorogation à trois mois de toutes les échéances. Si un pareil décret eût été rendu, quelles en eussent été les conséquences ? Comment le manufacturier, privé pendant trois mois des rentrées sur lesquelles il comptait, eût-il payé le prix des matières pre-

---

(1) *Voy.*, dans le livre intitulé la *Révolution de février au Luxembourg*, le remarquable exposé, fait, au nom de la Commission de gouvernement pour les travailleurs, par son secrétaire général M. Vidal.

mières requises et le salaire de ses ouvriers? Le long de cette immense chaîne d'obligations qui ne commence et ne finit nulle part, chacun étant plus ou moins créancier à l'égard des uns et débiteur à l'égard des autres, où se serait arrêtée la perturbation des rapports sociaux? La circulation de la monnaie, aussi nécessaire à la vie de la société que l'est à la vie de l'homme la circulation du sang, eût été suspendue d'une manière soudaine et terrible. Adieu notre industrie au dedans! adieu notre commerce au dehors! Ce qu'on demandait, c'était, — M. Garnier-Pagès a eu bien raison de le dire, — c'était... « la banqueroute universelle (1). »

Eh bien, cette demande, si ruineuse pour ceux qui la faisaient, elle se produisit avec une sorte de furie. Le 9 mars, près de trois mille individus partirent de la Bourse, se dirigeant vers le siége du Gouvernement provisoire. Ils paraissaient tellement animés, ils proféraient de telles menaces, que le bruit d'une attaque contre l'Hôtel-de-Ville se répandit aussitôt dans Paris. Je ne me rappelle pas m'être trouvé auprès de M. Garnier-Pagès, au moment précis où, secondé de M. Pagnerre, il eut à soutenir ce choc inattendu; mais je sais que leur attitude fut très-énergique et très-digne. La lutte se prolongea. Des paroles retentirent, qui touchaient à l'outrage. Un membre du Conseil reprochant aux plus emportés leur impatience égoïste, qu'il opposait à l'héroïque résignation des ouvriers : « Vos ouvriers! s'écrie l'un d'eux, hors de lui, nous les renverrons de nos ateliers, nous les jetterons sur le pavé, nous leur dirons d'aller vous demander du pain, et nous verrons s'ils se contenteront d'entendre vanter leur patriotisme! » Tout fut inutile. Un délai de dix jours avait été précédemment accordé, sous la pression de circonstances inouïes : les tumultueux visiteurs ne purent arracher au Gouvernement rien de plus.

Ils venaient de se retirer, et le calme était rétabli dans l'Hôtel-de-Ville, quand les Écoles parurent, comme en bataille, sur la place de Grève. Les étudiants avaient appris

(1) *Un épisode de la Révolution de 1848*, p. 70.

que l'Hôtel-de-Ville était menacé, et ils accouraient, du fond du quartier latin, pour nous défendre. Arrivé moi-même à l'Hôtel-de-Ville sur ces entrefaites, j'allai au-devant d'eux ; je les remerciai, au nom du Gouvernement provisoire ; et ils se dispersèrent, au cri accoutumé de « Vive la République (1) ! »

Il est curieux de voir comment lord Normanby atténue le caractère de ces faits, qui étaient de notoriété publique, lorsqu'il tenait son journal :

« 11 mars. Il y a deux jours, le Gouvernement a eu à prendre une détermination bien sérieuse ; il a reçu une *députation* de personnes engagées dans diverses branches d'affaires, lesquelles venaient le *prier* de décréter un délai de *dix jours* dans le payement des échéances (2). »

Jamais tant de miel ne coula de la plume de Sa Seigneurie. Il est vrai que l'émeute, ici, était en habit noir, et c'est aux blouses que lord Normanby réserve l'honneur de ses sévérités.

La violence de la crise ne faisant que s'accroître, il y fallait apporter remède, et promptement. Des trois signes d'échange avec lesquels la circulation s'opérait en France : le numéraire, le billet de banque, et le papier-monnaie individuel, le premier se cacha aussitôt après la Révolution, le second fut menacé, le troisième disparut.

Non, je le répète, que la Révolution eût créé le mal, elle ne fit que le révéler. Il y avait longtemps déjà, bien longtemps, qu'une lettre de change, jetée dans la circulation, avait cessé de signifier la transmission réelle par un vendeur de bonne foi à un acheteur sérieux, d'un produit de valeur égale à celle portée sur la lettre de change. Il y avait longtemps qu'une tourbe de spéculateurs sans honneur et sans solvabilité avaient rempli les canaux de la circulation d'une masse de papier qui ne répondait à rien. La Révolution éclatant, l'alarme fut donnée ; la défiance acquit des yeux de lynx ; on pénétra au fond de beaucoup

---

(1) *Voy.* à ce sujet le *Moniteur* du 10 mars 1848.
(2) *A Year of Revolution in Paris*, p. 218.

de manœuvres qui, jusqu'alors, avaient échappé à l'attention des parties intéressées; on découvrit qu'un grand nombre de maisons commerciales ne vivaient que d'une vie factice, et qu'une masse énorme de papier reposait sur un capital purement imaginaire. La conséquence était fatale : toutes les transactions qui s'accomplissaient au moyen de ce signe d'échange s'arrêtèrent : immense désastre, si l'on considère qu'avant la Révolution de février, le papier-monnaie individuel, ainsi discrédité, ne représentait pas moins de 12 milliards dans les 15 milliards qui constituaient l'ensemble de la circulation, le numéraire n'y figurant que pour 2 milliards et demi, et les billets de banque que pour 400 millions.

On devine le reste : dans les fonds de roulement des maisons de commerce ou d'industrie, le numéraire ne tenant qu'une très-petite place à côté des effets en portefeuille, ce fut un bouleversement général. Une foule de maisons qui, pour remplir leurs engagements, n'avaient qu'une quantité de numéraire insuffisante et une grande masse de papier inconvertible, sombrèrent.

Ai-je besoin de dire combien l'établissement des comptoirs nationaux était un faible remède, en présence d'un tel mal? La question, d'ailleurs, était de savoir si les actionnaires se présenteraient; et l'empressement, il faut bien le dire, ne fut pas remarquable. Le montant des actions, fixé, pour le comptoir de Paris, à 6 millions 666,000 francs, atteignait à peine, au commencement d'août, la somme de 4,051,804 francs.

Et ce qui rendait l'aspect de la crise plus alarmant encore, c'était la conduite de ceux des riches dont la Révolution avait heurté les préjugés, inquiété l'égoïsme, ou blessé l'orgueil. On en vit qui, par une manœuvre indigne, dont le faubourg Saint-Germain avait donné l'exemple sous le règne de Louis-Philippe, se mirent à couper court à leurs dépenses, vendant leurs équipages et leurs chevaux, renvoyant leurs domestiques, et se condamnant à une économie qui ne pouvait manquer d'être mortelle à une multitude de travailleurs et de travailleuses : joailliers, tailleurs, peintres, sculpteurs, couturières, modistes, tous ceux à qui l'art et le luxe assurent un morceau de pain!

Lord Normanby n'a rien négligé de ce qui était de nature à assombrir l'énumération des résultats matériels de la Révolution : pourquoi s'est-il abstenu d'indiquer les vraies causes? Et pourquoi n'a-t-il pas ajouté, par manière de contraste, que le peuple, victime de cette conspiration de boudoir et de salle à manger, déployait, pendant ce temps, un enthousiasme patriotique à l'épreuve de la faim, et un pouvoir de souffrir, presque incroyable? Car, alors, comme aux jours de la première Révolution, quand la patrie fut proclamée en danger, on vit de pauvres ouvriers courir porter à l'Hôtel-de-Ville une partie de leur salaire, si péniblement gagné; et des filles du Peuple vinrent offrir au Gouvernement provisoire leurs bagues, leurs boucles d'oreilles; et des femmes du Peuple allèrent jusqu'à mettre à sa disposition leurs cadeaux de noces! Nombreuses furent les offrandes de ce genre; et, lorsque luiront des jours meilleurs, l'histoire ne rappellera pas sans attendrissement que, pour recevoir les présents du pauvre, en des heures bien cruelles pour lui cependant, il fallut instituer une commission à la tête de laquelle furent deux hommes tels que Béranger et Lamennais.

La valeur de ces présents ne fut sans doute pas proportionnée à leur abondance; et à cela, quoi d'étonnant? Ils venaient de l'atelier ou de la mansarde; mais, bien que d'une importance financière fort minime, ils attestèrent le dévouement auquel un peuple est capable de s'élever, lorsque le souffle puissant de la liberté a passé sur lui.

Un trait manquerait à ce tableau, si j'oubliais l'épisode des caisses d'épargne.

Des 872 millions qui constituaient la dette flottante, 255 millions appartenaient aux caisses d'épargne. Or, le gouvernement de Louis-Philippe se trouvait avoir immobilisé, soit en actions de canaux, soit en rentes, la plus grande partie des dépôts. La crise ne se fut pas plutôt déclarée, que les déposants, saisis d'effroi, coururent au remboursement. Terrible extrémité! L'argent manquait, et le ministre des finances était aux abois. Il proposa de rembourser à chaque déposant une somme de 100 francs, et d'offrir le payement du solde de leur compte à ceux qui l'exigeraient : moitié en rentes 5 pour cent au pair, moitié en bons du trésor. Le 5 pour cent était alors à 77 ; les bons du trésor perdaient considérablement; la situation faite aux déposants était donc assez dure pour provoquer de leur part des protestations orageuses. M. Garnier-Pagès avait eu la main forcée par les circonstances, et les difficultés de sa position n'ont peut-être pas été assez présentes à l'esprit de ses inexorables censeurs ; mais il n'en est pas moins vrai que les déposants auraient pu lui dire : « Comment! nous sommes, nous, de pauvres gens accoutumés à vivre au jour le jour, et dont les petites épargnes, ramassées sou par sou, sont le fruit de longues privations, courageusement endurées ; et lorsque nous venons réclamer la restitution d'un dépôt sacré, d'un dépôt confié à la bonne foi du gouvernement, à son honneur, vous nous ajournez, vous qui avez payé le semestre des rentes, à heure dite, avec une exactitude scrupuleuse, à d'autres créanciers de l'État, bien plus riches que nous pour la plupart, et qui, eux, étaient en mesure d'attendre ! » Oui, voilà le langage qui aurait pu être tenu. Eh bien, nulle plainte ne s'éleva du milieu des malheureux que la mesure frappait. Le peuple souffrit en silence, fier de souffrir pour la République.

Il y en eut même qui n'hésitèrent pas à aggraver leur position par une générosité d'un caractère héroïque. M. Garnier-Pagès reçut la lettre suivante, spécimen de beaucoup d'autres qu'il serait trop long de citer ici :

« Vous allez avoir besoin d'argent. Permettez à un pauvre ouvrier qui, comme le dit Lamartine, est dévoué à la République, tête, cœur et poitrine, de pouvoir ajouter le mot *et biens*. J'ai pour toute fortune 500 francs à la caisse d'épargne. Soyez assez bon pour m'inscrire le premier pour une somme de 400 francs, que je tiens à votre disposition, trois jours après votre demande. Que la patrie me pardonne si je garde 100 francs pour mes besoins ; mais, depuis six mois, je suis sans travail (1). »

Ces élans extraordinaires d'enthousiasme et ce dévouement des classes pauvres firent tomber le ministre des finances dans une illusion dont on se sent à peine le courage de le blâmer. Il eut foi au succès d'un emprunt, et d'un emprunt contracté à des conditions évidemment désavantageuses au prêteur. Il ne voulut pas croire possible que, pendant que les pauvres se saignaient les quatre veines, des hommes placés dans une situation fortunée assistassent sans un battement de cœur au spectacle de la France en détresse. Car ce n'était plus de telle ou telle forme de gouvernement qu'il s'agissait maintenant : c'était de la France ; et lorsque, par l'organe du ministre des finances, elle criait aux banquiers, aux gros propriétaires, aux capitalistes opulents : « Voici venir la banqueroute ; aidez-moi à écarter le spectre ; la monarchie, que vous la regrettiez ou non, nous a mis au bord d'un gouffre : aidez-moi à le combler ou à le franchir, » que signifiait ce langage, sinon : « Le vaisseau qui vous porte enfonce ; vous risquez de périr, tous tant que vous êtes : aidez nous à vous sauver ? »

Le patriotisme, grâce au ciel n'est pas confiné, en France, dans la mansarde et dans l'atelier. La République, je l'ai dit, avait gagné à sa cause, par sa modération, plus d'une intelligence rebelle ; la magnanimité du Peuple avait fait nombre de convertis ; et des preuves de bon vouloir nous arrivèrent de chaque classe de la société. Mais, en matière d'emprunts, le succès dépend presque toujours du vent qui souffle à la Bourse. Or, les princes de l'agio étaient ligués contre la République ; ils avaient juré au fond de leur cœur de la détruire, et cela, coûte que coûte, sachant bien que, si la République se maintenait et portait ses fruits naturels, c'en était fait de leur règne. Entre eux et la République, régime de moralité, la lutte ne pouvait être que décisive. Prétendre se les concilier était puéril ; re-

(1) M. Garnier-Pagès a publié cette lettre, que je lui emprunte, dans son *Épisode de la Révolution de 1848*, pp. 171-172.

chercher leur appui était dangereux. C'est sur quoi les membres de la majorité du Conseil prirent plaisir à s'aveugler, tant l'ombre d'une innovation les faisait tressaillir, tant ils nourrissaient avec complaisance le fantastique espoir d'accomplir une révolution en dehors des éléments révolutionnaires !

Donc, le 9 mars 1848, M. Garnier-Pagès annonça un emprunt de 100 millions à 5 pour 100 au pair (1), les fonds étant alors à 77. C'était demander aux capitalistes d'acheter de l'État, au prix de 100 francs, une rente qu'il leur était loisible de se procurer sur l'heure, au prix de 77 francs seulement. Le succès de ce romantique appel à l'esprit public des hommes d'argent dépendait de l'exemple que donneraient les régulateurs habituels du monde financier. Aussi l'emprunt proposé échoua-t-il : à la fin du mois, les souscriptions montaient à 500,000 francs !

Le jour même où la liste des souscriptions avait été ouverte, M. Garnier-Pagès avait obtenu du Gouvernement provisoire l'autorisation d'aliéner : 1° les diamants de la couronne (propriété de la nation, et dont la couronne n'avait que l'usufruit) ; 2° les terres, bois et forêts tenant de l'ancienne liste civile ; 3° une portion des forêts nationales d'une valeur n'excédant pas 100 millions (2).

Bien qu'aucun gouvernement antérieur ne se fût fait scrupule de toucher aux forêts nationales, le Gouvernement provisoire répugnait beaucoup à cette mesure ; d'abord, parce qu'il trouvait très-dur d'avoir à vendre à vil prix une propriété de la nation, et ensuite, parce qu'il y avait un inconvénient grave à étendre ce système de déboisement qui n'avait déjà que trop de fois changé les rivières en torrents et exposé les vallées aux ravages des inondations. Il fut conséquemment convenu qu'on n'aurait recours à la mesure susdite qu'à la dernière extrémité ; et c'est ce que donnait à entendre le préambule du décret (2), qui, en fait, ne fut jamais appliqué.

(1) *Voy.* le *Moniteur* du 10 mars 1848.
(2) *Voy.* le *Moniteur* du 10 mars 1848.
(3) Il y était dit : « Le ministre des finances est autorisé à aliéner, *s'il le juge nécessaire*, etc.

Tout cela ne remplissait pas les coffres publics. Suivant l'énergique expression de M. Garnier-Pagès, « l'argent s'écoulait comme l'eau d'une écluse ouverte. » Chaque matin, le directeur du mouvement général des fonds, ou le caissier central, allant au ministre, lui disait : « Monsieur le ministre, nous pouvons encore vivre quinze jours douze jours, dix jours..., huit jours (1). » Chaque heure, chaque minute, nous rapprochaient ainsi de la mort, qui se dressait là, en face, à deux pas de nous.

Et quelle mort? Celle de tous!

La chose était si évidente, que, même parmi les ennemis les plus emportés de la République, quelques-uns s'en émurent. Ce qui suit le prouve.

Un jour, au Luxembourg, j'appris que M. Delamarre désirait me voir. M. Delamarre était un banquier très-connu, et, si je ne me trompe, le fondateur de *la Patrie*, journal réactionnaire à l'excès. Que pouvait-il me vouloir? J'ordonnai qu'on le fît entrer ; et voici ce qu'il me dit, en substance :

« Je n'ai pas besoin, monsieur, je pense, de vous informer que je ne suis point des vôtres et que la République n'a point mes sympathies. Cependant, je sens que, dans la crise présente, il y va de l'intérêt de chacun de soutenir le Gouvernement provisoire. S'il tombe, qu'arrivera-t-il? Je frémis d'y penser. J'ai donc pris, monsieur, la liberté de vous venir voir, pour vous soumettre une idée que je crois de la plus haute importance. Le Gouvernement ne peut ni se sauver, ni sauver les autres, qu'à la condition de trouver de l'argent, et, pour en trouver, il faut qu'il le cherche où il est : chez les riches. Tous mes confrères n'examinent pas la question du même point de vue que moi, et il en est d'assez aveugles pour ne pas comprendre qu'en ce moment la ruine du Gouvernement provisoire serait leur propre ruine. Eh bien, il faut les sauver malgré eux, et vous le pouvez, en ne craignant pas de laisser peser sur eux le poids du pouvoir dictatorial dont les événements vous ont investis. »

(1) *Un Épisode de la Révolution de* 1848, p. 111.

Ainsi, ce que M. Delamarre conseillait, c'était une contribution forcée sur ceux de sa catégorie. Était-il sincère en cela? Je crus qu'il l'était, et je le crois encore. Mais, si j'ai été bien renseigné, M. Garnier-Pagès, auquel il adressa le même conseil, n'y vit qu'un piège, tout entier qu'il était à la crainte de heurter de front ceux qu'il avait conçu l'espoir de gagner à force de ménagements et de douceur.

Il fallait, pourtant, **prendre un parti définitif**. Et lequel? L'emprunt volontaire n'avait pas réussi ; un emprunt forcé n'était pas du goût du Gouvernement ; le décret relatif à la vente d'une portion de la propriété nationale n'était, au fond, qu'un expédient pour ranimer la confiance par un étalage des ressources qui restaient à la France, en cas d'extrême nécessité. Restait l'impôt. Mais, soit qu'on eût recours aux taxes indirectes, qui tombent si lourdement sur l'ouvrier, soit qu'on préférât une augmentation des taxes foncières, si odieuses aux paysans propriétaires, on était également sûr d'exposer la République aux malédictions de ceux au nom et pour le bien de qui elle s'était établie. D'où la nécessité de s'ouvrir des routes nouvelles. C'est ce que, de toutes parts, on criait au Gouvernement provisoire ; et, quant à moi, je ne dissimulai pas combien je jugeais contradictoire et fatale l'application de procédés ordinaires à des circonstances extraordinaires. J'exposerai, plus loin, le plan financier que, d'après mon opinion, il eût été convenable d'adopter ; mais, pour mettre le lecteur en mesure de bien apprécier les choses, il faut d'abord que je rappelle quelques-uns des traits caractéristiques de la crise.

Le soir du 15 mars, M. d'Argout se présenta au ministère des finances, accompagné des sous-gouverneurs de la Banque. L'agitation de ces messieurs était extrême : on le voyait assez à l'expression de leurs visages. M. d'Argout déclara que la Banque était en état de siége ; qu'une foule animée inondait les avenues de l'établissement ; que l'inapaisable anxiété des porteurs de billets avait atteint son extrême limite; que la Banque était au moment de n'avoir plus un écu à donner en échange de son papier. « Nous n'avons, dit-il en terminant, que 63 millions dans les départements, où la terreur va se répandre ; ici, nous avons 59 millions, sur lesquels nous vous en devons 45, qui vous sont indispensables pour payer l'armée, vos ouvriers, vos services. Nous sommes perdus (1). »

De fait, dans l'intervalle du 24 février au 15 mars, le montant des espèces à la Banque était tombé de 140 millions à 59 millions, dont 45 étaient dus au Gouvernement; de sorte que, pour faire face à 264 millions de billets en circulation et à 81 dus par suite d'autres engagements, la Banque avait, quoi ? 63 millions dans ses succursales de province, et 14 millions dans Paris !

A cette nouvelle, la majorité du Gouvernement provisoire fut frappée de stupeur. Si la Banque croulait, qu'allait devenir le vieux système financier dont elle était l'arc-boutant ? Et les suites ? Une fois la porte de l'escompte brusquement fermée sur eux, que deviendraient les marchands et les manufacturiers encore debout ? La liquidation de la Banque, n'était-ce pas la mort du crédit ?

Oui, sans doute, si, sur les ruines de cette institution, on n'en élevait aucune autre d'un mérite supérieur. L'occasion s'offrait d'elle-même : que ne s'empressait-on de la saisir ? Le salut de la Révolution était là.

Mes idées sur ce point, les voici en peu de mots :

Si l'on prend la peine d'approfondir les causes des crises commerciales et des désastres qu'elles enfantent, l'on trouvera que la principale est dans ce fait, que les dispensateurs exclusifs du crédit sont de simples individus, ou des établissements tels que les banques, collections d'individus. Aussi, lorsque l'horizon s'assombrit, lorsque les signes précurseurs d'une perturbation sociale commencent à devenir visibles, et, plus encore, lorsque cette perturbation se déclare, les dispensateurs individuels du crédit, tremblant de perdre leur argent, coupent court à l'escompte. Alors, celui qui ne touche pas ce qui lui est dû se trouve dans l'impossibilité de payer ce qu'il doit ; les faillites s'en-

---

(1) Ceci est raconté par M. Garnier-Pagès lui-même. *Voy.* un *Épisode de la Révolution de* 1848, p. 103.

tassent sur les faillites ; les catastrophes engendrent les catastrophes ; le péril est partout, partout la ruine.

Quand, au contraire, c'est l'État qui dispense le crédit, si une crise éclate, l'État, loin d'être intéressé à s'abstenir, l'est à redoubler d'activité, son but étant, non de sauver ou d'accroître un capital qui lui est propre, mais de prévenir le ralentissement des affaires, afin que la levée des impôts ne soit pas entravée, la fortune publique mise en danger, et la circulation du sang dans les veines du corps social suspendue. Le lendemain d'une révolution est-il quelqu'un qui ait moins besoin qu'à l'ordinaire de manger, de boire, de se vêtir, de s'abriter, de vivre enfin ? Et chacun ne sait-il pas, le lendemain d'une révolution aussi bien que la veille, que, là où le travail s'arrête, là aussi s'arrête la vie ? D'où vient donc, en de pareils moments, la stagnation des affaires ? De ce que les dispensateurs du crédit, au lieu de chercher à l'étendre, le resserrent ; en d'autres termes, de ce qu'ils agissent et ont intérêt à agir d'une manière diamétralement opposée à la conduite qu'en leur lieu et place l'État serait amené à tenir.

Partant de ces principes, dont le spectacle déroulé devant moi ne me démontrait que trop la vérité, puisque, en 1848, le Gouvernement provisoire s'épuisait en efforts pour ranimer la confiance, que tout le monde autour de lui semblait travailler de concert à éteindre, j'allai droit aux conséquences logiques. Pourquoi, sans supprimer les établissements privés de crédit, n'en pas créer un qui eût un caractère national, et qui fît, au profit de tous, ce que la Banque de France est autorisée à faire, au profit d'un petit nombre d'actionnaires ? De cette sorte, le privilége de battre monnaie par l'émission de billets de banque serait retourné à l'État, qui n'aurait jamais dû s'en départir en faveur d'une compagnie particulière. D'autant qu'il est absurde de livrer entièrement à la merci d'intérêts privés la circulation, j'allais dire la respiration même du commerce.

Et, lorsque je parle de battre monnaie, je n'exagère pas. Quelle est, en effet, la nature des opérations d'une banque de circulation? Prenons la Banque de France, par exemple. Un négociant va lui offrir un effet de commerce, payable à une époque déterminée, et en échange duquel il reçoit, déduction faite du prix du service que la Banque lui rend, un billet admis à circuler comme monnaie. L'émission de ces billets est donc, à la lettre, la *monétisation* des effets de commerce qui, entre les mains de la Banque, leur servent de gages. Les banques de circulation font bien véritablement de la monnaie avec du papier. Est-ce là un de ces priviléges qu'on puisse sans inconvénient abandonner à de simples particuliers?

Que si nous y regardons de plus près, nous verrons que les bénéfices qui résultent de ce privilége pour ceux à qui il est conféré, sont le prix de services rendus à la société par l'agence, non *de leur propre crédit*, mais *du crédit public*. C'est ce que prouve de reste le mécanisme des banques. Chacun sait que les banques ne gardent jamais dans leurs caves une quantité d'espèces exactement correspondante à la valeur des billets émis. Réglant leurs escomptes sur la masse d'effets de commerce bien garantis qu'on leur apporte, et non sur la quantité de numéraire dont elles disposent, elles émettent toujours plus de billets qu'elles n'ont d'argent ; en d'autres termes, jamais.*tous* les billets qu'une banque a lancés dans la circulation ne sont immédiatement convertibles en numéraire ; et, comme, néanmoins, ils rapportent *tous* également un intérêt à la banque, elle se trouve tirer un double profit de ceux qui, dans ses caves, ne sont représentés par rien. D'où vient cela? d'où vient que le public accepte comme monnaie un papier dont il sait parfaitement qu'une partie ne repose sur aucune base métallique, et ne pourrait s'échanger contre du numéraire, s'il arrivait qu'à un moment donné, *tous* les porteurs de billets courussent à la banque en réclamer la conversion? La réponse est bien simple, et il n'y en a qu'une de possible. Le public n'ignore pas que les billets de banque en circulation ont pour gage, outre la quantité plus ou moins considérable d'or ou d'argent dont la banque peut disposer, une valeur équivalente en effets de commerce ; et c'est parce qu'il a confiance dans la solidité de ces effets de commerce, qu'il reçoit les billets de banque dont ils sont le gage. La vraie garantie du papier de banque est donc, aux yeux du public, non pas l'*encaisse*, mais le *portefeuille*. La réserve métallique, ne répondant jamais qu'à une partie des billets en circulation, est un supplément de garantie, mais rien de plus. Sans la confiance qu'inspire le portefeuille, c'est-à-dire la solidité des commerçants dont il contient le papier, les billets ne circuleraient pas, ou circuleraient difficilement Ce qui les soutient, ce n'est donc pas le *crédit particulier* de la banque d'émission, c'est le *crédit public*.

La conséquence de tout ceci est qu'il n'y a pas de raison pour que l'importante fonction de battre monnaie avec du papier soit abandonnée à de simples particuliers, comme récompense d'un service qu'il est si facile à la société de se rendre à elle-même, en organisant une Banque nationale, indépendante du pouvoir exécutif, et soumise au contrôle direct de la législature.

Par ce moyen, non-seulement la société, prise dans son ensemble, recueillerait les profits immenses qui, aujourd'hui, se concentrent en un petit nombre de mains, mais la circulation cesserait d'être vassale de la spéculation privée, toujours si égoïste. Les directeurs de la Banque nationale étant des fonctionnaires publics et n'ayant aucun intérêt à élever le taux des escomptes, le maintiendraient au niveau le plus bas possible, et l'intérêt de l'argent baisserait, par suite, dans la généralité des transactions : bienfait inappréciable pour le commerce, l'agriculture, et tous les genres d'entreprises.

On demandera, peut-être, comment l'établissement d'une Banque nationale eût été possible en février 1848, au milieu de la détresse où se trouvait le Gouvernement provisoire, et comment il se serait procuré la quantité d'espèces requises pour la réserve d'une pareille banque. Mais cette question suppose l'absolue nécessité d'une réserve. Or, quelque répandue que soit l'opinion contraire, j'estime que cette prétendue nécessité est complétement chimérique.

On dit que les porteurs des billets en circulation doivent être garantis contre les pertes éventuelles de la Banque. On dit que les billets doivent être payables à vue en numéraire.

Mais, en premier lieu, les chances de perte dont on parle ne sont, en réalité, qu'un danger imaginaire mis en avant pour fasciner les yeux du public. Quelles pertes la Banque de France a-t-elle encourues depuis qu'elle existe ? Aucune. Loin de là, elle a toujours eu à distribuer à ses actionnaires des dividendes aussi certains que considérables. Les chiffres suivants peuvent se passer de commentaires. Les actions de la Banque de France, au pair, sont de 1,000 francs. Or, le 1er février 1848, elles étaient à 3,190 francs, et, en 1856, elles dépassaient 4,000 francs. Même au plus fort de la tourmente de 1848, c'est à-dire le 1er mars, elles étaient à 2,400 francs, et, au moment où, le visage pâle, le cœur ému, M. d'Argout venait de dire au ministre des finances : « Nous sommes perdus ! » les actions de la Banque à l'agonie étaient encore à 1,300 fr. — au-dessus du pair !

La vérité est que la Banque de France a toujours joué un jeu sûr. Ne prêtant jamais que sur effets de commerce parfaitement solides, sous la garantie de trois bonnes signatures, et pour un temps qui n'excède pas 90 jours, elle n'a jamais couru aucun risque, dans les circonstances ordinaires, et l'on ne voit pas pourquoi une Banque nationale en courrait davantage, si elle obéissait aux mêmes règles de prudence et ne prêtait que sur des garanties sérieuses.

Quant à prétendre que les billets de banque ne circulent qu'à cause de leur convertibilité en numéraire au gré des porteurs, rien de plus erroné ; et la preuve, c'est que, la Banque de France ayant été autorisée à suspendre ses payements, et le cours forcé de ses billets ayant été décrété, ainsi que nous l'allons voir, cette mesure extrême, loin d'achever de tuer la confiance, la ranima, et à tel point que, bientôt, le public se mit à préférer les billets à l'or ; que dis-je ! il y eut un moment où ils furent recherchés à prime ! Quoi de plus concluant ? La garantie véritable des billets n'est donc pas l'encaisse, ou réserve ;

leur pouvoir de circuler ne dépend donc pas d'une manière absolue de leur convertibilité ; et, conséquemment, une Banque nationale, sans encaisse, eût été possible en 1848.

Seulement, dans ce cas, et pour éviter la dépréciation des billets, conséquence inévitable de toute émission exagérée, deux conditions eussent dû être rigoureusement remplies. Il aurait fallu : 1° que la Banque s'astreignît à n'émettre qu'un papier garanti par un gage réel, connu, parfaitement déterminé ; 2° qu'elle s'engageât à accepter, à retirer de la circulation, les billets qu'on lui aurait présentés, en payant aux porteurs un intérêt égal au taux de l'escompte lors de l'émission : moyen fort simple de faire revenir à la Banque les billets surabondants et de ne laisser dans la circulation que la quantité requise par les besoins.

Conformément à ces données, le plan à suivre étai celui-ci :

Instituer une Banque nationale, avec succursales dans les départements ;

Former, de personnes choisies par les corps municipaux, les chambres de commerce, les syndicats, un conseil chargé de prendre des informations sur la solvabilité des emprunteurs et de fournir tous les renseignements jugés nécessaires.

Placer la Banque sous le contrôle direct de la législature, en ayant soin de la rendre indépendante du pouvoir exécutif.

Déclarer les billets monnaie légale, en les garantissant, d'ailleurs, par des gages facilement appréciables et solides,

Astreindre la Banque nationale à recevoir et à retirer de la circulation les billets surabondants, à la charge par elle de payer aux porteurs qui les auraient présentés un intérêt égal au taux de l'escompte lors de l'émission.

Établir des entrepôts dans lesquels chaque producteur serait appelé à déposer ses produits, contre un *warrant* constituant droit de propriété sur l'objet déposé, et pouvant, de la sorte, faire les fonctions de papier-monnaie.

Autoriser la Banque nationale à prêter sur ces *warrants*.

Employer tous les profits de banque à grossir le *budget du travail* destiné à commanditer les associations ouvrières.

Est-il nécessaire d'insister longuement sur les avantages d'un plan semblable?

La Banque nationale n'ayant aucun motif pour tenir élevé le niveau des escomptes, et ne pouvant avoir d'autre but que d'activer les transactions par le bon marché du signe d'échange, il en serait résulté une baisse générale dans l'intérêt de l'argent, attendu que la plus haute institution de crédit est celle qui fournit toujours la règle d'après laquelle les prêteurs conduisent leurs opérations.

Au moyen des dépôts et de la transformation des produits en *warrants* aux mains du producteur, beaucoup de produits inertes auraient acquis une valeur négociable, et accéléré, en le fécondant, le mouvement de la circulation.

Les profits de l'escompte, passant de quelques particuliers à l'État, lui auraient permis de favoriser d'une manière efficace l'introduction du principe d'association dans le travail et d'employer le prix des services rendus aux uns à préparer l'émancipation sociale des autres.

Enfin, il est manifeste qu'une pareille banque aurait puissamment aidé le Gouvernement provisoire à surmonter la crise.

Mais à l'adoption de ces vues il y avait un obstacle péremptoire : le fanatisme de la routine. M. Garnier-Pagès, dont toutes les idées rencontraient dans la majorité du Conseil une adhésion aussi empressée qu'aveugle, ne pensa qu'à une chose : sauver la Banque de France; et il la sauva, en effet, par le décret du 15 mars, portant :

Que désormais les billets de banque seraient reçus comme monnaie légale ;

Que, jusqu'à nouvel ordre, la Banque de France était dispensée de l'obligation de rembourser ses billets en espèces ;

Que, pour faciliter la circulation, la Banque était autorisée à émettre des coupures qui, toutefois, ne pourraient être inférieures à 100 francs, etc. (1).

Alors se produisit le phénomène auquel j'ai fait allusion plus haut : les billets de banque, après une dépréciation légère et presque insensible, regagnèrent le pair, et, bientôt, furent préférés à l'or ; quant aux actions de la Banque de France, elles montaient du coup, de 1,300 à 1.500 francs.

Si donc M. Garnier-Pagès n'avait en vue que de sauver une institution impolitique, clef de voûte d'un système autour duquel se groupaient tous les ennemis de la République, impossible de nier qu'il n'ait agi avec beaucoup de vigueur et de succès. Victoire de Pyrrhus, hélas ! Elle prouvait qu'à côté du crédit privé en ruine, le crédit public restait debout ; mais, au lieu de laisser l'influence du crédit public se développer par son organe naturel, l'État, M. Garnier-Pagès s'en servît uniquement pour rendre le souffle et la vie à une oligarchie financière, bien décidée à ne jamais pactiser avec la République.

La convertibilité des billets de banque était une condition si peu nécessaire pour assurer leur circulation, que, dans une période qui s'étend du mois de mars 1848 au 6 août 1850, leur valeur ne fut en aucune sorte affectée par le cours forcé ! Et dès lors, comment mettre en doute la possibilité d'établir, en 1848, une Banque nationale sans encaisse ?

On a allégué que la Banque de France s'était montrée reconnaissante, puisque, comme prix du service signalé qui lui fut rendu le 15 mars, elle avait prêté an Gouvernement provisoire 50 millions, c'est vrai ; mais qu'était-ce qu'une somme de 50 millions, comparée à l'étendue des besoins du moment, et en présence d'une République à consolider ? Les forêts et autres propriétés nationales, d'une valeur vénale de 800 millions, rapportant un revenu de 30 à 35 millions, constituaient un excellent gage, sur lequel une Banque nationale eût pu, en toute sécurité, prêter à l'État 600 millions en billets, avec lesquels il **y**

(1) *Voy.* le *Moniteur* du 16 mars 1848.

avait moyen de dominer la crise. La Banque de France une fois hors de danger, fut-elle en état de fournir au Gouvernement de quoi se dispenser d'asseoir de nouveaux impôts, — question de vie ou de mort pour la République? Non : car le lendemain du jour où elle était sauvée, M. Garnier-Pagès poussait le Gouvernement provisoire à décréter cet impôt, à jamais funeste, des 45 centimes, qui devait tuer la République dans le cœur des paysans.

L'alternative était formidable, sans doute ; mais le moyen d'y échapper, lorsque le Gouvernement provisoire était résolu à ne rien tenter de nouveau ?

Le 16 mars, M. Garnier-Pagès provoqua une réunion du Conseil à l'hôtel du ministre des finances ; et, s'appuyant de l'exemple de Napoléon, de Louis XVIII, de Louis-Philippe, qui tous avaient eu successivement recours à une augmentation des contributions directes, il proposa le fameux impôt des 45 centimes, dont il évaluait le produit brut à 190 millions.

Qu'attendre d'une mesure de ce genre, si elle passait ? quelles clameurs n'allaient pas faire entendre cette foule de petits paysans-propriétaires, pour qui le meilleur gouvernement est celui qui leur demande le moins, et qui ne voient l'État que dans la personne du percepteur ? Comment se bercer de l'espoir que les populations rurales s'attacheraient à une République s'annonçant par une taxe additionnelle sur la propriété foncière ? Et quel glaive acéré n'allions-nous pas mettre dans les mains de la réaction ?

Mieux eût valu encore une taxe sur le revenu, taxe que le ministre des finances repoussait comme entraînant de trop longs délais et présentant un caractère inquisitorial mais dont il n'eût pas été impossible d'écarter en partie les inconvénients, par l'adoption des procédés usités en Angleterre.

Quoi qu'il en soit, si l'on se décidait à frapper l'impôt des 45 centimes, au moins aurait-il fallu en épargner la rigueur aux propriétaires les plus pauvres, dût-on ajouter au fardeau de ceux qui avaient les épaules assez fortes pour le porter. Cette limitation de la taxe, outre qu'elle était juste, eût été un acte de sagesse. Les paysans, transportés de joie, eussent applaudi, et cela seul eût empêché les gros propriétaires de se plaindre ; au lieu que le système contraire, en irritant les premiers, ouvrait libre carrière aux murmures des seconds et risquait de mettre tout le monde contre nous.

C'est pourquoi nous demandâmes, M. Ledru-Rollin et moi, la fixation d'un minimun dans le décret même ; à quoi M. Garnier-Pagès objecta que la seule chose à faire était d'enjoindre aux collecteurs de l'impôt de prendre en considération les ressources de chaque contribuable, et de faire une remise entière ou partielle de la taxe à ceux qu'ils jugeraient hors d'état de la payer. Comme j'insistais, « Vous ne connaissez pas la campagne, me dit-il. — Mais je la connais, moi ! s'écria vivement Dupont (de l'Eure); j'y ai vécu longtemps, et je sais qu'en pareille occurrence, l'homme qu'on est tenté de ménager, c'est le riche qui a de l'influence, et non le pauvre qui n'en a pas. » Cette remarque du noble vieillard semblait devoir d'autant plus peser dans la balance, qu'il avait coutume de voter avec M. Garnier-Pagès. La mesure passa, néanmoins, telle que le ministre des finances l'avait proposée.

C'était une faute politique des plus graves, et les conséquences ne le montrèrent que trop. En vain M. Garnier-Pagès adressa-t-il aux commissaires du Gouvernement, dès le 18 mars, une circulaire qui prescrivait aux maires, assistés du percepteur et d'un ou de plusieurs répartiteurs, de dresser, dans la forme des états irrécouvrables, un état nominatif des contribuables notoirement incapables de supporter la taxe ; en vain, le 5 avril, réitéra-t-il aux maires et aux employés des finances l'injonction de décharger, partiellement ou totalement, de la contribution les malaisés et les pauvres ; en vain lança-t-il, le 25 avril, une nouvelle circulaire impérative à cet effet, tout cela témoignait des bonnes intentions du ministre, mais n'écarta point le danger au-devant duquel il avait couru, en abandonnant aux autorités locales, ou, ce qui revenait au même, à l'arbitraire de leurs préférences, la solution d'une question sur laquelle il aurait dû se prononcer tout d'abord, directement, avec précision et clarté.

Aussi, qu'arriva-t-il ? Que les injonctions ministérielles ne furent, ni suivies par ceux à qui elles étaient adressées, ni appréciées par ceux qu'elles avaient pour but de protéger. D'un autre côté, on avait fourni aux ennemis de la République une arme qu'ils mirent une adresse fatale à manier ; leurs émissaires coururent les campagnes, animant les paysans jusqu'à la fureur contre cette république qui, disaient-ils, leur faisait payer si cher sa bienvenue ; les royalistes maudirent en chœur un impôt qui venait combler l'abîme ouvert par la royauté ; M. Garnier-Pagès, vilipendé, calomnié, par des gens dont il avait prévenu la ruine, devint le point de mire de toutes sortes d'imputations venimeuses et se vit dénoncé à toutes les haines, sous le nom de *l'homme aux 45 centimes;* le bien que le Gouvernement provisoire avait fait fut perdu de vue ; on ne tint aucun compte du bien qu'il avait voulu faire ; on oublia qu'il avait aboli le plus odieux des impôts, l'impôt sur le sel, renonçant de la sorte, pour le soulagement du pauvre, à un revenu annuel de 70 millions ; en un mot, la taxe des 45 centimes, quoique levée au profit de nos successeurs, et par eux, ne fut fatale qu'à nous... Petit malheur, si elle n'avait été fatale aussi à la République !.

Et maintenant, que dira l'histoire, si elle est juste ? Elle dira qu'à la vérité le Gouvernement provisoire fut poussé, par l'excessive timidité de la majorité de ses membres, à certaines mesures incompatibles avec les intérêts bien entendus de la République ; mais qu'il n'y eut, après tout, dans ses fautes rien de personnel, rien de bas, rien d'égoïste. Quand j'en serai à des calomnies, dont l'impudence fut un prodige et qu'on n'ose plus aujourd'hui avouer, je prouverai, par les confessions des calomniateurs eux-mêmes, que le Gouvernement provisoire ne pensa jamais à l'argent qu'en vue du pays ; que ceux de ses membres qui étaient pauvres restèrent pauvres ; que ceux d'entre eux qui étaient riches lorsqu'ils prirent le pouvoir, l'étaient moins lorsqu'ils le quittèrent... Et je dois à M. Garnier-Pagès, — moi qui, plus que personne, ai déploré sa politique financière, — je lui dois cette justice de dire que, si une frayeur exagérée de toute innovation l'entraîna, comme je le crois, à des erreurs, ces erreurs vinrent aussi d'un sentiment honorable, savoir le désir de remplir, sans distinction d'amis ou d'ennemis, les engagements contractés, et la ferme résolution — où nous étions tous, du reste, — de sauver à la République, à la France, la honte d'une banqueroute — de cette banqueroute que conseillait, à cette époque, M. Fould, depuis ministre de Louis-Napoléon Bonaparte (1).

---

(1) Ceci fut, plus tard, le sujet d'une accusation formelle portée par M. Ledru-Rollin contre M. Fould, du haut de la tribun

CHAPITRE QUATORZIÈME

LA RÉVOLUTION EN TRAVAIL

M. Crémieux, ministre de la justice. — Principaux actes de son administration. — Sa réserve quant aux réformes à opérer dans la magistrature. — Ses votes dans le Conseil. — Intérim du ministère de la guerre. — Création de la garde nationale mobile. — M. Arago, ministre de la marine. — Sous l'inspiration de M. Schœlcher, il fait décréter l'émancipation des esclaves et abolir les peines corporelles dans le code maritime. — M. Carnot, ministre de l'instruction publique. — Avec l'aide de MM. J. Reynaud et Charton, il prépare un plan d'éducation universelle et gratuite. — Interprétation perfide donnée à sa circulaire aux instituteurs. — M. Ledru-Rollin, ministre de l'intérieur. — Odieuses injures de lord Normanby à son adresse. — Les membres du Gouvernement présentés par Sa Seigneurie comme des *bravi*. — Les commissaires de la République. — Choix du personnel. — Instructions du ministre. — Terreur factice de la réaction. — Sollicitude de M. Ledru-Rollin pour les beaux-arts. — Préjugés des artistes contre les gouvernements démocratiques. — M. Charles Blanc, directeur des beaux-arts. — Décret organisant des représentations nationales gratuites. — La préfecture de police. — Aspect qu'elle présentait le lendemain de la Révolution. — M. Marc Caussidière. — Ses services administratifs. — Défiance de la majorité du Conseil à son égard. — M. Sobrier. — Son club armé; armé par qui? — Société centrale républicaine. — M. Blanqui. — Club de la Révolution. — M. Barbès; ses antécédents, son caractère. — Club des Amis du Peuple. — M. Raspail. — Essor de la presse, affranchie de l'impôt du timbre. — Liberté extrême laissée par le Gouvernement provisoire à l'expression de la pensée publique.

La Révolution suivait son cours.

Son avènement fut signalé, dans le ministère de la justice, confié à M. Crémieux, par des actes empreints d'un profond respect pour les droits et la dignité de l'homme.

L'abrogation des fameuses lois de septembre; l'extension donnée à l'institution protectrice du jury; la suppression du pilori, aggravation inhumaine et dégradante des sentences pénales, inutile à l'égard du coupable endurci, et propre à étouffer le repentir dans toute âme qui n'est pas irrémédiablement gâtée; les facilités offertes à la réformation des criminels; l'abolition des serments politiques, scandaleux quand on les viole, instruments de tyrannie si on les tient; la réduction des frais de justice; l'abolition de l'emprisonnement pour dettes; de nouveaux modes de naturalisation ménagés aux étrangers (1), — voilà quels actes honorèrent l'administration de M. Crémieux.

De toutes les réformes républicaines conformes au génie anglais, la plus urgente était celle de la magistrature, presque exclusivement composée d'hommes qui, sous Louis-Philippe, n'avaient dû leur promotion qu'au système corrupteur alors en vogue. Jamais la magistrature ne s'était montrée plus souple que pendant le règne de Louis-Philippe; jamais l'esprit de parti n'avait plus ouvertement infecté de son venin l'administration de la justice. Le principe d'inamovibilité, adopté, dit-on, pour assurer l'indépendance des magistrats, n'avait servi qu'à mettre leur servilité en relief; et, dans une république, régime où tout doit être soumis au jugement du Peuple, il eût été absurde d'admettre qu'un juge doit conserver ses fonctions, même quand il les remplit mal. Et quelles fonctions! Les plus importantes de l'ordre social, les plus redoutables, celles de l'exercice desquelles dépendent, et la fortune des citoyens, et leur vie.

Le Gouvernement provisoire eut donc raison de décréter que les magistrats pourraient être suspendus ou révoqués (2). C'était ouvrir la porte à une réorganisation de la magistrature. Mais le ministre de la justice n'usa pas du pouvoir qu'on lui confiait : d'abord, parce que cela eût en-

---

(1) On trouvera dans le *Moniteur* tous les décrets relatifs à ces réformes, avec des préambules qui en expliquent la portée et disent le sentiment qui les dicta.
(2) *Moniteur* du 18 avril 1848.

traîné un remaniement pour lequel le temps manqua, et ensuite parce que semblable tâche ne convenait guère à M. Crémieux, grand criminaliste, orateur vif et plein de grâce, un des plus brillants avocats du barreau de Paris, mais dont la bienveillance et le caractère facile se prêtaient peu aux mesures de rigueur.

Lord Normanby, dans son livre, a beaucoup et très-injustement attaqué M. Crémieux. Pour mieux prouver que, le 24 février, M. Crémieux ne dut sa nomination de membre du Gouvernement provisoire qu'à l'insertion furtive de son nom par lui-même sur la liste, lord Normanby le représente, nous l'avons dit déjà, donnant lecture de cette liste, tandis que chacun sait qu'elle a été lue par M. Ledru-Rollin. Mais, en vérité, des attaques de ce genre ne valent pas qu'on descende à y prendre garde.

Dans le Conseil, M. Crémieux votait, en général, avec la majorité; mais, doué d'un esprit impressionnable et d'une intelligence très-ouverte, il lui arrivait assez souvent de passer du côté de la minorité; de sorte qu'il servait pour ainsi dire, de lien entre les deux opinions qui divisaient le Conseil. Il put manquer de fermeté quelquefois; de générosité, jamais.

L'esprit de la Révolution s'était glissé aussi où il semblait moins aisé qu'il pénétrât, j'entends dans les ministères de la guerre et de la marine.

Le 24 février, un M. Dubourg qui, en 1830, avait organisé les *volontaires de la Charte*, ayant suggéré l'idée de la formation d'un corps composé des combattants de février, M. de Lamartine s'empara de cette idée et en fit un décret. Aussitôt des listes d'enrôlement furent préparées dans toutes les mairies, pour la création de « la garde mobile ». Le chiffre fixé était de 20,000 hommes. La jeunesse martiale des faubourgs accourut, attirée bien moins par l'offre d'une paye de un franc et demi que par l'amour du mouvement, l'attrait des choses militaires et les séductions de l'uniforme. Sous le commandement du général Duvivier, homme d'une intelligence ardente et vaste, en qui le courage du soldat se mariait à l'audace de l'innovateur, la garde mobile eût constitué une force vraiment républicaine, si l'on eût trouvé le temps de l'organiser d'une manière convenable ; mais, par un lamentable concours de circonstances, elle tomba, quand le Gouvernement provisoire se fut retiré, au pouvoir des ennemis de la République, qui, comme nous le raconterons, réussirent, chose horrible ! à vaincre le Peuple au moyen du Peuple, les pères au moyen des enfants !

C'était au général Subervie qu'avait été confié, à l'origine, le ministère de la guerre, où son grand âge ne lui permit pas de déployer une activité suffisante. Le général Cavaignac fut donc appelé à remplir ce poste, et, comme il était alors en Afrique, M. Arago, déjà chargé du ministère de la marine, reçut l'*interim* de la guerre : double fardeau, très-lourd sans doute, mais auquel pouvait suffire ce puissant esprit. Dans M. Arago, toutefois, la largeur des vues politiques n'était pas au niveau de l'homme et du savant. De là son hésitation à accomplir, en sa qualité de ministre de la marine, un des actes qui font le plus d'honneur au Gouvernement provisoire. Cédant aux importunités des colons qui résidaient à Paris, il avait envoyé aux gouverneurs des colonies une dépêche qui semblait ajourner l'abolition de l'esclavage. L'arrivée de M. Schœlcher à Paris décida de la question.

M. Schœlcher, aujourd'hui exilé en Angleterre (1), revenait alors du Sénégal, où il était allé étudier la condition des esclaves et poursuivre les nobles investigations dont il avait fait le but de sa vie. Jamais, peut-être, personne ne montra, réunies et portées au même degré que M. Schœlcher, des qualités de nature différente : les habitudes de l'homme du monde et la moralité austère du philosophe ; la passion des arts et la pratique d'une vertu stoïque ; un vif sentiment de sa dignité propre et un grand respect de celle d'autrui ; le goût des élégances de la vie et cette rigidité de principes qui se refuse aux compromis, même les plus excusables. Tout entier au culte de la justice et du droit, M. Schœlcher, en ce qui touche les noirs, a été pour la France ce que Wilberforce fut pour l'Angleterre. Quand

(1) Il y a publié un livre très-intéressant et plein de recherches savantes : la *Vie de Hændel*.

la révolution de février éclata, il se trouvait préparé à aborder la question de l'esclavage par de longs travaux et des voyages dans lesquels il n'avait reculé devant aucune dépense, aucune fatigue, aucun danger. Il n'est pas plutôt à Paris, qu'il court chez M. Arago, parle à son cœur, le presse, l'entraîne; et, le 4 mars, paraissait un décret par lequel était désignée la Commission spéciale chargée de rédiger l'acte d'émancipation des esclaves. Le décret commençait par ces simples et belles paroles: « Le Gouvernement provisoire de la République, considérant que nulle terre française ne peut plus désormais porter d'esclaves (1)... »

L'acte d'émancipation nous fut présenté le 27 avril, et tous nous le signâmes avec une émotion semblable à celle qui nous avait saisis quand nous abolîmes la peine de mort en matière politique. C'était, sous une autre forme, la consécration du même principe, le grand principe de l'inviolabilité de la vie humaine; car ne pas s'appartenir, c'est ne pas vivre.

C'est aussi à l'action de M. Schœlcher que se rapporte le décret par lequel le Gouvernement provisoire mit fin à l'infliction des peines corporelles dans la marine, regardant ce genre de châtiment comme une insulte à la nature humaine, et sa suppression comme un moyen d'exalter, chez le matelot, le sentiment de l'honneur.

Dans le département de l'instruction publique, les intérêts de la République furent servis avec zèle par M. Carnot, fils du célèbre membre du Comité de salut public, celui qui « organisa la victoire ». Assisté de deux hommes supérieurs, MM. Jean Reynaud et Édouard Charton, M. Carnot forma une haute Commission d'études scientifiques et littéraires, dont l'objet spécial fut d'approfondir les diverses questions auxquelles la République donnait naissance; il érigea une école à l'usage des personnes qui se destinent à la carrière des emplois publics; et, convaincu que l'ignorance est la source des crimes, il s'occupa de poser les bases d'un système universel et gratuit d'éducation.

(1) *Moniteur* du 5 mars 1848.

Et voilà l'homme que les royalistes ont dénoncé à l'Europe comme l'apôtre de l'ignorance! Et pourquoi? Parce qu'il pensait, ainsi que tous les hommes d'un jugement sain, qu'une assemblée de neuf cents personnes ne saurait fournir neuf cents Lycurgues ; que, dans une assemblée pareille, le bel esprit, la rage de briller, les prétentions nées d'un savoir superficiel ou d'une éloquence creuse, ne sont pas des choses à priser ; que les esprits initiateurs sont, de leur nature, en très-petit nombre ; et que, par conséquent, ceux-là peuvent, en thèse générale, être présentés aux suffrages de leurs concitoyens, qui ont une intégrité sans tache, un patriotisme sûr, un sens droit, et une connaissance pratique des affaires sur lesquelles ils sont appelés à prononcer. La circulaire de M. Carnot, ou, pour mieux dire, la phrase de cette circulaire dont les royalistes ont fait tant de bruit, contenait deux ou trois mots qui n'avaient pas été pesés suffisamment; mais quel excès de mauvaise foi ne fallait-il pas pour travestir en un panégyrique de l'ignorance un passage tel que celui-ci, le seul qui ait donné prise aux attaques :

« La plus grande erreur contre laquelle il y ait à prémunir les populations de nos campagnes, c'est que, pour être représentant, il soit nécessaire d'avoir de l'éducation ou de la fortune. Quant à l'éducation, il est manifeste qu'un brave paysan, avec du bon sens et de l'expérience, représentera infiniment mieux, à l'Assemblée, les intérêts de sa condition qu'un citoyen riche et lettré, étranger à la vie des champs ou aveuglé par des intérêts différents de ceux de la masse des paysans. Quant à la fortune, l'indemnité qui sera allouée à tous les membres de l'Assemblée suffira aux plus pauvres. Il ne faut pas oublier que, dans une grande assemblée comme celle qui va se réunir, la majeure partie des membres remplit le rôle de jurés. Elle juge par oui ou par non si ce que l'élite des membres propose est bon ou mauvais. Elle n'a besoin que d'honnêteté et de bon sens ; elle n'invente pas. »

La rédaction de ce passage eût pu être mieux réussie, j'en

conviens, et c'était une faute que d'employer le mot *éducation* sans le définir ; mais cela autorisait-il les ennemis de la République à prétendre, comme ils ne rougirent pas de le faire, que, selon le ministre de l'instruction publique, la première condition pour être un bon législateur était de ne savoir pas lire ? Évidemment ce que M. Carnot entendait, c'est qu'il ne fallait pas donner le pas aux manières raffinées sur les connaissances pratiques, à un vain jargon de collége sur l'habitude des affaires, au bel esprit sur le bon sens, et aux écus sur le patriotisme. Or, tout cela était non-seulement très-républicain, mais très-raisonnable. Jusqu'alors, le Peuple n'avait pas été représenté : admis à désigner ses mandataires, il était certes bien naturel qu'il les choisît, autant que possible, dans ses rangs. C'est ce qu'il fit en plusieurs endroits, et il fit bien. Pour ne citer qu'un exemple, par qui, je le demande, ses intérêts furent-ils défendus, dans l'Assemblée, avec plus de zèle, plus de sens pratique et plus d'élévation de cœur que par M. Nadaud, un simple maçon ?

Où M. Carnot se trompa, ce fut dans sa politique de ménagements à l'égard des jésuites, qui, maîtres du terrain de l'éducation et soutenus par le budget ecclésiastique, faisaient aux instituteurs privés une concurrence presque irrésistible. Mais combien il était facile alors de se laisser aller à cette erreur ! Le clergé était si humble, si caressant ! Il avait salué d'un si ardent *vivat* l'avénement de la République ? J'ai vu, de mes yeux vu, une procession de six cents prêtres se diriger vers l'Hôtel-de-Ville, et y acclamer le Gouvernement provisoire avec transport. J'ai entendu, je crois entendre encore, leurs saintes clameurs ; et qui de nous ne les a rencontrés, sous le Gouvernement provisoire, se pressant partout où l'on plantait un arbre de liberté, et, les mains étendues, les regards levés vers le ciel, conjurant Dieu de rendre la République immortelle !

J'arrive au ministère de l'intérieur. Là était M. Ledru-Rollin, et, sous beaucoup de rapports, il convenait éminemment à sa mission, toute de propagande révolutionnaire. Esprit très-prompt et très-pénétrant, énergie politique tempérée par des manières franches et engageantes, ardeur de vouloir, intégrité, désir véhément d'assurer le triomphe de la République, et talent oratoire de premier ordre, telles étaient les qualités que M. Ledru-Rollin apportait dans l'accomplissement de ses fonctions, et elles étaient relevées chez lui par une belle figure, une taille imposante, et je ne sais quel fluide magnétique qui, lorsqu'il parlait, semblait s'échapper de chacun de ses gestes. C'était beaucoup, et pourtant ce n'était peut-être pas assez encore, tant étaient grandes les exigences de la situation ! Au pouvoir d'entraîner, il aurait fallu que le ministre de l'intérieur joignît celui de contenir ; il lui aurait fallu cette force de caractère qui fait qu'on résiste, au besoin, à ses partisans, même à ses amis. Or, M. Ledru-Rollin, nature confiante et généreuse, nature d'artiste, était moins capable d'offenser un ami que de tenir courageusement tête à un adversaire, ce qui le rendait trop accessible à l'influence de son entourage, dont les antipathies ne furent pas toujours justes et éclairées. D'autre part, la Révolution, pour M. Ledru-Rollin, était une chose à reconquérir par l'action plutôt qu'un mouvement à continuer et à développer par l'action à la fois et par la science. Sa vive imagination, que hantaient des souvenirs glorieux, eût volontiers transporté d'un seul coup dans l'avenir le passé que ces souvenirs faisaient étinceler devant elle. Il ne tenait pas assez compte des travaux de la pensée dans ce siècle, travaux dont il ne connaissait que la surface, et dont son impatience qui, du reste, était celle d'un noble cœur, s'irritait comme d'un obstacle.

Toujours est-il que M. Ledru-Rollin se mit à sa tâche avec une intrépidité et un zèle qu'on se rappellera, lorsque, depuis longtemps, les injures que lord Normanby lui adresse auront été oubliées. Est-il possible à quiconque connaît M. Ledru-Rollin de lire sans indignation le passage suivant :

« M. Ledru-Rollin est un homme d'une capacité médiocre et d'un courage moral qui n'est point au-dessus du doute ; mais c'est un véritable orateur de populace, dont la fortune est en ruine, et qui, désireux de se maintenir au pouvoir le plus longtemps possible, est assez hardi pour tout entreprendre, pourvu qu'il se sente appuyé par la multitude (1). »

Si, avant de hasarder, au milieu de ces grossièretés, des insinuations odieuses, Sa Seigneurie eût pris la peine d'aller aux informations, comme le lui prescrivaient les plus simples notions de la justice, elle aurait su que M. Ledru-Rollin, dont seul au monde lord Normanby était capable de contester le courage moral et la capacité, était riche quand la Révolution le porta au pouvoir ; qu'au point de vue de ses intérêts particuliers, il n'avait rien à y gagner ; qu'il avait, au contraire, tout à y perdre, et que l'idée du dérangement qu'une crise aussi violente risquait de causer dans ses affaires ne le fit pas balancer un instant. Lord Normanby est un auteur de romans : fort bien ; mais ce dont on se contente dans un roman ne suffit pas dans un livre d'histoire. Et que dire, par exemple, de la scène qui suit, racontée, de l'air le plus sérieux du monde, sur la foi d'un rapport dont on se garde bien d'indiquer la source :

« M. Ledru-Rollin dit à la majorité du Gouvernement :
« Savez-vous que votre popularité n'est rien, comparée à
« la mienne ? Je n'aurais qu'à ouvrir cette fenêtre et à ap-
« peler le Peuple, pour vous faire, tous tant que vous êtes,
« jeter dans la rue. Voulez-vous que j'essaye ? » Et il s'avança vers la fenêtre, au-dessous de laquelle la foule était rassemblée. M. Garnier-Pagès, qui est un homme de beaucoup de nerf, alla droit à lui, tira un pistolet de sa poche, et, le lui appliquant sur la poitrine, s'écria : « Si vous
« faites un pas, ce sera le dernier. » La menace étincela dans les yeux de M. Ledru-Rollin ; mais il se contint et se rassit (2). »

---

(1) *A Year of Revolution in Paris*, t. I, p. 228.
(2) *Ibid.*, p. 239.

Je m'assure que MM. Ledru-Rollin et Garnier-Pagès ont dû éprouver quelque étonnement, à la lecture de cette page burlesque, si tant est qu'ils aient fait au livre de Sa Seigneurie l'honneur de le lire. Pour moi qui ai suivi les séances du Conseil avec beaucoup d'assiduité, tant que le Gouvernement provisoire est resté en fonctions, je déclare que je n'ai jamais été témoin de rien de semblable, et je puis affirmer à lord Normanby que les membres du Gouvernement provisoire, même dans leurs débats les plus vifs, n'oublièrent jamais vis-à-vis les uns des autres les égards que se doivent des hommes bien élevés. Quant à nous représenter comme des *bravi* allant au Conseil avec des pistolets dans nos poches, pour nous brûler réciproquement la cervelle, ceci est tout simplement ridicule.

Je reprends mon récit. M. Ledru-Rollin avait dans ses attributions de ministre de l'intérieur la direction politique des départements : il se hâta d'y envoyer des commissaires, le remplacement des fonctionnaires publics hostiles au régime nouveau étant, de toutes les mesures, la plus indispensable et la plus urgente ; car quel gouvernement consentit jamais à prendre pour agents ses ennemis? Y aurait-il eu folie comparable à celle de laisser les destins de la République à la merci d'hommes connus pour vouloir sa chute, et qui n'avaient été nommés, sous Louis-Philippe, qu'à cause de leurs opinions monarchiques? Ah! si l'on peut reprocher ici quelque chose au Gouvernement provisoire, c'est précisément d'avoir été trop généreux à l'égard des partis hostiles ; c'est d'avoir ouvert une oreille trop confiante aux promesses des convertis ; c'est d'avoir trop donné au désir chevaleresque de les gagner !

En envoyant des commissaires dans les départements, M. Ledru-Rollin obéissait à une nécessité d'autant plus impérieuse, qu'à la première nouvelle de la Révolution, les préfets de M. Duchâtel, ou avaient abandonné leur poste, ou en avaient été chassés par le soulèvement des populations. Aurait-il donc fallu que, pour faire plaisir aux royalistes, la République se croisât les bras?

En ce qui concerne les choix, ils ne furent pas tous tels

qu'on les aurait désirés, c'est possible ; et l'on ne s'en étonnera point, si l'on songe que M. Ledru-Rollin eut à se décider précipitamment, du jour au lendemain, quelquefois sur des renseignements incomplets ou fautifs, l'extrême urgence de la mesure ne laissant pas le temps de les vérifier. Et, certes, ce n'était pas chose facile que d'improviser des administrateurs républicains pour toute la France, avec un personnel composé d'hommes, la plupart inconnus. Celui-ci avait de l'influence dans son département, mais ses opinions étaient suspectes; celui-là était un homme sûr, mais son influence était bornée. En général, il eût été bon de donner à chaque localité des administrateurs en crédit dans la localité même. Mais, au sein de la confusion créée par une secousse aussi violente et aussi soudaine, comment trouver sous la main, sur-le-champ, à heure dite, les meilleurs instruments à employer?

Il est certain, du reste, que beaucoup de choix — le plus grand nombre — furent bons, quelques-uns excellents, et que, si quelques erreurs furent commises, M. Ledru-Rollin se hâta de les réparer aussitôt qu'on les lui signala. De toutes les nominations du ministre, celle qui souleva le plus de clameurs fut la nomination d'un nommé Riancourt, sous-commissaire au Havre. Mais quel ne fut pas l'étonnement des âmes pieuses qui, à ce sujet, avaient invoqué contre M. Ledru-Rollin le ciel et la terre, lorsqu'il fut prouvé que ce Riancourt avait été nommé, sur la recommandation de l'archevêque de Paris ! L'archevêque avait été trompé, sans doute; mais en quoi M. Ledru-Rollin était-il à blâmer?

Là ne s'arrêtèrent point les injustes attaques. Parmi les détracteurs de la République, il y en eut — lord Normanby, dans son livre, est de ce nombre (1) — qui reprochèrent amèrement au ministre de l'intérieur d'avoir, en ses instructions aux commissaires, employé ces expressions : « Vos pouvoirs sont illimités. » La forme était absolue, trop absolue, peut-être ; mais le sens de ces mots, la circulaire l'expliquait d'avance de manière à rendre impossi-

(1) *A Year of Revolution in Paris*, t. I, p. 217.

bles, ce semble, les interprétations de la mauvaise foi. Il y était dit, à propos de la magistrature, que chacun savait opposée à la République : « La magistrature ne relève de l'autorité exécutive *que dans le cercle précis tracé par les lois* (1). Cela signifiait-il d'aventure que les agents du pouvoir exécutif devaient se considérer comme supérieurs aux lois? Que si l'on se reporte à l'époque, si l'on se représente quelle était alors la situation de plusieurs départements, peut-être reconnaîtra-t-on qu'il y avait quelque prudence à leur parler d'un ton sévère, précisément pour n'avoir point recours à de sévères mesures. Le Gouvernement provisoire n'ignorait pas que, dans certaines villes de province, le royalisme, encouragé par l'éloignement de Paris, et furieux, appelait bien haut l'anarchie à son secours; qu'on avait fait gronder l'émeute autour de plus d'un fonctionnaire public, nouvellement nommé; que quelques commissaires avaient été insultés, d'autres forcés de céder à la menace. Il était donc indispensable, tant que la situation bouillonnait, d'intimider la malveillance, de tenir en échec l'esprit de faction, de prévenir les conflits et d'inspirer aux agents de l'autorité centrale une confiance en leur force propre à les sauver à la fois du découragement et de l'impuissance. Et, après tout, y avait-il, dans cette circulaire attaquée avec tant de fiel, un mot, un seul mot qui fût un appel à la violence? L'instruction disait : « Grâce à nos mœurs, votre mission n'a rien de terrible. » Et quelle fut effectivement en tout ceci la part faite à la terreur? quelles lois violèrent-ils, ces formidables proconsuls, aux « pouvoirs illimités? » Aussi longtemps que dura le Gouvernement provisoire, quels actes arbitraires furent commis? quels journaux brutalement supprimés? de quelles familles souilla-t-on le sanctuaire? quelles transportations en masse affligèrent l'humanité, en outrageant la justice? quelles victimes donna-t-on à dévorer au climat brûlant de Cayenne?

Je reviendrai à la partie de la circulaire qui concerne les élections, et je démontrerai que jamais, dans aucun pays,

(1) *Voy.* le *Moniteur* du 12 mars 1848.

la liberté de l'électeur ne fut respectée plus scrupuleusement qu'en France, sous le Gouvernement provisoire; mais ce qui précède suffit pour faire juger de la loyauté des attaques dont l'administration de M. Ledru-Rollin fut l'objet.

Une chose à rappeler, dans l'histoire de l'administration de M. Ledru-Rollin, c'est la sollicitude éclairée que l'avenir de l'art lui inspira. Elle était si vive et s'associait en lui à une foi si profonde dans les destinées de la Révolution, que, dès le 24 février, au plus fort de tant de préoccupations orageuses, il avait signé un décret qui fixait au 15 mars l'ouverture de l'exposition annuelle de peinture, de sculpture et d'architecture.

Sous la monarchie, l'admission des œuvres d'art dans les expositions annuelles avait provoqué, contre le jury duquel cette admission dépendait, des réclamations sans nombre; sous une république, il était naturel que le principe électif fût introduit dans le domaine de l'art, à la place des autorités privilégiées ou de convention; et c'est ce qui eut lieu. Or, le discernement apporté par les artistes dans le choix de ceux d'entre eux qui devaient former le jury chargé du placement des œuvres d'art au salon du Louvre sera prouvé de reste par la simple énumération des élus, lesquels furent : MM. Léon Cogniet, Ingres, Eugène Delacroix, Horace Vernet, Decamps, Robert Fleury, Ary Scheffer, Meissonnier, Corot, Paul Delaroche, Jules Dupré, E. Isabey, Drolling, H. Flandrin, C. Roqueplan; pour la sculpture, MM. Rude, Jouffroy, Barye, David, Dantan aîné, Pradier, Toussaint, Jean Debay, Maindron, Petitot, Daumas; pour l'architecture, MM. H. Labrousse, Duban, Blouet, H. Lebas, Gilbert ; pour la gravure, MM. Dupont, A. Caron, Martinet, Girard, Gâteaux.

Ces choix avaient cela de particulièrement heureux, qu'ils représentaient toutes les écoles, et offraient, par conséquent, une sûre garantie d'impartialité dans les décisions à intervenir (1).

M. Jeanron, appelé par M. Ledru-Rollin à la direction

---

(1) Voy. le *Moniteur* du 12 mars 1848.

des musées, prit d'excellentes mesures : celle, entre autres, de classer, selon les écoles et les siècles, des tableaux dont la classification jusqu'alors n'avait été déterminée par aucune pensée méthodique; et on lui doit un rapport remarquable sur la réintégration au Musée central des objets d'art disséminés dans les résidences royales (1).

De son côté, M. Garraud, placé d'abord à la tête de la division des beaux-arts, mettait au concours la composition de la figure symbolique de la République (2), concours qui n'attira pas moins de sept cents artistes dans la lice. Malheureusement, le résultat de cette noble lutte ne répondit pas à l'attente qu'elle avait éveillée. Où il eût fallu montrer la force dans le calme, la sérénité au sortir de la tempête, et le pouvoir de créer sorti d'un amas de ruines, la plupart ne représentèrent que l'image d'une déesse vulgairement puissante, et à peu près telle que l'avaient dépeinte les ïambes brûlants d'Auguste Barbier. Il devint manifeste que l'art avait encore à découvrir l'idéal du régime nouveau. Et à cela quoi de surprenant? La Révolution de février venait d'ouvrir carrière à des aspirations magnanimes sans doute, mais qui cherchaient encore leur formule; elle nous avait donné à gravir une montagne au sommet imposant de laquelle ne conduisait encore aucun sentier tracé d'une main sûre. Et quelle éducation l'art pouvait-il avoir reçue du régime abattu la veille; de ce régime sans grandeur, sans initiative hardie, sans croyances qui lui fussent propres, et d'un caractère si essentiellement transitoire; de ce régime qui à l'art, devenu le serviteur à gages des goûts privés et des fantaisies individuelles, avait demandé, au lieu de monuments pour tous, de petites demeures bien confortables; au lieu de tableaux héroïques, des portraits à tant l'aune; au lieu de statues pour de vastes jardins publics, des statuettes destinées à orner une devanture de boutique; au lieu d'œuvres magistrales, des vignettes hâtives? Rien n'honore davantage l'école française, rien ne révèle mieux ce qu'il y a de sève en elle, que l'importance de ce qu'elle était parvenue à

---

(1) *Voy.* ce rapport dans le *Moniteur* du 10 avril 1848.
(2) *Voy.* le *Moniteur* du 18 mars 1848.

produire, en dépit d'une influence aussi délétère. Mais ce qui respirait, après tout, dans ces productions, même dans les plus hautes, c'était le passé, pas autre chose que le passé ; et comment exiger que, tout d'un coup, l'art s'élevât à une compréhension bien claire de l'avenir et à l'intuition des formes le mieux appropriées à un mouvement de transformation sociale qui ne faisait que commencer?

Une autre difficulté, c'était ce préjugé, très-répandu parmi les artistes, qu'ils ne sauraient vivre que par le luxe des cours, et que les républiques n'ont pas de place pour eux. Erreur profonde, qui m'amène naturellement à citer un passage du beau rapport que Charles Blanc, mon frère, fit sur les arts du dessin, lorsqu'il fut devenu directeur des beaux-arts :

« Les seules formes de gouvernement qui aient été favorables à la grandeur de l'art, ce sont les monarchies pures ou les démocraties vigoureuses, avec cette différence que les premières ont fait de l'art un esclave ou un flatteur, tandis que les autres lui ont fourni presque toujours une besogne héroïque. Il peut arriver qu'un despote, pour se faire bien venir de la postérité, procure au génie la facilité d'être sublime ; mais c'est alors par une de ces bonnes fortunes qui prêtent à l'élu du hasard les proportions d'un héros, ou font naître en lui d'heureux caprices dont profite l'humanité. Encore faut-il observer que le génie mis au service de la vanité des grands ou des rois contracte involontairement cette tache originelle de la servitude, qui ne s'efface point. Lorsque Raphaël introduisit dans son dernier chef-d'œuvre les deux figures, si malencontreuses, du pape et d'un de ses chapelains, figures dont la présence vint troubler l'auguste symétrie du groupe supérieur, il écrivit lui-même sur cette toile divine la preuve de sa soumission forcée aux caprices d'un prêtre souverain.

« N'est-ce pas dans les républiques de la Grèce et de l'Etrurie que les arts ont produit ces monuments merveilleux dont la beauté impérissable fut remise en honneur, dans toute l'Europe, par un peintre républicain, le grand David? N'est-ce pas dans les républiques de Florence et de

Venise que le flambeau sacré se ralluma? Enfin, l'École flamande, cette école dont le monde entier se dispute les chefs-d'œuvre, ne s'est-elle pas élevée sous la tutelle de la République batave? Et les Rembrandt, les Terburg, les Metzu, les Wouwermans, les Ruysdael, n'étaient-ils pas les contemporains de Corneille et de Jean de Witt?... Car c'est une chose remarquable dans l'histoire de l'Art, qu'on le voit naître partout de la seule grandeur des événements et des héros dont il nous transmet l'image. Les beautés de l'antique se produisent en même temps que les autres merveilles du génie de l'homme ; la frise du Parthénon porte la même date que les victoires de Périclès.

« Et si ces faibles républiques du passé, qui occupent si peu de place sur la carte d'Europe, ont pu faire de si grandes choses, que ne sortira-t-il pas de la jeune et forte république que la France inaugure?... Le beau principe auquel nous devons nos musées, nos fontaines, nos jardins publics, prenant dans le domaine de l'Art un développement progressif, l'architecture, la peinture, la statuaire auront à créer des œuvres dignes d'elles. L'Art s'est trouvé comprimé dans son essor, tant qu'il n'a eu à exprimer que la fantaisie individuelle des oisifs, ou des flatteries banales et commandées... Mais l'élan qu'a imprimé la renaissance moderne ne s'arrêtera pas à l'Industrie ; et, à son tour, au lieu des amateurs et des princes, l'Art trouvera pour protecteur ce grand prince, cet amateur opulent, qu'on appelle *tout le monde*. Alors se formeront des associations puissantes, capables d'ouvrir aux artistes une vaste carrière, de leur donner des monuments à construire, des murailles à couvrir de cette grande peinture que rêvait Géricault sur son lit de mort, des jardins immenses à peupler de statues, des palais à remplir de tout ce qui rappelle les victoires de l'esprit humain et l'image de la beauté, etc. (1). »

Celui qui traçait ces lignes quand déjà le Gouvernement provisoire n'existait plus, avait été nommé Directeur des Beaux-Arts, le 5 avril, sous le Gouvernement provisoire,

---

(1) *Rapport sur les arts du dessin et sur leur avenir dans la République.* Voy. le *Moniteur*, année 1848, n° 284.

et sur la désignation expresse de plusieurs artistes, parmi lesquels figuraient des noms éminents (1). Aussi, bien que l'éloge d'un frère par son frère puisse paraître manquer d'autorité, peut-être me sera-t-il permis de dire que le choix de M. Charles Blanc fut un des bons choix faits par M. Ledru-Rollin; et je ne crains pas d'être démenti par les artistes, en ajoutant qu'il ne leur arriva jamais d'avoir affaire, sous la monarchie, à un directeur des Beaux-Arts plus soucieux de leur bien-être, plus jaloux de leur dignité, plus prompt à chercher le talent, plus délicat enfin et plus respectueux dans la manière de le protéger. Ses titres, du reste, ne consistaient pas seulement dans son dévouement aux principes de la République : élève de Calamatta pour la gravure, élève de Paul Delaroche pour le dessin, il avait consacré sa vie entière à l'étude de l'art, qu'il embrassa de bonne heure avec une ardeur passionnée. Émule et ami de M. Thoré, qui s'était fait dans la critique d'art une place si haute, Charles Blanc, dès avant 1848, se trouvait avoir publié des travaux importants, dans un style plein de charme; et il avait commencé sa grande *Histoire des peintres de toutes les écoles*. Sa compétence était donc bien établie, et son passage à la Direction des Beaux-Arts la confirma. Ce fut lui qui eut l'heureuse idée de faire donner aux artistes, à titre de récompenses nationales, de magnifiques porcelaines de Sèvres, proie réservée jusqu'alors à toutes sortes de personnes qui n'y avaient aucun droit : attachés d'ambassade, femmes bien en cour, etc... Ce fut encore lui qui songea à employer le fonds des ouvrages d'art à faire graver des *fac-simile* d'après les dessins des maîtres qui sont au Louvre : innovation féconde et qui a eu pour effet de répandre beaucoup en France le goût du dessin. Je pourrais grossir cette énumération, s'il ne s'agissait pas de mon frère : qu'il me suffise de rappeler combien vif et général fut le regret que sa

---

(1) Voy. à ce sujet le *Moniteur* du 6 avril 1848, qui constate le fait d'une manière formelle. M. Garraud fut remplacé, si je ne me trompe, pour cette unique raison qu'il était sculpteur, et que la profession d'artiste est, à tort ou à raison, considérée par les artistes comme incompatible avec les fonctions de Directeur des Beaux-Arts.

démission, née de causes politiques, laissa parmi les artistes (1).

Un beau décret de M. Ledru-Rollin fut celui-ci :

« Le Ministre de l'Intérieur,

« Considérant que, si l'État doit au Peuple le travail qui le fait vivre, il doit aussi encourager tous les efforts tendant à le faire participer aux jouissances morales qui élèvent l'âme ;

« Considérant que les représentations des chefs-d'œuvre de la scène française ne peuvent que développer les bons et nobles sentiments ;

« Sur l'offre faite par le citoyen Lockroy, commissaire du Gouvernement près le théâtre de la République ;

« Vu le rapport du Directeur des Beaux-Arts (2), arrête :

« Le Commissaire du Gouvernement près le théâtre de la République est autorisé à donner gratuitement et à des époques rapprochées des représentations nationales ;

« Ces représentations seront composées des ouvrages des maîtres de la scène française, interprétés par l'élite des artistes du théâtre. Dans les entr'actes, des masses musicales exécuteront des airs et des chants nationaux.

« La salle sera divisée en stalles numérotées ; chaque stalle aura son billet.

« Ces billets seront envoyés par portions égales et par coupons de deux places aux douze Municipalités de Paris, à l'Hôtel-de-Ville et à la Préfecture de police, pour être distribués dans les ateliers, les clubs, les écoles, aux citoyens les plus pauvres. Là, ils seront tirés au sort (3). »

---

(1) Je demande pardon au lecteur de m'être arrêté avec complaisance sur un sujet qui, personnellement m'est si cher. Mais il est juste de ne pas perdre de vue que la nomination de mon frère à la Direction des Beaux-Arts a été présentée par certains libellistes — de très-bas étage, il est vrai — comme un exemple de népotisme républicain, ce qui est absolument faux. Mon frère ne fut nommé que le 5 avril, et, je le répète, sur la désignation de plusieurs artistes éminents qui crurent devoir l'indiquer au choix du ministre.
(2) C'était alors M. Garraud.
(3) *Voy.* le *Moniteur* du 25 mars 1848.

J'ai assisté à quelques-unes des représentations gratuites qui eurent lieu en vertu de ce décret, et je me plairais à décrire l'impression profonde qu'elles firent sur moi, si je n'aimais mieux laisser parler, sur ce point, un auteur dont l'appréciation aura plus de poids que la mienne, cet auteur étant une femme d'un goût exquis, et habituée à toutes les délicatesses, à toutes les élégances de ce qu'on appelle la vie du grand monde :

« Jamais le progrès des mœurs ne fut plus sensible qu'à ces représentations populaires, où la politesse mutuelle, le silence, l'attention émue de cet auditoire en blouse et en veste, la vivacité et la justesse de ses applaudissements, le montraient accessible à toutes les nobles curiosités, passionné pour la vraie grandeur, pénétré de ce respect des maîtres et de ce respect de soi, qui est la marque certaine du sens moral (1). »

A Paris, le Ministre de l'Intérieur s'appuyait sur la Préfecture de police.

Il me semble avoir encore là, devant les yeux, le tableau qui s'offrit à ma vue la première fois que je mis le pied à la Préfecture de police. Quelle métamorphose! Ce n'était plus cette caverne sombre où régnait, sous l'ancien régime, le silence des tombeaux, et où l'air qu'on respirait était chargé de soupçons, de défiance, de haine. Le sinistre *sergent de ville* avait disparu, et l'on n'avait pas à craindre de coudoyer, en passant, un de ces espions en habit noir, aux regards fauves, à l'âme louche, qui sont l'opprobre de la civilisation placée sous leur dégradante protection, et le déshonneur du gouvernement qui les emploie. En février 1848, la Préfecture de police ne présentait point l'aspect qu'elle avait eu sous Louis-Philippe. Ce n'était pas un antre, c'était un corps de garde. La nuit tombait, quand j'arrivai ; mais, à la lueur des torches allumées çà et là, j'aperçus une foule de gens qui allaient et venaient. La cour principale, les escaliers, les salles, étaient remplis d'hommes à la physionomie énergique,

---

(1) *Histoire de la Révolution de* 1848, par Daniel Stern, t. II, p. 350.

joviale et franche. Ils portaient autour du cou des cravates de laine rouge, et, autour des reins, des ceintures rouges de même étoffe. Les uns fumaient, les autres étaient étendus sur des lits de camp; j'en entendis qui juraient d'une façon très-militaire, ma foi, et, s'il faut tout dire, plus d'un mot équivoque frappa mon oreille. Certainement, la scène, prise dans son ensemble, était de nature à offenser le dandysme d'un habitué de boudoir, mais elle n'avait rien de répulsif. Un air de bonne humeur et de bonté rude demandait et obtenait grâce pour ce qu'il y avait d'un peu risqué dans le langage et la désinvolture de ces lurons en cravates rouges. Leur bruyante animation était cent fois moins effrayante que le calme assassin des fantômes qu'ils avaient remplacés, et les armes de toute espèce dont ils faisaient étalage ne réveillaient en aucune sorte cette idée de meurtre qui s'attacha si longtemps à l'épée mince du sergent de ville.

Je vais au secrétariat général, et je me trouve en présence d'un homme aux membres herculéens, au cou de taureau et à la taille gigantesque, rendue plus remarquable encore par la petitesse de la tête; avec cela des manières d'une aménité parfaite, un son de voix très-doux, un extérieur plein de bonhomie, et, en même temps, un regard dont l'éclat à demi voilé révélait à l'observateur attentif un mélange extraordinaire de souplesse et d'énergie, d'élans excentriques et de prudence, de finesse et de rondeur. On devine que je veux parler de M. Marc Caussidière.

Le 24 février, à la tête de quelques ouvriers venant des barricades, il avait marché à la Préfecture de police, où, ne prenant ordre que des événements, il s'était constitué le gardien de l'ordre public, sauf ratification ultérieur du Gouvernement provisoire. L'entrevue que j'eus avec lui me laissa l'impression qu'il était l'homme du rôle qu'i avait choisi. Du reste, il n'était pas un étranger pour moi Je l'avais connu dans les bureaux de *la Réforme*, dont il propagea l'influence avec beaucoup de zèle et un tact singulier. Lorsque, peu de temps avant la Révolution, nous allâmes, M. Ledru-Rollin, M. Flocon et moi, au banquet de Dijon, il nous accompagna, et, par les discours que nous lui entendîmes adresser au Peuple, nous pûmes juger qu'il possédait une sorte d'éloquence abrupte, fantastique, semée de citations contestables et d'expressions vulgaires, mais abondante, chaleureuse, surprenante de tours inattendus, et menant au but à travers une confusion apparente.

La minorité du Gouvernement provisoire n'avait donc aucun motif pour ne pas soutenir M. Caussidière, dont, aussi bien, les actes, depuis le premier jour de son installation à la police, avaient tous été marqués au coin de l'utilité publique. Il s'occupa sans relâche et avec succès de l'approvisionnement des marchés, coupa court aux lenteurs de la routine officielle, pourvut à l'éclairage et à la propreté de la ville, fit revivre les règlements de police concernant la libre circulation sur la voie publique, et veilla d'une manière infatigable à la sécurité de tous. En réalité, ses services administratifs furent tellement appréciés, qu'ils lui valurent, en des circonstances critiques, même l'appui de la bourgeoisie (1).

De l'esprit de tolérance, de conciliation et de courtoisie qu'il apporta dans l'exercice de ses fonctions, il existe un témoignage curieux ; c'est la lettre suivante que M. Delessert, son prédécesseur, lui écrivit à la date du 29 avril 1848 :

« Monsieur le préfet,

« Je viens d'apprendre, par mes amis de Paris, la bienveillance avec laquelle vous vous êtes exprimé au sujet du très-petit séjour que madame Delessert a été faire à Passy, et le regret que vous avez témoigné de ce qu'elle ne s'était pas adressée à vous. Permettez-moi de vous en offrir mes remercîments. Je le fais avec d'autant plus d'empressement, que c'est pour moi une occasion de vous dire com-

---

(1) On se rappelle qu'après le 15 mai 1848, accusé de n'avoir pas protégé, en sa qualité de préfet de police, l'Assemblée nationale, il donna sa démission, et en appela au scrutin. Le résultat fut que le club du Manége de la Chaussée-d'Antin, composé de conservateurs, l'accepta comme candidat, et qu'il fut élu représentant du Peuple par 147,000 votes.

bien j'ai été sensible à tous les bons procédés dont vous avez usé envers moi, en permettant, avec tant de bonne grâce, la sortie de la Préfecture de police, des effets, chevaux et autres objets qui nous appartenaient personnellement, à ma femme et à moi. Je suis heureux, monsieur le Préfet, de vous exprimer ma gratitude bien franche et bien cordiale.

« J'ai l'honneur de vous prier de recevoir mes sentiments de haute considération.

« GABRIEL DELESSERT (1). »

Mais tout cela n'empêchait pas la majorité du Conseil de s'alarmer de la présence de M. Caussidière à la Préfecture de police. MM. Garnier-Pagès et Marrast, notamment, s'inquiétaient de voir un poste de cette importance confié à un homme qu'ils savaient n'être pas des leurs. Leur anxiété redoubla lorsqu'ils furent informés que M. Caussidière était entouré, à la Préfecture, d'une troupe de gens déterminés qui, au nombre d'environ deux mille, et sous le nom de *Garde du Peuple*, constituaient la seule force organisée qu'il y eût alors dans Paris. Divers expédients furent employés, d'abord pour l'évincer, puis pour le subordonner spécialement au Maire de Paris; mais la majorité éprouva, dans le Conseil, une résistance dont il lui parut impolitique de ne tenir aucun compte. Le 13 mars, sur la proposition de M. Ledru-Rollin, il fut décidé, non-seulement que M. Caussidière resterait à son poste, mais qu'il ne relèverait que du Ministre de l'Intérieur. L'action du Préfet de police allait désormais se déployer sans contrainte, et l'édilité parisienne n'y perdit rien. Quant à la sécurité publique, jamais elle ne fut mieux protégée que par la vigilance des *Montagnards* de Caussidière, qui, pour nous servir de son propre langage, réussit bien véritablement à *faire de l'ordre avec du désordre*.

Parmi ceux qui, le 24 février, avaient accompagné M. Caussidière à la Préfecture de police, était un pâle

(1) *Mémoires de Caussidière*, t. I, pp. 69-70.

jeune homme, d'une nature tendre et excitable, d'une constitution faible, et dont l'âme, quoique douce, était capable d'une grande exaltation. Il venait de recueillir un riche héritage, et son premier soin fut de consacrer vingt mille francs à la propagation des principes républicains. On a beaucoup parlé, dans le temps, d'un club armé dont le siége était l'appartement que Sobrier occupait au n° 15 de la rue de Rivoli. Il est très-vrai que ce club exista, et il l'est aussi que l'établissement d'une espèce de garnison dans une maison particulière, au milieu du quartier le plus tranquille de Paris, était un fait qui, absolument intolérable en des circonstances ordinaires, provoqua et dut provoquer, même alors, des plaintes nombreuses. Mais ce qui, à cette époque, n'était guère connu, et ce que, aujourd'hui encore on ignore généralement, c'est que les armes rassemblées dans la maison de Sobrier furent fournies par la Préfecture de police, à l'insu de la minorité du Conseil, sur une lettre *émanée de M. de Lamartine* (1).

Impossible de rappeler l'existence révolutionnaire de 1848, sans mentionner les clubs, assemblées quotidiennes ou hebdomadaires qui surgirent dans chaque quartier de Paris, et ouvrirent, par la parole, une carrière indéfinie à l'expansion de la pensée.

Les deux clubs qui, à cette époque, fixèrent le plus l'attention, furent celui de la *Société centrale*, dirigé par M. Blanqui, et celui que M. Barbès avait établi au Palais-National, sous le nom de *Club de la Révolution*.

J'ai entendu des partisans de M. Blanqui beaucoup vanter ses facultés intellectuelles, son ascétisme monastique, son habileté à ouvrir des mines souterraines, et à manier les passions populaires, le pouvoir enfin que lui assurent sur certains hommes une vie solitaire, une façon de s'exprimer audacieuse et froide, des regards sombres, un visage amaigri. De la fidélité de ce portrait, je ne saurais répondre; car, personnellement, je ne connais pas M. Blan-

---

(1) *Voy.* les *Mémoires de Caussidière*, auquel la lettre de M. de Lamartine fut adressée, t. II, p. 177.

qui. Quand vint la Révolution, je me trouvais ne l'avoir vu qu'une fois, et en passant. Je ne l'ai jamais revu depuis et n'ai jamais eu avec lui, directement ou indirectement, aucune relation. Ses vues relativement à l'organisation de la démocratie, je ne les connais pas davantage, et je ne sache pas qu'il ait jamais rien émis de formel à cet égard.

Quant à M. Barbès, qui donc pourrait avoir suivi les événements de la France contemporaine, et ignorer quel grand rôle fut le sien? Qu'il ait déployé, réunies au courage du chevalier et au dévouement du martyr, les qualités sérieuses et fortes de l'homme public, c'est à peine s'il est besoin de le dire, tant sa vie a parlé haut! Mais ceux-là seuls qui l'ont approché savent que cet homme qui n'entra jamais en compromis avec l'injustice, ne plia jamais devant la force, n'hésita jamais devant le danger, ne se troubla jamais devant la mort, est, dans le commerce de la vie, d'une telle suavité de caractère et d'une telle séduction, que le connaître, c'est l'aimer. J'ai de lui des lettres qui sont de vrais chefs-d'œuvre de grâce, de sensibilité et de style; quelques-unes, où il m'entretient de la France, sont d'une mélancolie si pénétrante, qu'elles arracheraient des larmes à bien des gens qui, sur la foi de calomnies abjectes, tressaillent au bruit de son nom. Si l'Histoire présente un exemple de dévouement continu, comparable à celui que fournit la carrière de Barbès, il est permis d'en douter. Lorsqu'il se mit, corps et âme, au service de la République, où sa haute intelligence vit, tout d'abord, non pas une forme de gouvernement plus ou moins bonne, mais un moyen de remédier aux calamités sociales dont le spectacle l'avait de bonne heure frappé et attristé, M. Barbès venait de compléter une éducation brillante; il était jeune, beau et riche; il avait un esprit cultivé, des manières attractives, et pouvait, conséquemment, prétendre à occuper dans l'ordre social actuel une position en rapport avec un aussi rare concours de qualités personnelles et d'avantages. Mais la mission qui lui était départie était celle du dévouement; et, quoique la possibilité d'une rénovation sociale n'apparût encore que dans le lointain, il ne balança point à embrasser la cause de ceux qui souffrent, bien résolu à la servir jusqu'à son dernier souffle. Ses luttes, du temps de Louis-Philippe, je les ai racontées au long dans mon *Histoire de dix ans*. Ayant été vaincu dans cet effort, dont le résultat ultérieur devait être la Révolution de février, il ne songea point à se défendre, en présence des juges qu'on lui donna. Modeste et dédaigneux, il gardait le silence, lorsque, pressé de s'expliquer, il dit : « Quand le sauvage Indien est vaincu, quand la fortune de la guerre l'a livré au pouvoir de ses ennemis, il n'a pas recours à de vaines paroles, il se résigne et présente sa tête à scalper. » Le lendemain, M. Pasquier, président de la Chambre des pairs, n'ayant pas rougi de dire au prisonnier qu'il avait eu raison de se comparer à un sauvage, lui, répliqua avec un mépris calme : « Le sauvage sans pitié n'est pas celui qui offre sa tête à scalper, mais celui qui scalpe. » On le condamna à mort, sur une accusation — prouvée fausse (1). — Ce qui était vrai, ce que M. Barbès ne niait pas, et ce qui fut le motif réel de sa condamnation, c'était la part prise par lui dans une insurrection ; le reste n'avait été imaginé que pour détourner de lui le vif intérêt qui s'attachait à son attitude héroïque. Vain artifice ! L'idée qu'une aussi noble tête allait tomber remplit le Peuple de tristesse. Les ateliers furent abandonnés, les barrières devinrent désertes. J'étais alors à Paris, et je vis de mes yeux trois mille étudiants s'avancer vers la place Vendôme, la tête découverte, et en deuil. Ils allaient à la *Chancellerie* demander la vie de Barbès. Grâce à cette imposante manifestation du sentiment public, et aussi, je le crois, à cette aversion pour le sang versé qui était une des vertus de Louis-Philippe, la sentence fut commuée, et M. Barbès

---

(1) L'accusation calomnieuse à laquelle je fais allusion ici ayant eu cours en Angleterre, je crois de mon devoir de dire comment les choses se passèrent. Les soldats que, dans la journée du 12 mai, le capitaine Drouineau commandait faisant face aux insurgés, ceux-ci, selon les formes usitées en France, invitèrent la troupe à fraterniser : à quoi le capitaine Drouineau répondit par l'ordre de faire feu. Les insurgés alors répliquèrent par une décharge qui atteignit le capitaine. Tout cela fut odieusement défiguré dans l'acte d'accusation, lequel imputa à M. Barbès personnellement et transforma en trahison un malheur de la nature de ceux que tout combat entraîne.

jeté dans le cachot d'où la Révolution vint le retirer (1). Il y avait passé neuf ans, lorsque, pour la première fois, il parut à l'Hôtel-de-Ville. Tous les membres du Gouvernement provisoire allèrent au-devant de lui, les bras ouverts. La captivité avait pâli son visage, creusé ses joues, dégarni son front, altéré la flamme de son regard ; mais sa sérénité, la même après d'aussi rudes épreuves, n'en était que plus touchante et plus impressive.

Il est aisé de comprendre de quelle popularité dut être entouré un club présidé par lui. Là se rassemblèrent en grand nombre les hommes les plus influents du parti républicain : M. Martin Bernard, l'ami intime de Barbès, le compagnon de ses périls et de ses souffrances ; M. Thoré, qui s'était fait une place si distinguée parmi les journalistes et dans le monde des arts ; M. Étienne Arago, frère de l'illustre astronome, et M. Emmanuel Arago, son fils, recommandables l'un et l'autre par un mérite qui leur était propre ; M. Greppo, l'ouvrier lyonnais, à la veille de devenir représentant du Peuple ; M. Proudhon, si célèbre depuis ; M. Landolphe, qui avait été activement mêlé à toutes les luttes du précédent régime, et que ses connaissances étendues, l'énergie de ses convictions, sa fermeté, son intelligence, appelaient naturellement auprès de M. Barbès. Là, chaque soir, en présence d'un auditoire nombreux, attentif et sympathique, on discuta les plus importantes questions de la science sociale et de la politique ; là, dans un langage généralement hardi mais sans âpreté, on développa toutes sortes de vues théoriques ayant trait à l'avenir de la France, et au bonheur de l'humanité, comme conséquence d'une stricte application des lois de la justice.

Un autre club, très-fréquenté et très-bien tenu, était celui des *Amis du Peuple*, que M. Raspail avait établi dans la salle de la rue Montesquieu. L'influence politique de M. Raspail, son talent oratoire, et sa double réputation de médecin et de savant, firent courir à lui beaucoup d'auditeurs respectueux. Son club avait cela de particulier, que

(1) C'est pour nous un devoir de rappeler également la noble démarche personnelle de Victor Hugo auprès du roi pour obtenir la grâce de Barbès.

ce fut plutôt une école de science et de philosophie qu'une arène ménagée à la discussion. « J'avais pour auditeurs, a-t-il dit lui-même, mes malades guéris, mes disciples dévoués, mes vieux compagnons dans l'œuvre de s'instruire, de faire le bien et de souffrir (1). »

Indépendamment des principaux clubs, il y en avait une foule d'autres, correspondant à chaque nuance de l'opinion. Les phalanstériens se groupèrent autour de MM. Considérant et Cantagrel ; les communistes, autour de M. Cabet. Il y eut des clubs orléanistes ; il y eut des clubs légitimistes : témoin le *club républicain de la Liberté de élections*, que présida M. Viennet, et le *club du Xe arrondissement*, que présida M. de Vatimesnil.

Politique intérieure, politique étrangère, impôts, amélioration du sort des ouvriers, éducation nationale gratuite, union des peuples, quelles questions ne furent pas soulevées et débattues dans ces ardents laboratoires de l'opinion publique ! Oh ! combien elle était rapide, alors, la fuite des heures ! Comme le cœur de chacun battait vite ! et quelles ailes de feu l'imagination émue prêtait aux conceptions de l'esprit ! La Révolution avait si profondément remué, au sein de la société, toutes les puissances de la vie, qu'en peu de jours le nombre des clubs ne s'éleva pas à moins de trois cents ; et, quoique les salles immenses des édifices publics eussent été mises au service d'assemblées populaires permanentes, de chacune de ces salles, chaque soir remplies jusqu'à suffocation, le Peuple débordait dans les rues avoisinantes ; de sorte que le fluide intellectuel qui s'en dégageait se communiquant de proche en proche, finissait par pénétrer même au fond de ces humbles demeures où les plus nobles facultés de l'homme avaient sommeillé si longtemps.

Et ce qui aiguillonnait, ce qui alimentait cette curiosité féconde, c'était la presse, à laquelle l'abolition du droit de timbre avait donné le pouvoir de se multiplier à l'infini ; c'était la parole écrite, dont l'action s'exerçait avec

---

(1) Compte rendu du procès de M. Raspail, devant la haute cour de Bourges, 5 mars 1849.

tant d'empire et d'éclat par des écrivains tels que Michelet, Edgar Quinet, Lamennais. Eugène Sue, Félix Pyat, George Sand (1).

On devine qu'au milieu de cette vaste mêlée d'aspirations, de croyances, de sympathies ou d'antipathies, d'opinions et de vues diverses, dont rien n'entravait le développement, dont rien ne gênait l'essor, le Gouvernement provisoire, loué par les uns, fut déchiré par les autres. Si la majorité du Conseil avait l'appui du *National*, et la minorité celui de *la Réforme*, où le talent de M. Ribeyrolles étincelait, combien d'autres feuilles poursuivaient le Gouvernement d'attaques furieuses! Pas un de ses actes qui échappât à la censure amère de M. de Girardin, rédacteur en chef de *la Presse;* pas un de ses mouvements que M. Proudhon ne fût prêt à dénoncer comme preuve de l'excellence de son système : *l'an-archie*. Et, quant à M. Lamennais, je l'ai dit, il tonnait alors contre le socialisme, auquel il rendit plus tard les armes.

Ainsi ballotté sur les vagues de cette mer mugissante, quelle politique adopta le Gouvernement provisoire? Le vit-on interdire la discussion, ordonner le silence l'épée à la main, trembler à l'idée d'une observation critique, pâlir devant l'ombre d'une allusion, faire pacte avec la nuit? Non. Le Gouvernement provisoire était si convaincu de sa force morale, si fier de ses bonnes intentions, si plein de confiance dans l'appui spontané du Peuple, que, loin de craindre la lumière, — crainte qu'il faut laisser aux malfaiteurs, — il mit ses soins à protéger la liberté de ses plus violents ennemis. L'imprimerie de M. Émile de Girardin ayant été menacée par un groupe d'hommes qu'exaspéraient les attaques systématiques et sans frein de *la Presse* contre les serviteurs officiels de la République, M. Caussidière se hâta d'envoyer ses *Montagnards* au secours de qui les décriait, et M. Ledru-Rollin courut,

(1) Victor Hugo ne se rangea que plus tard au parti de la Révolution; toutefois, ses écrits, même antérieurs, étaient pleins d'aspirations socialistes, et républicaines. Sa lettre à Sainte-Beuve, datée de 1832, ne laisse aucun doute sur le fond de ses sentiments. *La République proclamée par la France en Europe, ce sera la couronne de nos cheveux blancs.* Qui pourrait dire anjourd'hui que ce vœu du grand poëte ne s'accomplira pas ?

de sa personne, préserver de toute atteinte cette liberté d'écrire dont M. de Girardin usait si impitoyablement à notre égard. Un fait semblable eut lieu au Luxembourg. Quelques délégués m'étant venus dire que beaucoup de leurs camarades s'irritaient de notre persistance à tolérer les calomnies du *Constitutionnel*, et que, dans ce moment-là même, une foule d'ouvriers, inondant la cour du palais, ne parlaient que de marcher droit aux bureaux du *Constitutionnel*, pour le sommer d'être juste, je sortis à la hâte, fis placer au milieu de la cour une table sur laquelle je montai, et mis tant de véhémence à les détourner de leur projet, qu'ils y renoncèrent.

Il existe, au surplus, un témoignage officiel et décisif de la confiance du Gouvernement provisoire dans les sympathies de la nation : c'est la proclamation qu'il publia, le 20 avril, concernant les clubs. Elle commence par ces mots : « La République vit de discussion et de liberté, » et finit par ceux-ci : « La meilleure sauvegarde de la liberté, c'est la liberté (1). »

Et, du reste, la licence accordée, soit aux clubs, soit à la presse, eut, avec quelques inconvénients, inséparables des choses humaines, des avantages dont l'avenir recueillera le fruit. Les questions à l'étude, qui mirent en fureur les égoïstes, ne furent pas sans inquiéter un certain nombre d'esprits sincères; une agitation factice reçut de dangereux encouragements; la tendance à innover se manifesta quelquefois sous des formes ridicules; il y eut force déclamations, et des aliments peu substantiels ou malsains furent offerts à la curiosité publique. Mais des problèmes d'un intérêt suprême s'éclairèrent d'un jour inattendu; la pensée se fraya vers la vérité des routes nouvelles et entrevit la justice à l'horizon; à côté d'idées vaines ou chimériques, il s'en produisit d'autres que la raison put ajouter à son domaine; en un mot, le sol fut labouré à une grande profondeur, dans toutes les directions, et il y tomba une semence que rien désormais ne saurait détruire, qui croit en silence, et donnera, quand l'hiver sera passé, **une** moisson dont la richesse étonnera l'Europe.

(1) *Voy.* le *Moniteur* du 20 avril 1848.

CHAPITRE QUINZIÈME

MANIFESTATION POPULAIRE DU 17 MARS

Que devait être le Gouvernement provisoire? que devait-il oser? — Raisons qui lui commandaient de prendre l'initiative des réformes et d'en poursuivre l'application. — Erreur politique commise par la majorité de ses membres. — Question de l'ajournement des élections, agitée dans la classe ouvrière. — Manifestation populaire annoncée. — Craintes qu'elle inspirait aux plus dévoués amis du peuple. — Mes efforts et ceux d'Albert pour la prévenir, en faisant décider la question qui devait en être l'objet. — La majorité du Conseil repousse nos propositions. — Nous prenons le parti de nous retirer. — Intervention de M. Ledru-Rollin. — La question reste en suspens. — Démonstration des compagnies d'élite de la garde nationale, supprimées par un décret. — Journée du 17 mars. — Les corporations sur la place de Grève. — Leur attitude imposante et calme. — Les délégués du Peuple à l'Hôtel-de-Ville. — Responsabilité que la manifestation faisait peser sur moi. — Mon discours aux délégués, pour demander que le Gouvernement soit laissé libre dans ses délibérations. — Discours de MM. Ledru-Rollin et Lamartine. — Les corporations se retirent dans un ordre parfait.

A peine sorti de l'acclamation populaire, le Gouvernement provisoire avait eu à se demander comment il se définirait lui-même. Se considérerait-il comme une autorité dictatoriale, consacrée par une révolution devenue nécessaire et n'ayant à rendre ses comptes au suffrage universel qu'après avoir fait tout le bien qui était à faire?

Bornerait-il, au contraire, sa mission à convoquer immédiatement l'Assemblée nationale, en se renfermant dans les mesures d'urgence, dans des actes d'administration d'une portée secondaire?

De ces deux partis, le dernier avait sans contredit quelque chose de plus régulier, de moins hasardeux : il mettait à l'abri de tout soupçon le désintéressement du Gouvernement provisoire; il nous sauvait à demi du reproche d'usurpation.

Ce fut celui auquel se rangea le Conseil.

Pour moi, j'avais une opinion entièrement opposée à celle qui prévalut, et je regardais l'adoption de l'autre parti comme devant exercer la plus heureuse influence sur les destinées de la République nouvelle.

Ce n'est pas que je m'en fusse dissimulé les inconvénients et les périls. Une société, je le savais, ne se laisse point aisément conduire au delà de ce qu'elle connaît et de ce qu'elle pense. L'Histoire a une marche qui ne se règle ni sur les battements d'un cœur généreux ni même sur le développement logique d'une idée juste, et il n'est donné à personne de lui faire, selon son caprice, hâter le pas. Toutefois, cette observation, pour être juste, demande à n'être pas prise en un sens trop absolu; car les circonstances ne sont, après tout, que le résultat d'une certaine combinaison d'efforts individuels; et l'action de quelques hommes de bien, lorsqu'ils sont en mesure de faire servir un grand pouvoir au triomphe d'une grande idée, a certainement son poids dans la balance des affaires humaines.

Ainsi donc, considérant l'état d'ignorance profonde et d'asservissement moral où les campagnes en France vivent plongées, l'immensité des ressources que ménage aux ennemis du progrès la possession exclusive de tous les moyens d'influence et de toutes les avenues de la richesse, tant de germes impurs déposés au fond de la société par un demi-siècle de corruption impériale ou monarchique, enfin la supériorité numérique du peuple ignorant des campagnes sur le peuple éclairé des villes, je pensais :

Que nous aurions dû reculer le plus loin possible le moment des élections;

Qu'il nous était commandé de prendre, dans l'intervalle, et cela hautement, hardiment, sauf à en répondre sur nos têtes, l'initiative des vastes réformes à accomplir, réserve faite, pour l'Assemblée nationale, du droit de raffermir ensuite ou de renverser notre œuvre, d'une main souveraine.

Nous aurions, de la sorte, mis le temps de notre parti. Nous aurions pu agir, avec toute la force que donne l'exercice du pouvoir, sur cette nation française, si vive, si intelligente, si prompte à suivre les impulsions généreuses. Nous aurions comme allumé au sommet de la société un phare lumineux qui en aurait éclairé toute l'étendue. En un mot, quand la souveraineté du Peuple, dès l'abord reconnue et proclamée, aurait été appelée autour des urnes, elle se serait trouvée avoir fait son éducation.

Telle était aussi l'opinion d'Albert, et rien n'était plus propre à me confirmer dans la mienne ; car, à une rare droiture, Albert joignait un sens exquis, une intelligence élevée. Quand il prenait la parole au sein du Conseil, c'était toujours pour exprimer des idées justes ou nobles, et il le faisait en termes pleins de précision et de force.

A quels autres et déplorables résultats ne conduisait point la route contraire! Le Gouvernement provisoire obligé de précipiter son action et, en la précipitant, de la compromettre; le pouvoir poussé par le mouvement naturel de la Révolution à des réformes éclatantes et s'arrêtant à de grossières ébauches; des indications, quand il fallait des applications suivies; les élections abandonnées à l'empire des préjugés anciens et des vieilles influences de localité ; le suffrage universel amenant sur la scène, grâce à la coalition des divers partis vaincus, une assemblée hostile à son propre principe; l'esprit de réaction encouragé par la défiance du gouvernement envers lui-même, par son peu de durée, et, devant cet esprit de réaction, les élus de la place publique se désarmant d'avance... voilà ce que je pressentais, voilà ce qui ne s'est que trop réalisé!

Oui, je le dis sans hésitation, j'aurais voulu que, dès le premier jour, le Gouvernement provisoire mît ses devoirs très-haut et qu'il élevât sa puissance au niveau de ses devoirs.

Il est, d'ailleurs, dans la vie des peuples, des occasions suprêmes que l'instinct des hommes d'État consiste précisément à saisir. Substitution d'une Banque nationale à la Banque de France, acquisition des chemins de fer, concentration des assurances, formation d'un budget des travailleurs, création d'un Ministère du Travail, que de choses faciles alors, qui, plus tard, devaient être faussement, mais avec succès, déclarées impraticables !

On peut juger par là de quelle importance était la question de savoir s'il convenait de presser les élections ou de les ajourner.

Or, à cet égard, mon opinion se trouva conforme au sentiment du peuple de Paris. Conviés tout à coup à l'exercice de ce droit électoral, pour eux si nouveau, les ouvriers n'entendaient pas improviser leur salut. Ils avaient besoin de se reconnaître : ils demandèrent qu'on leur laissât le temps et qu'il leur fût loisible de se concerter sur les choix à faire.

Ce désir, enflammé chez eux par les chefs des clubs, était aussi légitime que raisonnable. Seulement, dans la fixation du délai, ils eurent le tort de ne pas tenir assez compte de la situation des provinces, fort différente de celle de Paris. Ils insistèrent pour un délai d'un mois environ : c'était trop ou trop peu. Évidemment, il aurait fallu, ou procéder aux élections sans retard, de manière à profiter de l'élan révolutionnaire de Février, ou les renvoyer à une époque assez éloignée pour que le Gouvernement provisoire accoutumât l'opinion à mieux connaître le régime républicain, à en éprouver la solidité, à en apprécier les bienfaits. Prendre un moyen terme, c'était donner aux partis abattus le temps de relever la tête, sans retenir la force qui aurait servi à les réduire.

Quoi qu'il en soit, j'appris au Luxembourg, plusieurs jours avant le 17 mars, que le peuple de Paris se disposait à faire une imposante manifestation, dans le double but d'obtenir l'ajournement des élections, soit de la Garde nationale, soit des membres de l'Assemblée constituante, et l'éloignement des troupes qui occupaient encore Paris.

Il n'y avait rien là qui ne se rapportât à mes convictions

les plus intimes. L'ajournement des élections, sauf la question du délai, je le souhaitais ardemment par les motifs déjà mentionnés. Quant à l'éloignement des troupes, j'avais toujours pensé que la présence d'une armée dans les villes de l'intérieur, et à Paris surtout, était le plus sérieux des périls que pût courir la liberté. Cela est si vrai, que, la veille de la Révolution de février, j'avais rédigé, comme membre d'une réunion politique dont je faisais partie, une protestation contre l'emploi du soldat dans la compression des troubles civils. Je l'ai donnée plus haut (pages 45 et 46).

Je ne pouvais donc qu'applaudir au double but de la manifestation du 17 mars. Mais, je l'avoue, l'idée de la manifestation elle-même m'effraya. J'avais de la peine à croire — la sagesse du Peuple m'a puni, depuis, de mes appréhensions, en me remplissant de joie — que plus de cent cinquante mille ouvriers traversassent tout Paris sans y causer la moindre agitation, sans y donner lieu au moindre désordre. Mais comment prévenir la manifestation annoncée? En faisant accorder au peuple ce qu'avec raison, selon moi, il demandait; c'est à quoi nous nous employâmes, Albert et moi.

Malheureusement, il était entré dans l'esprit de nos collègues que nos avertissements avaient pour objet principal de peser sur les délibérations du Gouvernement, de l'entraîner par la menace.

Dans un conseil qui se tint un soir au palais du Petit-Luxembourg, et auquel avaient été appelés MM. Courtais et Guinard, chefs de la Garde nationale, je fis loyalement connaître ce que je savais. Le Peuple devait se porter en masse à l'Hôtel-de-Ville pour obtenir l'ajournement des élections. Cette grande démarche serait-elle sans danger? Jusqu'alors, Paris, le Paris de la Révolution, avait été admirable de majesté tranquille et de puissant repos : ne devions-nous pas veiller à ce qu'il gardât jusqu'au bout cette noble attitude? S'il était vrai que des agitateurs inconnus voulussent faire sortir quelque orage du fond de la multitude mise en mouvement, de semblables projets étaient faciles à déjouer. Qui va au-devant des désirs populaires ne risque point d'avoir à leur obéir. Sans doute, il ne pouvait nous convenir de plier d'avance sous la domination de ces désirs, quel qu'en fût l'objet : il est des circonstances où un gouvernement qui ne sait pas résister à ce que le Peuple veut, trahit le Peuple. Mais si, devant certaines exigences injustes, des hommes de bien doivent placer au-dessus de la souveraineté du Peuple celle de leur conscience, pourquoi hésiteraient-ils quand montent vers eux de légitimes volontés? Ne valait-il pas mieux faire avant la manifestation, pour en conjurer les périls, ce que nous aurions à faire après, pour en arrêter le cours? La dignité du Gouvernement se trouvait ici enveloppée dans sa prudence.

A ces considérations s'en ajoutaient d'autres qu'un sentiment de convenance m'ordonnait de taire.

Qu'il ait existé entre les divers membres du Gouvernement provisoire des dissidences graves, il n'y a pas aujourd'hui à le cacher. Mais les dissidences qui, au point de vue de l'unité d'action, auraient fait de ce gouvernement un très mauvais pouvoir, constituaient son originalité comme gouvernement de passage, destiné à garder la place de la souveraineté. Oui, l'hétérogénéité même des éléments dont il se composait était de nature à sauver la situation parce qu'elle tendait à maintenir en équilibre les diverses forces de la société. C'est ainsi que les antécédents de M. de Lamartine le rendaient propre à attirer dans les routes du progrès la partie la moins vive de la nation, alors que je devais à la nature bien connue de mes idées le pouvoir de calmer la classe ouvrière. De là ce que je disais, un jour, à M. de Lamartine : « Nous sommes l'un et l'autre dans cette situation singulière, que vous êtes responsable du progrès, et que je suis responsable de l'ordre. »

Par ces motifs, je jugeais indispensable qu'on respectât l'intégrité du Gouvernement provisoire, si l'on persistait à le considérer comme tel.

Ceux qui l'auraient entamé n'auraient-ils pas ouvert une brèche par laquelle se seraient précipitées, avides et frémissantes, toutes les ambitions? Voilà une des raisons qui, dans mon esprit, militaient contre la manifestation annoncée; je craignais, avec un désintéressement réfléchi, qu'on n'en profitât pour renverser quelques-uns de mes collègues.

On devine ce que je dus souffrir, lorsque je vis mes conclusions repoussées par un sentiment de défiance que je méritais si peu. Profondément blessé, je me levai et déclarai que je cessais de faire partie du Gouvernement provisoire. De son côté, Albert s'était levé impétueusement, et déjà nous sortions de la chambre du Conseil, quand, saisis d'une inquiétude honorable, nos collègues nous rappelèrent et nous retinrent. Prenant aussitôt la parole, M. Ledru-Rollin exposa d'un ton animé qu'après tout il n'y avait pas lieu de fixer d'ores et déjà le moment précis des élections; que, pour cela, un travail matériel était à faire; que ce travail n'était pas fini; que des renseignements, attendus de la province et nécessaires, n'étaient pas encore arrivés. C'était nous ouvrir à tous une issue : la question fut remise en suspens.

Cependant, l'agitation continuait parmi le Peuple. Le Luxembourg étant devenu, grâce aux délégués des Corporations, une sorte d'écho sonore que venait frapper, en traversant Paris, la grande voix des faubourgs, j'appris que cette agitation avait quelque chose de singulièrement grave et solennel. Le 16 mars, la suppression des compagnies d'élite de la Garde nationale provoqua, de leur part, une démonstration aussi infructueuse qu'imprudente; Paris se troubla, et mes alarmes s'accrurent. C'était par les Corporations, et non par les clubs, qu'avait été prise l'initiative de la manifestation (1). Je me hâtai d'appeler au Luxembourg, dans la matinée du 17 mars, les ouvriers à qui je savais de l'influence sur leurs camarades. « Le mouvement est imprimé, me dirent-ils, il est devenu irrésistible. » Je les exhortai alors à s'abstenir de tout cri provocateur, à réprimer eux-mêmes tout dangereux emportement, à conduire enfin la manifestation de manière

(1) *Voy.* la *Gazette des Tribunaux*, numéro du 24 mars 1849. Procès de Bourges, déposition de Lavoye, délégué du Luxembourg.

à honorer pour jamais la sagesse du Peuple. Ils s'y engagèrent d'un ton si affirmatif, que leur confiance me gagna, et ce fut l'esprit presque entièrement rassuré que j'allai rejoindre mes collègues à l'Hôtel-de-Ville.

La grande nouvelle du jour y avait déjà pénétré. Mais, comme on ne voulait pas s'avouer qu'on avait eu tort de prêter une oreille défiante aux avertissements d'Albert et aux miens, on s'efforçait de croire ou l'on affectait de dire qu'il s'agissait tout simplement, pour les ouvriers, de protester contre les menaces des compagnies d'élite : interprétation frivole, à laquelle les ouvriers, par l'ordre savant de leur marche et les termes mêmes de la pétition qu'ils apportaient, allaient donner le plus éclatant démenti!

Nous étions dans l'attente... Tout à coup, à une des extrémités de la place de Grève, paraît une masse sombre et compacte. C'étaient les Corporations. Séparées l'une de l'autre par des intervalles égaux, et précédées de leurs bannières diverses, elles arrivaient gravement, en silence, dans l'ordre et avec la discipline d'une armée. Belle et vaillante armée, en effet! Mais, au lieu de la mort, celle-ci portait dans ses flancs le travail, source de la vie; et c'était les mains libres du poids des glaives, c'était le regard levé vers les cieux, qu'elle avançait, déroulant à la clarté du soleil républicain ses pacifiques bataillons! Mes yeux se remplirent de larmes, et, me rappelant mes craintes, j'en demandai pardon au Peuple, dans l'émotion de mon cœur.

Un rapide nuage vint, pourtant, passer sur cette joie. Les délégués étant montés à l'Hôtel-de-Ville et l'un d'eux, le citoyen Gérard, ayant lu la pétition, qui, au nom du Peuple de Paris, réclamait l'éloignement des troupes, l'ajournement des élections de la Garde nationale au 5 avril, et celui des élections pour l'Assemblée au 31 mai (1), j'aperçus parmi les assistants des figures inconnues, dont l'expression avait quelque chose de menaçant. Je compris aussitôt que des personnes étrangères aux Corporations s'étaient mêlées au mouvement, et que ceux qui se présen-

---

(1) *Voy.* le *Moniteur* du 18 mars 1848.

taient comme députés de la multitude ne l'étaient pas tous réellement, ou, du moins, au même titre. Le vœu des Corporations était celui que la pétition exprimait; mais il y avait là des hommes impatients de renverser, au profit de l'opinion représentée par Ledru-Rollin, Flocon, Albert et moi, ceux des membres du Gouvernement provisoire qui représentaient une opinion contraire. Qu'allait-il se passer? La situation était critique. Qu'un homme audacieux eût ouvert, en ce moment, une fenêtre de l'Hôtel-de-Ville et eût crié à la foule qui couvrait la place de Grève : « On repousse vos vœux, on maltraite vos délégués, » c'en était fait, peut-être ! Qui sait les malheurs qui seraient sortis d'un subit appel à des colères toutes-puissantes et trompées? Quelles eussent été les suites de l'embrasement? où se serait-il arrêté? et de quelle responsabilité formidable ne m'eussent point chargé le soupçon dont je vivais enveloppé, l'idée qu'on me prêtait d'aspirer à la dictature, et la présence des délégués du Luxembourg à la tête du mouvement! Je sentis que ma position particulière dans cette crise m'imposait le devoir de prendre le premier la parole, et, m'avançant (1) : « Citoyens, le Gouvernement de la République est fondé sur l'opinion, il ne l'oubliera jamais. Notre force, nous le savons, est dans le Peuple ; notre volonté doit toujours être en harmonie avec la sienne. Nous vous remercions des paroles pleines de sympathie et de dévouement que vous nous adressez. Le Gouvernement provisoire les mérite par son courage, par son ferme vouloir de faire le bien du Peuple, avec le concours du Peuple, et en s'appuyant sur lui. Les pensées d'ordre que vous avez manifestées sont la consécration de la liberté en France. Il faut que la force du Peuple se montre sous l'apparence du calme : le calme est la majesté de la force. Vous nous avez exprimé des vœux qui feront l'objet de nos délibérations. Vous-mêmes, citoyens, vous ne voudriez pas que le Gouvernement qui est appelé à vous représenter cédât à une menace. » Et je terminai en déclarant que nous prendrions les vœux émis en grande con-

---

(1) *Voy.* le *Moniteur* du 18 mars 1848.

sidération, réserve faite de la liberté de notre jugement et de notre dignité d'hommes.

Ainsi, c'était au risque de me perdre avec eux que je prenais en main la cause de ceux de mes collègues qui m'étaient le plus opposés. Mes paroles furent très-favorablement accueillies par les représentants des Corporations; mais les hommes exaltés qui s'étaient joints aux ouvriers laissèrent éclater un mécontentement sombre. J'avais dit que, s'il le fallait, nous saurions mourir pour le Peuple. Une voix rude avait répondu : « Soyez persuadés que, de son côté, le Peuple travailleur mourra pour vous, *bien entendu tant que vous servirez ses droits* (1). » Je revins sur ma déclaration précédente et j'ajoutai : « Laissez-nous délibérer, pour qu'il reste bien entendu que le Gouvernement de la République ne délibère pas sous l'empire d'une menace. A ceux qui ne représentaient que les priviléges, il était permis d'avoir peur; cela ne nous est pas permis, à nous, parce que nous sommes vos représentants, et qu'en gardant notre dignité, nous gardons la vôtre (2). » — « Nous ne sortirons pas d'ici sans avoir une réponse à transmettre au Peuple ! » dit avec violence un des assistants. Mais les citoyens Sobrier et Cabet s'empressèrent de couvrir ce mot impérieux par des paroles où respirait la modération, la sagesse et le plus confiant patriotisme.

MM. Ledru-Rollin et Lamartine prirent successivement la parole : le premier, pour faire observer que la France se composait non-seulement des habitants de Paris, mais de l'universalité des citoyens, et qu'il fallait, avant de fixer le jour des élections, connaître l'expression du vœu des provinces; le second, pour protester contre l'inquiétude contenue dans la demande relative à l'éloignement des troupes. « Il n'y a pas, dit-il, de troupes à Paris, si ce n'est peut-être 1,500 ou 2,000 hommes dispersés dans les postes extérieurs, pour la protection des portes et des chemins de fer, et il est faux que le Gouvernement ait songé à en rapprocher de Paris. Il faudrait qu'il fût insensé,

---

(1) *Voy*. le *Moniteur* du 18 mars 1848.
(2) *Ibid*.

après ce qui s'est passé, après que la royauté déchue a vu se fondre 80,000 hommes de troupes contre le Peuple désarmé de Paris, pour songer à lui imposer, avec quelques corps d'armée épars et animés du même républicanisme, des volontés contraires à vos volontés et à votre indépendance! Nous n'y avons pas songé, nous n'y songeons pas, nous n'y songerons jamais... La République ne veut, à l'intérieur, d'autre défenseur que le Peuple armé (1). »

Ceux qui allaient jusqu'à désirer le renversement d'une partie du Gouvernement provisoire gardèrent le silence; les autres applaudirent; et la députation se retirait, lorsqu'une immense clameur monta de la place de Grève. Le Peuple demandait à voir les membres du Gouvernement de la République : nous descendîmes pour accéder à ce désir. Or, au moment où nous percions la foule entassée sur les escaliers de l'Hôtel-de-Ville, un homme aux allures énergiques, et dont les yeux ardents éclairaient le visage, couvert d'une pâleur extrême, s'élança brusquement vers moi, et, me saisissant le bras avec colère, s'écria : « Tu es donc un traître, toi aussi? » Car il y en avait qui m'imputaient à crime de ne pas saisir l'occasion de renverser ceux de mes collègues auprès desquels d'autres m'accusaient de vouloir, sur les débris de leur pouvoir, affermir et agrandir le mien! En pensant à cette injustice des passions, je ne pus me défendre d'un sourire amer, et ce fut tout. Quand nous fûmes arrivés à l'estrade qui venait d'être élevée à la porte du milieu de l'Hôtel-de-Ville, je m'adressai aux Corporations pour les inviter à se retirer en bon ordre (2). Elles répondirent par une vive acclamation, et, s'ébranlant aussitôt, elles se dirigèrent avec une admirable solennité vers la colonne de la Bastille, à travers la ville étonnée et silencieuse. Le défilé dura plusieurs heures, et les derniers des cent cinquante mille hommes qui le composaient, rapporte le *Moniteur*, passaient à cinq heures devant la façade de l'Hôtel-de-Ville.

(1) Voy. le *Moniteur* du 18 mars 1848.
(2) *Ibid.*

FIN DU TOME PREMIER.

TABLE DES CHAPITRES

Préface.. I

CHAPITRE PREMIER

LOUIS-PHILIPPE ET SON RÈGNE

Apparence de vitalité qu'offrait le gouvernement de juillet, à la veille de la Révolution de février. — Sa chute comparée à celle du gouvernement de la Restauration. — Louis-Philippe. — Ses fortunes diverses. — Influence qu'elles eurent sur ses idées et sur son caractère. — Son amour-propre traditionnel. — Importance qu'il attachait aux choses d'étiquette. — Ses qualités privées. — Louis-Philippe, prince. — Son éducation. — Sa carrière militaire. — Sa vie pendant l'émigration. — Son attitude politique après 1815. — Rôle historique de la maison d'Orléans. — Louis-Philippe, roi. — Les fautes de son règne. — La cupidité devenue vertu publique. — Saint-Leu. — Blaye. — Quel rôle aurait pu jouer Louis-Philippe après 1830. — Son intervention active et continue dans le gouvernement. — Incompatibilité du principe électif et du principe héréditaire. — Mouvement des esprits dans les classes populaires sous le gouvernement de Louis-Philippe. — Goritz et Claremont..................... 1

CHAPITRE DEUXIÈME

LE PEUPLE AUX TUILERIES

Symptômes précurseurs de la Révolution de février. — Les banquets de Dijon et de Lille. — Discours qui y furent prononcés. — La *corruption*, mot du moment. — Le banquet du 12° arrondissement. — Absence des convives. — MM. Odilon-Barrot et Thiers, d'Aragon et d'Alton-Shée. — La fille de Labbey de Pompières. — Confiance de Louis-Philippe. — Soulèvement populaire. — Fuite du roi et de la famille royale. — Prise de possession des Tuileries par le Peuple. — Aspects divers du drame révolutionnaire. — Générosité des combattants — Lord et lady Normanby aux Tuileries; hommage rendu au peuple, alors; oublié, depuis. — Dès le 24 février, les Tuileries gardées par des hommes en haillons. — Une anecdote apocryphe. — Justice sommaire. — Idée touchante. — Les trésors des Tuileries sont remis intacts au garde-meuble. — Erreur volontaire de lord Normanby au sujet de la fuite de Louis-Philippe... 41

CHAPITRE TROISIÈME

ÉTABLISSEMENT DU GOUVERNEMENT PROVISOIRE

Prépondérance du parti républicain, à Paris, au moment où éclata la Révolution. — Aveuglement de Louis-Philippe à cet égard. — — Mot de M. Dupin. — Le *National* et la *Réforme*, organes de l'opinion démocratique. — Leurs tendances respectives. — Personnel de la *Réforme*; son programme politique et social. — De la prétendue doctrine de l'*anarchie* inventée depuis. — Force qu'avait enlevée à l'idée révolutionnaire la mort de Godefroy Cavaignac. — Entente pour l'action entre les deux journaux républicains. — Liste des membres du Gouvernement provisoire arrêtée par eux et sanctionnée par l'acclamation populaire. — La composition mixte de cette liste fut une nécessité du moment. — Adjonction d'Albert demandée par le peuple. — Impuissance radicale de la Chambre — Lord Normanby démenti par le *Moniteur*. — Étrange illusion de M. de Lamartine. — Aspect de l'Hôtel-de-ville, le 24 février. — Assemblée populaire dans la salle Saint-Jean. — Déclaration de principes faite devant cette assemblée par chacun des membres du Gouvernement provisoire. — Le Gouvernement provisoire en séance. — Attitude de la portion parlementaire. — La validité des choix faits ailleurs qu'au Palais-Bourbon est un instant contestée. — Question des secrétaires. — Atticisme de lord Normanby....................................... 57

CHAPITRE QUATRIÈME

LA RÉPUBLIQUE PROCLAMÉE

La République discutée au sein du Gouvernement provisoire. — Opinions produites pour et contre la proclamation immédiate. — Compromis présenté par M. de Lamartine. — Équivoque de la rédaction. — Amendement introduit par la minorité. — Des délégués du peuple viennent assister à la délibération du Conseil. — Proclamation de la République sur la place de l'Hôtel-de-Ville. — Enthousiasme populaire. — Le manifeste envoyé au *Moniteur* est de nouveau amendé sur l'épreuve. — Organisation des services publics. — M. de Lamartine désigné par lord Normanby comme président du Gouvernement provisoire. — Influence que le diplomate anglais lui attribue en raison de ce titre, qui appartint constamment à Dupont (de l'Eure). — Décrets rendus pendant la nuit du 24 au 25 février. — Premier repas des *dictateurs*. — Promenade nocturne à travers les barricades. — Déférence du peuple armé pour les membres du Gouvernement provisoire................................... 82

CHAPITRE CINQUIÈME

LA RÉPUBLIQUE UNIVERSELLEMENT RECONNUE

Elan de sympathie qui accueillit partout en France la Révolution de février. — Députations et adresses de toutes les classes de la population au Gouvernement provisoire. — Mandement de l'archevêque de Paris — Déclaration de l'*Univers religieux*. — Adhésions spontanées du Conseil d'État, de l'Université, de la Cour des comptes, de la Cour de cassation, des chefs de l'armée, etc. — Offres de services du maréchal Bugeaud et du général Changarnier. — M. de la Rochejacquelein au Luxembourg. — Circulaire électorale de M. de Montalembert. — Témoignage d'admiration de M. de Falloux pour le peuple de Paris. — Lettre de Louis Bonaparte au Gouvernement provisoire. — Obsèques des morts de Février. — Caractère imposant de cette cérémonie. — Récit du *Moniteur*. — Le prétendu gouvernement de *surprise* acclamé librement par tous les partis. — La République présentée comme impossible en France. — Fausseté de cette assertion au point de vue historique et philosophique. — Parallèle entre l'esprit anglais et l'esprit français........................ 90

CHAPITRE SIXIÈME

CARACTÈRE GÉNÉREUX DE LA RÉVOLUTION DE FÉVRIER

Terreurs imaginaires de Louis-Philippe. — Des commissaires sont envoyés au Hâvre pour veiller à sa sûreté. — La duchesse de Montpensier et le duc de Nemours, restés dans Paris, le quittent sans avoir été inquiétés. — Fausse nouvelle de l'arrestation de la duchesse d'Orléans. — Un seul membre du Gouvernement provisoire demande le maintien de cette arrestation, si la nouvelle se confirme. — Décret abolissant la peine de mort en matière politique. — Circonstances dans lesquelles ce décret fut rendu. — Le drapeau rouge demandé par ceux-là mêmes qui avaient le plus contribué au renversement de l'échafaud politique. — Pourquoi les démocrates voulaient le drapeau rouge. — Maintien du drapeau tricolore par la majorité du Gouvernement provisoire. — La rosette rouge est adoptée comme signe de ralliement. — Étranges hallucinations de M. de Lamartine. — Son discours au peuple ameuté sur la place de l'Hôtel-de-Ville. — Erreur historique. — Les vrais sauveurs de l'ordre 111

CHAPITRE SEPTIÈME

LE DROIT AU TRAVAIL

Sommation populaire faite au Gouvernement provisoire. — L'ouvrier Marche. — Décret reconnaissant le droit au travail. — Fausse interprétation donnée à ce décret. — Sa défense par l'économiste anglais John Stuart Mill. — Le principe et l'application. — Journée du 28 février. — Députation envoyée au Gouvernement provisoire pour demander la création d'un ministère du Travail. — J'appuie cette demande au sein du Conseil. — Opposition véhémente de M. de Lamartine. — J'offre ma démission : elle est repoussée. — Le Conseil institue, comme moyen terme, la Commission de gouvernement pour les travailleurs. — Motifs qui me firent accepter la présidence de cette Commission... 126

CHAPITRE HUITIÈME

LE LUXEMBOURG — LE SOCIALISME EN THÉORIE

Une visite au duc Decazes. — Les ouvriers sur les siéges des pairs de France. — Albert; ses antécédents, son attitude au sein du Conseil, son abnégation et son dévouement. — Mes pressentiments en entrant au Luxembourg. — État précaire de l'industrie et de la production en France lors de la chute de Louis-Philippe. — Manufacturiers demandant eux-mêmes une enquête sur la question du travail. — La révolution de 1848 et la crise industrielle. — Travail socialiste antérieur à cette révolution et ignoré des hommes d'État de la monarchie. — Installation de la Commission de gouvernement pour les travailleurs. — Proclamation aux ouvriers. — Doctrines présentées comme but ultérieur; mesures transitoires. — Le travail attrayant. — Exemple des effets qu'il est permis d'en attendre. — La colonie de Petit-Bourg. — L'égalité relative : autre exemple. — Définition de la liberté sociale par M. Thiers. — Conclusion à en tirer. — Émancipation du travail préparée par une intervention de l'État. — Solidarité entre les ateliers d'une même industrie, d'abord; entre toutes les industries ensuite. — Projet de loi sur ces bases, présenté par la Commission du Luxembourg. — Opinion de M. John Stuart Mill. 139

CHAPITRE NEUVIÈME

LE LUXEMBOURG — LE SOCIALISME EN PRATIQUE

Première séance de la Commission de gouvernement pour les travailleurs. — Organisation immédiate de la représentation de la classe ouvrière. — Demande, par les délégués, de la réduction des heures de travail et de l'abolition du marchandage. — Objections faites à la réalisation immédiate de cette demande. — Intervention de M. François Arago. — Efficacité de ses paroles. — Assemblée des patrons et des ouvriers. — Mesures arrêtées dans cette assemblée. — Composition définitive de la Commission. — Principes généraux adoptés par elle. — Ouverture du parlement du travail. — Discours d'inauguration. — Ce qu'étaient les délégués du Luxembourg. — Leur touchante sollicitude pour Albert et pour moi. — Projet de création de cités ouvrières, etc. — Défaut de moyens d'exécution. — Complot pour faire avorter les efforts de la Commission, révélé, depuis, par M. Émile Thomas. — Décrets rendus successivement, à la demande de la Commission : pour l'institution de bureaux officiels rapprochant l'offre et la demande de travail; pour la résiliation des marchés affermant le travail des prisons ; contre l'expulsion des ouvriers étrangers, etc. — Arbitrage de la Commission réclamé par les patrons et les ouvriers. — Grèves arrêtées, différends conciliés, questions de salaire résolues.. 167

CHAPITRE DIXIÈME

ASSOCIATIONS COOPÉRATIVES ÉTABLIES PAR LE LUXEMBOURG

Le délégué Bérard. — Association des ouvriers tailleurs. — Le Gouvernement lui accorde la fourniture de cent mille tuniques pour la Garde nationale. — La prison de Clichy transformée en Atelier.— Statuts et règlement de l'Association. — Résultats obtenus. — Désintéressement des associés. — Secours en travail donnés par eux à des ouvrières de divers corps d'état. — Associations des ouvriers selliers. — La confection d'une partie des selles militaires leur est adjugée par le Gouvernement. — Opposition du général Oudinot à cette mesure. — Associations des fileurs, des passementiers, etc., etc. — Efforts de la réaction pour empêcher qu'elles ne se consolident. — Opinion de M. William Conningham sur le système coopératif. — Les associations ouvrières à l'Exposition de l'industrie. — Manœuvres et persécutions dirigées contre elles. — L'union des associations se fonde, sur les bases indiquées par le *Nouveau Monde*. — M Delbrouck, son organisateur, traduit en justice et condamné. —Associations aujourd'hui survivantes... 189

CHAPITRE ONZIÈME

ATELIERS NATIONAUX DE M. MARIE, ÉTABLIS CONTRE LE LUXEMBOURG

Persistance de la calomnie à mon égard. —Décret du Gouvernement provisoire qui charge M. Marie, ministre des travaux publics, d'organiser les Ateliers nationaux. — Le nom et la chose. — M. Marie, adversaire déclaré du socialisme. — Décret constitutif des ateliers nationaux, signé de lui seul. — Par qui et sous quelle inspiration fut rédigé ce décret. — M. Émile Thomas, inconnu de moi et opposé à mes idées, est nommé directeur des Ateliers. — Preuve qu'il était chargé d'agir contre moi, résultant de ses dépositions devant la Commission d'enquête. — Déposition de M. François Arago. — Opposition complète entre le régime industriel exposé dans l'*Organisation du Travail* et le système établi dans les Ateliers nationaux. — Persécutions incessantes contre les délégués du Luxembourg et les associations fondées par eux. — Aveux de M. de Lamartine. — L'opinion publique trompée par les contre-révolutionnaires........ 217

CHAPITRE DOUZIÈME

POLITIQUE EXTÉRIEURE DU GOUVERNEMENT PROVISOIRE

Principe de l'intervention en faveur des peuples opprimés.— Comment l'entendaient la Convention et les Montagnards. — Article de la Constitution de 1793 consacrant ce principe. — Le manifeste à l'Europe, de M. de Lamartine. — Attitude de la République vis-à-vis les gouvernements étrangers. — Rôle historique de l'Angleterre en fait d'intervention. — Contradictions de lord Brougham. — Paragraphe du manifeste relatif aux traités de 1815. — Amendement introduit par la minorité du Conseil. — Indiscrétion de lord Normanby. — Le manifeste attaqué, à la fois, par les deux opinions extrêmes. — Que commandait la situation ? — *Italia fara da se*. — Protestation du gouvernement sarde contre la présence d'un corps d'armée français au pied des Alpes. — Lettre de Mazzini à M. Jules Bastide, repoussant l'intervention. — Ressources militaires de la France, le 24 février. — Conseil de généraux opposé à toute guerre immédiate. — Déclaration analogue du Comité de défense. — 1792 et 1848. — La force de l'exemple. — Réveil des nationalités......... 230

CHAPITRE TREIZIÈME

LA CRISE FINANCIÈRE

Le dernier budget de la monarchie. — Le déficit. — Encaisse existant dans les coffres de l'État le 24 février. — M. Goudchaux, ministre des finances. — Sa panique et sa démission. — Fausse interprétation donnée à sa retraite. — M. Garnier-Pagès lui succède. — M. Duclerc, sous-secrétaire d'État. — Création des comptoirs d'escompte. — Prêts sur dépôts par l'État. — Insuffisance de ces mesures. — Émeute de négociants pour demander la prorogation à trois mois de toutes les échéances. — Indulgence de lord Normanby pour ces agitateurs en habit noir. — Situation commerciale de Paris. — Conspiration des capitalistes et des riches pour paralyser le crédit public. — Dévouement et offrandes des classes populaires. — Les dépôts des caisses d'épargne convertis par Louis-Philippe en bons du trésor. — Affluence des demandes de remboursement. — Impossibilité d'y pourvoir. — Le ministre des finances fait décréter un emprunt de 100 millions. — Un mauvais vouloir systématique fait échouer la souscription. — Intensité de la crise. — M. Delamarre propose un impôt forcé sur les riches. — Plan financier proposé par le Luxembourg. — Théorie des banques. — Avantages d'une banque d'État. — Il était possible d'en créer une en 1848. — Moyens d'exécution. — Opposition de la routine. — Décret du 15 mars donnant cours forcé aux billets de banque. — Cet expédient ne sauve que la Banque de France. — Impôt des 45 centimes. — Discussion de cette mesure, au sein du Conseil. — Elle est adoptée et décrétée. — Ses désastreux effets. — Appel à l'équité de l'histoire............ 244

CHAPITRE QUATORZIÈME

LA RÉVOLUTION EN TRAVAIL

M. Crémieux, ministre de la justice. — Principaux actes de son administration. — Sa réserve quant aux réformes à opérer dans la magistrature. — Ses votes dans le Conseil. — Intérim du ministère de la guerre. — Création de la Garde nationale mobile. — M. Arago, ministre de la marine. — Sous l'inspiration de M. Schœlcher, il fait décréter l'émancipation des esclaves et abolir les peines corporelles dans le code maritime. — M. Carnot, ministre de l'instruction publique. — Avec l'aide de MM. J. Reynaud et Charton, il prépare un plan d'éducation universelle et gratuite. — Interprétation perfide donnée à sa circulaire aux instituteurs. — M. Ledru-Rollin, ministre de l'intérieur. — Odieuses injures de lord Normanby à son adresse. — Les membres du Gouvernement présentés par Sa Seigneurie comme des *bravi*. — Les commissaires de la République. — Choix du personnel — Instructions du ministre. — Terreur factice de la réaction. — Sollicitude de M. Ledru-Rollin pour les beaux-arts. — Préjugés des artistes contre les gouvernements démocratiques. — M. Charles Blanc, directeur des beaux-arts. — Décret organisant des représentations nationales gratuites. — La préfecture de police. — Aspect qu'elle présentait le lendemain de la Révolution. — M. Marc Caussidière. — Ses services administratifs. — Défiance de la majorité du Conseil à son égard. — M. Sobrier. — Son club armé; armé par qui? — Société centrale républicaine. — M. Blanqui. — Club de la Révolution. — M. Barbès; ses antécédents, son caractère. — Club des Amis du Peuple. — M. Raspail. — Essor de la presse, affranchie de l'impôt du timbre. — Liberté extrême laissée par le Gouvernement provisoire à l'expression de la pensée publique............ 274

CHAPITRE QUINZIÈME

MANIFESTATION POPULAIRE DU 17 MARS

Que devait être le Gouvernement provisoire? que devait-il oser? — Raisons qui lui commandaient de prendre l'initiative des réformes et d'en poursuivre l'application. — Erreur politique commise par la majorité de ses membres. — Question de l'ajournement des élections, agitée dans la classe ouvrière. — Manifestation populaire annoncée. — Craintes qu'elle inspirait aux plus dévoués amis du peuple. — Mes efforts et ceux d'Albert pour la prévenir, en faisant décider la question qui devait en être l'objet. — La majorité du Conseil repousse nos propositions. — Nous prenons le parti de nous retirer. — Intervention de M. Ledru-Rollin. — La question reste en suspens. — Démonstration des compagnies d'élite de la garde nationale, supprimées par un décret. — Journée du 17 mars. — Les corporations sur la place de Grève. — Leur attitude imposante et calme. — Les délégués du Peuple à l'Hôtel-de-Ville. — Responsabilité que la manifestation faisait peser sur moi. — Mon discours aux délégués, pour demander que le Gouvernement soit laissé libre dans ses délibérations. — Discours de MM. Ledru-Rollin et Lamartine. — Les corporations se retirent dans un ordre parfait.

FIN DE LA TABLE.

Paris. — Imp. Vve P. LAROUSSE et Cie, rue Montparnasse, 19.

www.ingramcontent.com/pod-product-compliance
Lightning Source LLC
Chambersburg PA
CBHW060458170426
43199CB00011B/1249